Hans-Jürgen Wünschel

Hinweg mit ihm!
Martin Luther. Antisemitismus. Folgen. Eine Streitschrift.

Hans-Jürgen Wünschel

Hinweg mit ihm!

Martin Luther. Antisemitismus. Folgen. Eine Streitschrift.

Rediroma-Verlag

Bibliografische Information der Deutschen Nationalbibliothek:
Die Deutsche Nationalbibliothek verzeichnet diese Publikation in der Deutschen Nationalbibliografie; detaillierte bibliografische Daten sind im Internet über http://dnb.ddb.de abrufbar.

ISBN 978-3-86870-921-6

www.rediroma-verlag.de
14,95 Euro (D)

In dankbarer Erinnerung an Anneliese, Werner und Axel Wünschel

Dr. Hans-Jürgen Wünschel
Jg.1947
Studium in Heidelberg: Geschichte, Germanistik, Anglistik, Politische Wissenschaften. Staatsexamina.
1974 Dr. phil.
1975-1982 Referent im Kultusministerium von Rheinland-Pfalz.
1982-2012 Akademischer Direktor am Historischen Seminar der Universität Landau.
Visiting-Professor an der Katholischen Universität Tschenstochau, Polen; Gastvorträge in USA und Polen.

Martin Luther: „Drumm immer weg mit ihnen“

WA Schriften Band 53 Schem Hamphoras, S. 613

Mit Luther und Hitler für Glauben und Volkstum. 1483-1933.
Ansteckplakette

Inhaltsverzeichnis

Fragen über Fragen

„Eine psychiatrische Analyse würde Luther um den Rest seiner Chancen bringen, an einer heutigen Universität lehren zu können. Das Ergebnis des psychologischen Gutachtens würde überzeugen: Paranoia reformatorica (Reformwahn)".[1] Doch vor über 500 Jahren war man anderer Ansicht. Was hat sich seitdem entscheidend verändert? Offenbar unser Qualitätsmaßstab, denn Luthers Texte sind uns doch unverändert überliefert, wenn man die Weimarer Ausgabe seiner Schriften, Tischreden, Lieder usw. zugrunde legt.[2] Welcher Qualitätsmaßstab? Luthers Methoden? Seine Auslegungen biblischer Texte? Seine Ansichten über Politik, Frauen, Hexen, Türken, Juden, Behinderte? Haben sich seitdem unsere Ansichten verändert? Warum? Und wenn ja, stellt sich wiederum die Frage, sind unsere Ansichten plötzlich verändert worden oder haben diese sich im Laufe der Jahrzehnte, gar der Jahrhunderte so gewandelt, dass wir heute ratlos Luthers Schriften lesen? Würde der Staatsanwalt ihn heute nicht sofort verhaften z.B. wegen Volksverhetzung (§130 StGB), zum Landfriedensbruch (§§26,125), Anstiftung zum Mord (§§26,211), zu schwerer Brandstiftung (§§26,306) in manchen seiner Schriften? Wäre Luther nach heutigem Rechtsverständnis ein Krimineller? Würde man ihn heute nicht PEGIDA oder Rechtsradikalen zuordnen? Wenn dieses Kopfschütteln sich auf seine politischen Äußerungen bezieht, wer sagt uns, dass nicht seine „politisch-ideologischen" Gedanken seine Interpretation von 'Kirche' und Bibel beeinflusst haben? Warum hängen manche Personen heute noch an seiner „Religion" und lehnen nur das angeblich „Nicht-Theologische" ab? Aber hat nicht

---

1 Heiko A. Obermann, Luther. Mensch zwischen Gott und Teufel, Berlin 1982, S. 325. Siehe auch A. Mock, Abschied von Luther, Köln, S.32: „Luthers Persönlichkeit empfiehlt sich von selbst zum Paradigma eines Lehrbuchs der Psychopathologie".

2 Martin Luthers Werke. 120 Bände Weimar, 1883–2009. Tischreden, 6 Bände (WA TR), Deutsche Bibel, 15 Bände (WA DB), Briefwechsel, 18 Bände (WA BR), Schriften/Werke, 80 Bände (WA).

alles mit Gott zu tun? Was bleibt von Luther übrig, nachdem die schlimmsten kirchlichen Missstände der damaligen Zeit erledigt wurden? Nichts! Wie steht dann Luther da? Nackt? „Die reformatorische Lehre ist die gute alte Lehre der Kirche abzüglich der in Rom eingerissenen Missstände…“[3] Warum wollen die Lutheraner, Evangelischen, Protestanten dennoch heute an seiner Irrlehre, die im Laufe der Jahrhunderte so viel Schuld auf sich geladen hat, festhalten?

Es gab schon einmal eine Person, über die ein ähnliches Urteil gefällt werden musste. Adolf Hitler wurde die Aufnahme in die Kunstakademie von Wien verweigert. Hat er nur dem damaligen Kunstgeschmack nicht entsprochen? Doch gibt es manche Zeitgenossen, die beim Anblick von Bildern und Postkarten, die Hitler gemalt hatte, spontan ausrufen: „Ich wollte, ich könnte so gut malen!“ Sicher sind das alles Männer und Frauen, die mit einer gebrauchten Badewanne oder einem Haufen Schrott als Kunstobjekt nichts anfangen können. Fehlt ihnen dazu der Kunstverstand? Oder ist der Aussage des ehemaligen Bundespräsidenten Gustav Heinemann zuzustimmen, der meinte: „Es gibt Leute, die monumentale Kunst mögen, ohne Juden zu vergasen. Und: Muss Hitler, weil er ein Verbrecher war, ein Mann ohne Geschmack gewesen sein?“[4]

Was fehlt uns heute, wenn wir viele von Luthers Aussagen nicht begreifen? Oder wollen wir ihn nicht verstehen, da viele menschenverachtenden und exterminatorischen Charakter haben? Was wäre der Menschheit erspart geblieben, wenn beide Personen sich anders entwickelt hätten? Einmal der Bevölkerung in europäischen, besonders in deutschen Landen z.B. im 30-jährigen Religionskrieg (1618-1648), mit seinen kaum zu beschreibenden Grausamkeiten, der etwa 30 Millionen Menschen das Leben gekostet hat. Warum wird darüber nicht mehr diskutiert? Weil dieser Krieg schon so lange zurück liegt? Da könnte man auch sagen, also gut, warten wir's ab, in 300 Jahren wird auch nicht mehr über das Dritte

---

3 Christian Feldmann, Martin Luther, Hamburg, S. 128.

4 Prolingheuer, Anm. 124, S. 303. (Kunst)

Reich und die Folgen diskutiert, polemisiert und nicht mehr mit der „Auschwitz-Keule“ argumentiert.[5] Wird das aber den im 17. Jahrhundert begangenen Verbrechen und Kriegsgräuel gerecht? Nein? Warum schweigen wir dann zu den Toten des 30-jährigen Krieges? Damals verursachten angeblich - so lesen wir heute in den Schulbüchern - die unterschiedlichen Konfessionsauffassungen in europäischen Landen und Dynastien den kriegerischen und mörderischen Konflikt. Damals ging es aber ebenso nur um Macht und territoriale Ausdehnung wie im Anschluss an Napoleons I. imperialen Größenwahn beim Wiener Kongress, bei dem eine politische Idee als Zukunftsmodell Europas proklamiert wurde, oder nach dem Ersten Weltkrieg, dessen Friedensvereinbarungen nur den Keim für den Zweiten Weltkrieg gelegt haben. Selbst die sogenannte Zwei-Plus-Vier-Regelung des Jahres 1990, die wie das Münchener Abkommen 1938 „peace for our time“[6] versprach und

---

5 Rede des Schriftstellers Martin Walser anlässlich der Verleihung des Friedenspreises des deutschen Buchhandels am 11. Oktober 1998 in der Frankfurter Paulskirche. Ihm wurde später vorgeworfen, dass Revisionisten bzgl. „Auschwitz“ sich auf ihn berufen würden. Aus der Rede: „Wenn mir aber jeden Tag in den Medien diese Vergangenheit vorgehalten wird, merke ich, dass sich in mir etwas gegen diese Dauerpräsentation unserer Schande wehrt. Anstatt dankbar zu sein für die unaufhörliche Präsentation unserer Schande, fange ich an, wegzuschauen. Ich möchte verstehen, warum in diesem Jahrzehnt die Vergangenheit präsentiert wird wie nie zuvor. Wenn ich merke, dass sich in mir etwas dagegen wehrt, versuche ich, die Vorhaltung unserer Schande auf die Motive hin abzuhören, und bin fast froh, wenn ich glaube entdecken zu können, dass öfter nicht das Gedenken, das Nichtvergessen-Dürfen das Motiv ist, sondern die Instrumentalisierung unserer Schande zu gegenwärtigen Zwecken. Immer guten Zwecken, ehrenwerten. Aber doch Instrumentalisierung. […] Auschwitz eignet sich nicht dafür, Drohroutine zu werden, jederzeit einsetzbares Einschüchterungsmittel oder Moralkeule oder auch nur Pflichtübung. Was durch Ritualisierung zustande kommt, ist von der Qualität des Lippengebets […].“ Sieh dazu: Georg Pfleiderer, Gewissen und Öffentlichkeit – Ein Deutungsvorschlag zur Walser-Bubis-Kontroverse- in: Zeitschrift für evangelische Ethik, Heft 4, 1999.

6 So der britische Premierminister Chamberlain am 30.9.1938 nach Unterzeichnung des Münchener Abkommen. Boris Celovsky, Das

doch kriegerische Konflikte seitdem in Europa nicht verhindern konnte und kann, ja sogar die Welt in noch mehr kriegerische Konflikte verwickelt hat als in Zeiten des „Kalten Krieges“. Haben die Politiker oder wie sie auch immer genannt werden wollen, aus dem Lauf der Geschichte nichts gelernt? Nach dem 30-jährigen Krieg gab uns die Aufklärung letztendlich ein Instrument in die Hand, das Kriege verhindern sollte. Bildung und Vernunft waren die Zauberworte der Zeit. Doch Luther sagt über die Vernunft: „Eine Hure des Teufels“[7] und empfiehlt: „Wer ... ein Christ sein will, der ... steche seiner Vernunft die Augen aus.“[8] Wie können im 21. Jahrhundert Menschen diesem „Reformator“ folgen, der Vernunft als Leitlinie für Politik und die menschliche Gesellschaft so beschimpft? Nach Luther sei sie eine „Hure“, wenn sie Dinge ungeprüft „glaubt“, willkürlich wird. Wer prüft? Seine Jünger? Seine Pastoren? Gab es damals schon die Erscheinung einer „Lügenpresse“?[9]

Doch dann ist Luther wieder anderer Meinung und preist die Vernunft als größte Gabe für den Menschen, sie sei etwas „Allerhöchstes“ und die „Wirklichkeit der Wirklichkeiten“.[10] Wir werden noch sehen, dass Luthers typischer Charakterzug darin besteht, für ein und denselben Sachverhalt immer zwei Ansichten parat zu haben. Wer ist denn Martin Luther? Professor, rational, nachdenkend, zweifelnd? Oder glaubt er nur? Kann er rechtfertigen, gar beweisen, dass seine Zweifel richtig sind? Mit allen ist er über Kreuz. Von allen fühlt er sich falsch behandelt. Ein Fall für den Psychiater! Luther muss doch aufgrund seiner Intelligenz gewusst haben, dass ein Vernunftgegenstand nicht geglaubt werden kann.

Münchener Abkommen 1938. Stuttgart 1958.

7 WA Schriften Bd. 18, S. 164.

8 Kaufmann, S. 408.

9 Markus Gärtner, Lügenpresse. Wie uns die Massenmedien durch Fälschen, Verdrehen und Verbiegen manipulieren, Rottenburg 2015.

10 WA Schriften Bd. 39,1, S. 176.

Und umgekehrt lässt sich ein Glaubensgegenstand nicht auf Vernunft zurückführen. Wenn das nur einmal Politiker und Kirchenführer verinnerlicht hätten! Wäre das schon seit Jahrhunderten Konsens, hätte es den „politischen“ Luther nicht gebraucht, aber auch all die vielen politischen -ismen nicht - Nationalismus, Sozialismus, Kommunismus usw., - die dem Zeitalter der Aufklärung gefolgt sind. Warum schlug die Forderung nach dem Gebrauch der Vernunft meist in das Gegenteil um, in Unvernunft, in Schrecken und Tod durch die Handlungsanleitungen der -ismen, der neuen „Religionen“? Haben diese „Religionen“ Hoffnung oder Schrecken verbreitet? Kann ein ängstlicher Mensch vernünftig denken und handeln? Kann ihn der Glaube, gar der lutherische Glaube, aus der dem Menschen innewohnenden Angst befreien? Wozu wäre dieser aber sonst gut? Müssen die Menschen vor lauter Angst brav sein, damit sie die Lutherschen Vorgaben erfüllen, um in den Himmel zu kommen? Die Ismen versuchen das auch, doch wo führen diese den Menschen hin? Ins Nichts, ins Jammertal, sicher nicht ins Paradies auf Erden. Wie viel Wahrheit steckt in dem saloppen Spruch: „Wohin kommen brave Mädchen? In den Himmel. Und böse? Überall hin!“ Ist es nicht eher Aufgabe des Menschen, sich die Erde untertan zu machen im Sinne einer vita activa, als wirklich „brav“ im Sinne von untätig zu sein?

Beatus ille homo – Glücklich jener Mensch
qui sedet in sua domo – der in seinem Haus sitzt
et sedet post fornacem – und hinter dem Ofen sitzt
et habet bonam pacem - und seinen guten Frieden hat.

meinten schon die Römer.[11] Stimmt das aber? Ist der untätige und

---

[11] „Wanderlied der Prager Studenten“ entstanden 1820/21; op. 12 No. 1, Othmar Schoeck (1886-1957). „Nun weht schon durch die Wälder der kalte Boreas. Wir streichen durch die Felder, von Schnee und Regen nass. Der Mantel fliegt im Winde, zerrissen sind die Schuh, da blasen wir geschwinde und singen noch dazu: beatus ille homo qui sedet in sua domo et sedet post fornacem et habet bonam pacem!“

brave Mensch der gute oder der aktive, der damit Gut und Böse zu unterscheiden lernt, also die Vernunft gebraucht, die seine kritischen Fähigkeiten ausschöpft? Welche Funktion hat dabei der Glaube? Der Aktive kann die Voraussetzungen schaffen, die für den Kontemplativen ein schönes Leben bereiten. Konkret: Die Segnungen des Sozialstaates können nur dann verteilt werden, wenn es genug Arbeiter - Dumme? - gibt, die produzieren und damit Wohlstand erwirtschaften. Eine Erkenntnis, die weder Marx erreicht hatte, noch heutige soziale Schwarmgeister. Obrigkeiten, die in Wirklichkeit die Mitwirkung der Zivilgesellschaft ablehnen und sie durch ein gesteuertes Überangebot von Ablenkungen und Betreuung in die Sphäre des Privaten verweisen, sie also zu „Idioten“[12] verwandeln wollen, künden, „Ruhe ist die erste Bürgerpflicht“. Das gilt vor allem für Systeme, die meinen, sicher im Sattel zu sitzen und jede kritische Äußerung, jeden kritischen Text als Angriff sehen, vielleicht nach ihrem Selbstverständnis so sehen müssen. Das trifft vor allem auf diejenigen Personen zu, die so selbstsicher - „die Partei, Ideologie, Religion hat immer recht“ - agieren, so dass es ihnen nicht im Traum einfällt, anderen eine eigene Meinung zuzugestehen. So wie Luther eben! Wie man dieses System nun beschreibt, ist letztendlich egal. Die Maßnahmen sind es, die entscheidend für die Bewertung sein müssen. In der Politik wird von Autokratie, im schlimmsten Fall von Diktatur gesprochen. Warum versagten die Nachfolger, die Apostel Martin Luthers bis heute? Weil er keine Toleranz kennt, noch nicht einmal auf seinem ureigensten Gebiet der Religion, denn „wer gewiss ist, Gottes Wort zu besitzen, kann er keinen Widerspruch gegen diese Gewissheit vertragen“.[13] Hier wird ein weiterer Charakterzug des Reformators und seiner Jünger deutlich: Seine übergroße Selbstgerechtigkeit, seine Selbstgewissheit, sein Selbstbewusstsein, das nie und nimmer von irgendwelchen Zweifeln angekränkelt ist. Eine

---

12 Hervorragend dazu der gleichnamige Roman von Pjotre Dostowjewski, Frankfurt 1999.

13 Schilling, S. 432.

Erscheinung, die für seine Nachfolger konstitutiv werden sollte und im Gegensatz zur angeblichen Freiheit eines Christenmenschen steht. Seine Überheblichkeit und Unfehlbarkeit, die er dem Papst vorwarf, war mit Hass und Verachtung gegenüber Andersglaubenden und Andersdenkenden gepaart. „Ich irre nicht. Christus redet durch mich". Unfehlbarkeitswahn? Und auf diesen erratischen „Fels" und an Depressionen kranken Menschen bauen Evangelische, Protestantische und Lutherische ihre „Kirche"! Es ist unfassbar. Ein Bild Luthers öffnet sich, das in späteren Jahrhunderten totalitären lutherischen Gestalten und Systemen nachgesagt wird. Ganz gleich ob Stalin, Hitler oder Mao Tse-tung, bei allen hat die Geschichte bewiesen, dass sie politische Gegner verfolgt, sie vor Gericht gestellt und in der Regel hingerichtet haben. Vertreibung war noch die mildeste der Strafen, die z.B. in der Union der Sozialistischen Sowjetrepubliken verhängt wurde.
Für Luther und seine Jünger ist Friede nur dann verwirklicht, wenn alle seiner Meinung sind. Bei Adolf Hitler liest sich das so: „Tatsächlich ist die pazifistisch-humane Idee vielleicht ganz gut dann, wenn der höchststehende Mensch sich vorher die Welt in einem Umfang erobert und unterworfen hat, der ihn zum alleinigen Herrn dieser Erde macht. Es fehlt dieser Idee dann die Möglichkeit einer schädlichen Auswirkung in eben dem Maße, in dem ihre praktische Anwendung selten und endlich unmöglich wird. Also erst Kampf und dann vielleicht Pazifismus".[14] Auch Luther sah sich immer im Besitz des rechten Wortes Gottes. Hitler schwor auf die „Vorsehung". Auch er war von sich überzeugt bis zur Selbstgefälligkeit und Selbstgerechtigkeit. Beide fühlten sich als über andere Menschen stehend. Luther spricht sich selbst die Wahrheit zu und betrachtet seine von ihm bekämpften jüdischen, islamischen und christlichen Gegner als "Feinde" Gottes. Wie hätten sich auch seine ihm folgenden Jünger verhalten sollen, wenn der Meister keine Toleranz lehrt und vermittelt? Als Menschen oder als Unfehlbare? Seine „Religion" ist totalitär unduldsam und kann sich mit der

---

[14] Adolf Hitler, Mein Kampf, München 1925, S. 284.

Rolle anderer konkurrierender Religionen nicht anfreunden. Seine „Religion“ fordert gebieterisch ausschließliche und restlose Anerkennung. Dies deutet einen Wesenszug totaler Herrschaft an, da sie als „wahr“ verstanden werden will. Hannah Arendt hat dies so beschrieben: „Das Wesen der totalen Herrschaft liegt nicht darin, dass sie bestimmte Freiheiten beschneidet oder beseitigt, noch darin, dass sie die Liebe mit Freiheit aus dem menschlichen Herzen ausrottet; sondern einzig darin, dass sie Menschen, so wie sie sind, mit solcher Gewalt in das eiserne Band des Terrors schließt, dass der Raum des Handelns, und dies allein ist die Wirklichkeit der Freiheit, verschwindet“.[15] Der Begriff Terror ist in unserem Fall austauschbar mit Luthers „Religion“, die Selbständigkeit und Freiheit des Menschen, will sie sich nicht selbst infrage stellen, leugnen muss. Welche Konsequenz gibt es, wenn man „von Luther lernen" ernst nähme? Gegen alle, die von seiner Norm abwichen, richtete sich sein Hass. Die Konsequenz seines Denkens war die Vernichtung der anderen Geschöpfe Gottes, die er als solche nicht anerkannte: Hexen, Frauen, Bauern, Türken, Juden, Behinderte. Warum ist Luther im Gewande einer angeblich christlichen „Religion“ auch nach den beiden deutschen Diktaturen immer noch Vorbild, dass sein erstes öffentliches Auftreten noch nach 500 Jahren gefeiert werden soll? Ein solcher Gedanke für Hitlers erstes Auftreten im Bürgerbräu-Keller in München zu denken, erscheint abwegig. Schreibtischtäter wie Luther haben also einen Bonus? Luthers grauenhaftes Denken ist ihm nicht zu nehmen. Ist es nicht verständlich, wenn heute ausländerfeindliche Kreuzzüge meist in protestantischen Gegenden anzutreffen sind?

Toleranz forderte diese Person nur von anderen. Wenn diese nicht bereit sind, Toleranz zu üben, so müssen Gläubige und Obrigkeit sie vernichten und vertreiben. Martin Luther wünscht seinen Gegnern den Tod. Man solle sie wie "Hunde und Säue" sterben las-

---

[15] Hannah Arendt, Elemente und Ursprünge totaler Herrschaft, München 1986, S. 558.

sen.[16] Wo bleibt da Luthers angebliche christliche Barmherzigkeit? Durfte ein solcher Mensch sich jemals auf Christus berufen?
In der Vermittlung seit 500 Jahren hat sich verfestigt, dass die lutherische oder evangelische oder protestantische „Religion" tolerant sei. Sie führte aber immer zu Konflikt und Krieg, da sie nicht wie Christus verzeihen kann. Selbst Kurt Aland, der Herausgeber von Luther-Schriften bemerkt, dass man Luther „nicht ohne weiteres"[17] in Verbindung mit dem Toleranzgedanken bringen möchte.
Luther Toleranz zu unterstellen war und ist eines der größten Irrtümer der deutschen Politik und Kirchengeschichte. Warum? Wenn er keine Toleranz kennt, wie „seriöse Historiker" meinen, da diese zu seiner Zeit „noch nicht erfunden war",[18] wie steht es aber dann mit seiner Sicht der Lehre Christi? Bei diesem Beispiel wird deutlich, dass Luther noch nicht einmal Christ ist, denn Jesus Christus hat diesen Gedanken der Toleranz in die Geschichte der Menschheit gegeben. Die Freiheit, die der Reformator verkündete, steht analog der Freiheitsgarantie der Verfassung der DDR immer unter Ideologie-Vorbehalt, gilt nur seinen Gesinnungsgenossen und Jüngern, nicht allen Menschen wie bei Christus!
Darf der Lutheraner gegenüber dem anders gläubigen Mitmenschen tolerant sein, wenn ihm von Luther erzählt wird, dass der Landesfürst die Bedingungen mit kriegerischen Mitteln schaffen müsste, unter denen seine ‚Religion' sich ausbreiten und gedeihen könnte? Muss der Luther verhaftete Protestant, der nach sola scriptura seiner Schriften! lebt und ihn ernst nimmt, dann nicht zwangsläufig unvernünftig, kriegerisch, mörderisch gegenüber Andersgläubigen werden, sein? Warum wurden die entsetzlichen Judenschriften nach der Vorgabe sola sriptura tradiert? Warum wird Luther mit einer Idee „beschwert", die seine wichtigsten und

---

16 Vermahnung zum Sakrament, 1530, zitiert nach Hans-Joachim Neumann, Luthers Leiden, Berlin 1995, S. 173.

17 Kurt Aland, Martin Luther, in: Die Großen. Leben und Leistung der sechshundert bedeutendsten Persönlichkeiten unserer Welt, Zürich 1977, S. 837. Ders. (Hg.), Luther deutsch, 10 Bände, Stuttgart 1960.

18 Feldmann, S. 103.

schlimmsten Aussagen heute weichgespült bzw. absichtlich vergessen macht.
Ist Luther für die Freiheit eines Christenmenschen oder gilt dieser Slogan nur als Lockmittel, damit sich der Gläubige vom Papst, vom Islam oder Judentum abwendet? Dürfte dieser Konvertit dann auch noch frei sein, wenn er sich einmal gegen seinen „Meister" wendete? Dazu gehörte nicht nur Glaubensstärke, sondern auch der Gebrauch von Vernunft, um klar zu erkennen, welche Gefahren durch den falschen Glauben drohen könnten. Setzt Luther den Menschen in die Lage, diese Gefahren nach seinem freien Verstand zu sehen oder ist dem Reformator nicht ein betreuter, verängstigter Mensch lieber, den er steuern und manipulieren kann? Luther kann nach seinem eigenen Selbstverständnis keinen freien Menschen schaffen, schon gar nicht ertragen, sondern er benötigt den Menschen der Angst. Nur ein solcher ist lenkbar. Das weiß jede Religion, jedes totalitäre Herrschaftssystem. Es wäre nicht das erste Mal in der Menschheitsgeschichte, wenn aus ideologischen Gründen der Himmel versprochen wird, aber das trostlose Erdental dabei herauskommt. Wenn der Andersgläubige sich der Bekehrung verweigert, dann wird Martin Luther fuchsteufelswild, rastet aus, vergisst all seine frommen Sprüche in anderen Gemütslagen, hasst alle. War Luther cholerisch? Immerhin soll er alles andere als ein vor Kraft strotzender Mensch, sondern ein physisch und psychisch sehr kranker Mann gewesen sein. Er wurde von vielen Krankheiten geplagt: Verstopfung – „mein Arsch ist bös geworden",[19] Nierensteine, Koliken, Abszesse in den Ohren, Magen-Darm-Probleme, Geschwüre, Gicht, Rheumatismus, Ischias, Herzklopfen, Schwindelanfälle, Schlaflosigkeit. Er trank viel Bier und Wein, auch um Schmerzen zu betäuben.[20] Beschwerdefreie Tage erlebte er selten. Ist diese Häufung von sehr schmerzhaften Krankheiten vielleicht Anlass für seinen cholerischen Hass gegen

[19] WA Br. 2, S. 334.
[20] Hans Neumann, Luthers Leiden: Die Krankheitsgeschichte des Reformators, Berlin 1995.

„gesunde“ andere gewesen? Diejenigen, die nicht seiner Meinung waren, beschimpfte er noch mit „Schwärmer“, „Schwarmgeister“, „Winkelprediger“, „Schleicher“, und „Wiedertäufer“. Warum? Warum gibt es vom wahren Luther ein so narzistisches, schreckliches Menschenbild? Ist dieser Seufzer nicht berechtigt:

Aufgewachsen als Tochter eines lutherischen Pfarrers wurde ich als Baby getauft, ging in den Kindergottesdienst und wurde wie üblich als Jugendliche von meinem Vater konfirmiert. Neben all den kirchlichen Traditionen lernte ich nur die bekannten Legenden über Luther, den Reformator: Er war für mich der gute und mutige Reformator, der es gewagt hatte, seine Thesen mit dem Hammer an die Kirchentür zu nageln. Ich war überzeugt, dass uns Martin Luther eine bessere Kirche geschenkt hatte. Welch große Täuschung! Über Luthers Menschenverachtung hat man mich weder im Kindergottesdienst noch im Konfirmandenunterricht aufgeklärt. Auch in der Schule war das im Religions- oder Geschichtsunterricht kein Thema. Mein Vater hat mir den wahren Luther verschwiegen. Als mir der religiöse Betrug bewusst wurde, trat ich konsequenterweise aus der 'Kirche' aus... Wenn heute Kirchenglocken läuten, erinnert mich das an die Illusion Luther und an das Leid, welches er über die Menschen brachte.[21]

Kann es sein, dass die lutherische 'Kirche'[22] im Laufe der Jahrzehnte und Jahrhunderte seine Biographie soweit verändert hat, dass der „wahre“ Luther heute nur noch Wissenschaftlern, nicht aber Pfarrern und Bischöfen, schon gar nicht den „Schäfchen“ zugänglich ist? Musste nicht gerade in der Zeit nach dem antisemitischen Dritten Reich der antisemitische Luther aufpoliert, salonfähig gemacht werden? Ein weiterer Aspekt, der wichtig ist für die Entwicklung der protestantischen, evangelischen, lutherischen

---

21 Andreas und Vivian Fischer© Glory International

22 Die Sekten, Gemeinschaften, Gruppen usw., die aus der Reformation entstanden sind, können nicht Kirche genannt werden. Siehe Kongregation für die Glaubenslehre: Erklärung ‚Dominus Jesus‘ über die Einzigartigkeit und die Heilsuniversalität Jesu Christi und der Kirche 6. August 2000.

'Kirche' nach Luther muss angedeutet werden. Wir kennen u.a. Altevangelisch Taufgesinnte, Baptisten, Bremische-Evangelische 'Kirche', Evangelische 'Kirche' der Pfalz - Protestantische Landes-'Kirche', Calvinisten, Helvetisches Bekenntnis, Herrenhuter, Hugenotten, Kongregationalisten, Lutheraner, Mennoniten, Methodisten, Sieben-Tags-Adventisten, Pfingstler, Presbyterianer, Protestanten, Protestant Episcopal Church, Selbständigen Evangelisch-Lutherischen *'Kirche'* (SELK), Puritanismus, Quäker, Reformierte 'Kirchen' Täufer, Lutherische Orthodoxie, Niederländisch-Reformierte 'Kirche', Reformierte, United Church of Christ, evangelisch-freikirchlich, evangelisch-lutherische 'Kirche'n, evangelisch-methodistisch, evangelikal-pietistisch, Altprotestantismus, Neuprotestantismus, Lutherischer Weltbund, Weltgemeinschaft Reformierter 'Kirchen', Weltrat methodistischer 'Kirchen', Baptistischer Weltbund, Mennonitische Weltkonferenz. Kennzeichen des Protestantismus oder Luthertums oder der Evangelischen ist offenbar ihr mangelnder Zusammenhalt. Ist dieses Durcheinander bzw. diese Vielfalt Ausdruck Lutherischer Freiheit und Toleranz oder theologischer und religiöser Willkür? Wenn nach Luther jeder Mensch Priester sein kann, jeder Prediger seine eigene 'Kirche' gründen kann, wie ist es dann um die Integration der Mitglieder bestellt? Zwinglianer und Calvinisten verschmelzen im Laufe der Zeit zu Reformierten; Lutheraner sind Evangelische oder Protestanten. Wie ist das geklärt: dürfen Zwinglianer bei Evangelischen in den Gottesdienst gehen? Was wird mit der Anregung von Margot Käßmann, „das Reformationsjubiläum wäre ein guter Anlass, dass die Lutheraner sich fragen, wie es mit dem lutherischen Einheitsgedanken bei ihnen aussieht".[23] Warum zusammenführen, wo doch die Auflösung der unübersehbaren 'Kirchen' das Gebot der Stunde wäre! Wenn nach Luther jedermann sein eigener Priester sein kann, warum gibt es dann noch kirchliche Organisationen? Kosten diese nicht nur Geld? Angeblich so wird behauptet, habe mit Luther die Trennung von 'Kirche' und Staat begonnen. Wenn

---

[23] Cicero 4, 2014, S. 27.

die lutherische ‚Kirche' das auch so sieht und seit Jahrhunderten falsch verkündet, warum lässt sie es sich gefallen, dass der Staat Bundesrepublik Deutschland 42 Millionen Euro zur Feier des 'Kirche'nspalters ausgibt, dazu noch eine vom Staat getragene Geschäftsstelle in Wittenberg? Selbst angeblich so arme Bundesland Sachsen-Anhalt investiert in die Feierlichkeiten 95 Millionen Euro![24] Ist das nicht ein Skandal? Wird hier nicht die lutherische Eigenständigkeit von der lutherischen, evangelischen, protestantischen 'Kirche' verraten. Doch wie seit vielen Jahren schon feststellbar, distanziert sich die E'K'D klamm heimlich von ihrem „Religion"sstifter, nimmt seinen Namen nicht mehr in den Mund. Sie spricht immer mehr von sich als Christen und denkt daran, 2017 nicht Reformationsfest zu feiern zu Ehren Luthers, sondern ein Christusfest wie Ilse Junkermann, die Landesbischöfin von der Evangelischen 'Kirche' in Mitteldeutschland, verspricht.[25]

Warum hängt die 'Kirche'" Luthers an Hierarchien, wenn Thomas Mann doch meinte, sie sei „demokratisch?"[26] Warum können die vielen „Seitenarme", die meist in der „Wüste der Welt" durch „künstliche Bewässerung" - und Geld!- am Leben gehalten werden, nicht wieder in das ursprüngliche Strombett zurückgeführt werden? Die Irrtümer der katholischen 'Kirche', gegen die Luther mit recht aufgestanden ist, sind doch längst beseitigt!

Ich bin in einem Dorf aufgewachsen, in dem es jede Menge nicht katholischer „Religionen" und Sekten gab: Herrenhuter, Wisswässer, Protestanten, Evangelische, Lutheraner, Calvinisten usw. Für meinen Vater (1916-1997), als Soldat schwer verwundet, ab 1946 Lehrer an der Volksschule, war es nicht verstehbar, als z.B. an

---

[24] Rheinpfalz 27. 7. 2015.

[25] Ebenda; auch: Rechtfertigung und Freiheit. 500 Jahre Reformation 2017. Ein Grundlagentext des Rates der Evangelischen Kirche in Deutschland, Gütersloh 2014, S. 109. (GR)

[26] Dieterich, S. 63.

einem Fastnachtswochenende samstags, montags und dienstags manche nicht katholische Schülerinnen und Schüler den Unterricht „schwänzten". Er hatte den Kindern erlaubt gehabt, am Montag kostümiert in die Schule zu kommen. Zunächst dachte er, dass diese mit ihren Eltern wohl kräftig Fastnacht gefeiert hätten. Bei den folgenden Gesprächen mit den Eltern stellte sich dann heraus, dass diese gerade umgekehrt gedacht hatten. Ihre Kinder waren zu Verwandten gebracht worden, damit sie die Fastnacht der wenigen Katholischen im Dorf nicht miterleben konnten. Mein Vater war schlicht entsetzt. Wie konnte eine Glaubenslehre, die doch zur Freude und Wohlergehen des Menschen gegeben sein sollte, nach dem fürchterlichen Geschehen im Dritten Reich den Mädchen und Jungen das so harmlose Fastnachtstreiben, das Sich-Kostümieren verbieten? Für meinen Vater, im Dritten Reich als Vorsitzender des Bundes Neu-Deutschland[27] in Kaiserslautern von der Gestapo und anderen Nazis schweren Belastungen und Behinderungen ausgesetzt, u.a. Studierverbot! und auch für meine Mutter hatten ihre lebensbejahende Einstellung unangenehme Folgen, denn beide wurden über Jahre hinaus von den tonangebenden Personen des Dorfes, der Rektor der Schule war als Protestant Obernazi der Gemeinde gewesen, die etwa 1800 Einwohner umfasste, gemieden. Selbstverständlich hatte nach der Diktatur die jetzt wieder sozialdemokratische Ortsverwaltung im September 1945 einen Schläger der Reichspogromnacht in Deidesheim als Bürogehilfe eingestellt.[28] Dieser blieb dann bis zu seiner Pensionierung der geschäftsleitende Beamte der Gemeinde. Im Winter 1946/1947 wollte meine Mutter, damals 27 Jahre, einmal bei einem der reichsten Bauern, bei uns im Dorf waren alle Bauern Anhänger des Reformators, Kartoffeln kaufen. In dem einzigen Geschäft im Dorf

[27] Der Bund Neudeutschland wurde auf Anregung des Kölner Erzbischofs, Kardinal Felix von Hartmann, 1919 durch Jesuiten als Schülerverband gegründet.

[28] Hans-Jürgen Wünschel, Ein vergessenes Kapitel. Deidesheim nach dem Ende der Diktatur.1945-1952, Landau 1995, S. 103ff.

gab es nämlich keine. Obwohl im Keller des Bauern F.H. zentnerweise Kartoffeln lagen, die meine Mutter durch die offene Tür gesehen hatte, erhielt sie zur Antwort: „Ich hab' kenni. Ihr Mann hätt jo was G'scheits lerne könne!"

Mein älterer Bruder und ich selbst verstanden lange Zeit nicht, warum lutherische, protestantische oder evangelische Kinder nicht mit uns, den katholischen, u.a. auf den Straßen Fußball spielen, Fastnacht begehen durften. Das führt noch heute zur Frage, die für das Zusammenleben recht wichtig ist, warum Fastnacht und Karneval traditionell in Deutschland und in der Welt nur in katholisch geprägten Gegenden gefeiert wurden und werden? Den Kindern wurde das Andere, Fremde vorenthalten. Vielleicht gibt es auch deshalb die Bewegungen der Fremdenfeindlichkeit eher in den Gegenden der lutherischen, protestantischen und, evangelischen Länder der ehemaligen DDR. Entsprach das von seinen Schäfchen verordnete „Nichtfröhlichsein" dem Willen des Reformators? Sicher, da ihm weltliche Freuden bei anderen unzüchtig vorgekommen waren. Er selbst hatte Wasser gepredigt, aber Wein und Bier in Strömen zu sich genommen und seine Sexualität hemmungslos ausgelebt. Erst nach seiner Heirat hatte er dafür gesorgt, dass die Bordelle in Wittenberg geschlossen wurden.[29] Mit der im 19. Jahrhundert aufkommenden Bezeichnung „Spießbürger" lässt sich Luthers „Welt"bild der Enge beschreiben. Manchen Nichtkatholischen war es in meinem Dorf verboten, ins dörfliche Kino beim „Dicker" zu gehen, worum die katholischen Kinder beneidet wurden, die sonntags um 17 Uhr die Vorstellung besuchen durften. Tanz, Kartenspiel, Wirtshausbesuch waren manchen Lutheranern verboten. Die einzige 'Kirche' im Dorf für die Nichtkatholischen trug den Charme eines nüchternen „Hauses mit Turm". Keine Kerzen, keine Blumen, kein Schmuck irgendwelcher Art. Kalt und lieblos wie der „Religions"stifter war sie und ist sie immer noch. Für Tote gedacht, nicht für lebensbejahende, fröhliche Menschen, für Lutheraner eben. Ein sehr strenger Studienrat,

---

[29] Christian Feldmann, Martin Luther, Hamburg 2009, S. 69.

Protestant, hatte mir als Schüler der Quarta (7. Klasse) meines Gymnasiums meine Spielkarten, die mir einmal vor einer Unterrichtsstunde aus dem Schulranzen gefallen waren, mit dem Hinweis „das ist Teufelszeug“ zerrissen. (Wir Schüler hatten bei unserer Zugfahrt zu und von der Stadt des Gymnasiums, wenn wir nicht gerade mit Hausaufgaben beschäftigt waren, Skat gespielt.)
Was vereint die vielen unterschiedlichen „religiösen“ Richtungen lutherscher Prägung? Nur der Hass darauf, nicht katholisch zu sein? Sehr ärmlich. Wie soll der Nichtstudierte, der einfache Gläubige mit diesen Sätzen Luthers in seiner Schrift „Traktat von der christlichen Freiheit“ umgehen: „Der Christ ist völlig freier Herr über alles und niemandem untertan. Der Christ ist ein völlig dienstbarer Knecht und jedermann untertan“?[30] Wird hier nicht die grandiose Dialektik Luthers sichtbar, die ihn jeder Interpretation öffnet? Warum gibt es noch die Organisationen der lutherischen, evangelischen, reformatorischen ‘Kirchen‘? Sollte sich die E’K’D und all ihre nachfolgenden Untergliederungen nicht endlich auflösen, denn „... nur um der Ordnung willen gibt es Pfarrerinnen und Pfarrer... sie besitzen keine besondere geistliche Qualität...“.[31] Ordnung kann auch ein willkürlicher Verein herstellen! Allerdings erhält dieser keine n Milliarden an Steuergeldern! Wer hilft zu erklären? „Auflösen“ wäre doch das Gebot der Stunde, denn Luther meinte doch auch, Schreiber kann ich nicht halten, denn da würde ein Papsttum draus“.[32]Wie groß ist denn die Bürokratie der E’K’D? Im Sinne Luthers? Stimmen dann Erklärungen der Kirchenoberen mit Luthers, gar mit Christi Meinung überein? Kann Luther Christ genannt werden, wenn er empfiehlt, Juden und Muselmänner zu töten, Behinderte zu ertränken und Frauen wie Objekte zu behandeln? Wenn das 500. Jubiläumsjahr der Reformation

---

30 Zitiert nach: Martin Luther, Von christlicher Freiheit. Schriften zur Reformation. Mit einem einführenden Essay von Eberhard Stammler, Zürich 1990, S. 529; Martin Luther, Von der Freiheit eines Christenmenschen, WA 7, S. 21.

31 GR, S. 91.

32 WA Br. 8, S. 136.

begangen werden soll, dann erwartet die Bevölkerung Klarheit, wer von den vielen protestantischen 'Kirchen' und ihren Filialen und Sekten dieses Jubiläum feiern bzw. mitfeiern darf, denn die genannten 'Kirchen' berufen sich auch heute noch alle auf den 'Kirchen'spalter von 1517 oder in seinem Gefolge auf andere „Reformatoren". Wenn sie alle im Nichtkatholischsein übereinstimmen, warum vereinen sie sich dann nicht? Die Aufspaltungen befördern Heimatlosigkeit und Orientierungslosigkeit. Das hatte schon immer zur Folge gehabt, dass die professionellen Pastoren den Christen, die nur noch allgemeine diffuse Vorstellungen von der Bedeutung des eigenen Bekenntnisses haben, den „Schäfchen" alles vorsetzen konnten, was ihnen privat und politisch beachtenswert erschien: Nationalsozialismus oder Kommunismus oder, oder. Luthers sola scriptura, d.h. die Bibel, wurde und wird nicht mehr zum Wesentlichen der protestantischen „Religion" erhoben. Manche Predigten sind allerdings oft besser als Reden bei Parteiveranstaltungen der Sozialisten.

Jeder legt bei den Evanglischen, Protestanten und Lutheranern die ‚Heilige Schrift' aus, wie er sie versteht bzw. tagesaktuell braucht. Selten beziehen diese Berufs'christen', die es ja nach dem heutigen Verständnis der E'K'D nur wegen der „Ordnung" gibt,[33] ihre Verkündigungen auf die Bibel, hoffentlich nicht auf Luther. Manch eine oder einer hofft auf Hilfe vom aufgeschnappten intellektuellen Gebaren an der Universität, vom mainstream, von Gutmenschen[34] in Politik und Medien, meist von tagesaktuellen Ideologen. Dabei könnte die Vielseitigkeit der nichtkatholischen Bekenntnisse durch einen Blick in Offenbarung 3,16 beseitigt werden: „Weil Du aber

---

[33] GR, S. 91.

[34] Siehe Bernd Höcker, Böse Gutmenschen. Wer uns heute mit schönen Worten in den Abgrund führt, Rottenburg 2015, S. 49: " … so als wären Gutmenschen irgendwie ferngesteuert, weil sie Argumente wiederholen, die längst vom Leben und von der Logik widerlegt worden sind." In früheren Jahren diente die Figur des Biedermanns aus dem Schauspiel von Max Frisch „Biedermann und die Brandstifter" als Vorlage für eine solche Person, die „des Kaisers neue Kleider" nicht sehen wollte.

lau bist und weder warm noch kalt, werde ich Dich ausspeien aus meinem Munde".[35]
Was ist von Luther übrig geblieben? Sein Hass, seine radikale Aufspaltung des Seins in Gut und Böse, Himmel und Hölle, Teufel und Gott, wirkte verheerend im wahrsten Sinne des Wortes wirken…Und das Gift wirkte jahrhundertelang. Auflösung ist das Gebot des Reformationsjubiläums, denn die Organisation hat jahrhundertelang gegen ihre eigene Satzung verstoßen.
Es ist fast verständlich, dass viele „Un"-gläubige von politischen Ideologen, Scharlatanen, Heilsverkündern eingefangen wurden, in der Hoffnung endlich keine lutherische Unmenschlichkeit, Kälte und Leere zu finden. Gibt es deshalb in den protestantischen 'Kirchen' so viele Sektenbeauftragte? Was half den „Schäfchen" bisher Luthers Lehre? Sie wurden je nach System meist „willige Vollstrecker" der jeweiligen politischen Ordnung, in der Hoffnung mehr als his or her master's voice zu sein. Entsprechend dem Hochverrat des protestantischen Moritz von Sachsen 1552, den Hochverratskriegen des protestantischen Markgrafen von Brandenburg und Königs in Preußen, Friedrich II, den größenwahnsinnigen Vorstellungen eines deutschen lutherischen 'Kirchen'oberhauptes und Kaisers Wilhelm II, des verbrecherischen Wirkens eines atheistischen Adolf Hitlers, und der nihilistischen kommunistischen lutherischen DDR taumelten sie orientierungslos, mehr am Materiellen der Welt als an Christus hangend. Nach lutherischen Vorgaben wurden weltliche Herrscher die Garanten für das jeweilige reformatorische, evangelische, lutherische Bekenntnis. Ihr Erfolg verdankten sie in der Regel Krieg und der politischen Interessenlage. Seltsam ist die Behauptung, Luther hätte Staat und 'Kirche' getrennt. Im Gegensatz zur Geschichte der lutherisch geprägten USA ist im Verlauf der deutschen Geschichte das Gegenteil der Fall. Ist es damit nicht zwangsläufig, dass Luthe-

[35] Offenbarung, 3,16. Zur aktuellen Debatte um den Bremer Pastor Olaf Latzel, der sola scriptura verkündet und deshalb von seinen Vorgesetzten und Gutmenschen gescholten wurde, siehe „Junge Freiheit", 13. 2. 2015, S. 13.

rische bis heute jeglichem politischem „Glauben“ hinterherliefen? Zumal der weltliche Fürst als ‘Kirchen’fürst von Luther quasi als „Notbischof“ eingesetzt wurde, also ausgerechnet das wurde, was Luther als ein Argument gegen den katholischen Papst vorgebracht hatte. Auch hier wieder die Zwiespältigkeit des ‘Kirchen’spalters. „Cuius regio eius religio“ verkündete der Augsburger Religions-“friede“ 1555. Doppeldeutig ist Luther auch hier: Merkwürdig ist das schon, wenn man erfährt, dass Luther sich gegen die weltliche Macht des Papstes ausgesprochen habe, dann aber die Lutherischen den weltlichen Fürsten die Gewalt über die Konfession in ihrem Land auferlegt haben. Er brauchte die Macht der Fürsten, um seine neue ‘Kirche’ zu verteidigen und aufzubauen. Diese machten z.T. mit, aber erst, nachdem sie sich die Vermögen der bisherigen Klöster und Kirchen widerrechtlich angeeignet hatten. Der Soldat, der Söldner zieht nach der Diktion Luthers für den Gott seines Kriegsherrn in den Kampf. Sichtbarer Ausdruck dieser Verbindung von Thron und Altar ist die Kaiser-Wilhelm-Gedächtnis-’Kirche’ in Berlin. Warum weigerte sich aber Adolf Hitler, den Wunsch einer evangelischen Gemeinde in Bremen zu erfüllen, eine ‘Kirche’ nach dem Namen des Reichskanzlers zu benennen?

Nun müssen wir zur Kenntnis nehmen, dass die neue Religion ebenso kriegerisch war wie die, von der sich der Reformator getrennt hat. Ja, sie gibt sich in den nächsten Jahrhunderten noch weit kriegerischer und dogmatischer als es die katholische Religion je gewesen ist. Denn jetzt ist jeder Protestant, jeder Evangelische, jeder Lutheraner selbst unmittelbar zu Gott und kann mit seinem Nachbar-Soldaten wetteifern, wie viele Skalps er erlegt hat. Nicht umsonst ist Skalpieren von den Protestanten in den Kolonien Nordamerikas kräftig praktiziert worden.[36] Dogmatiker wie Lu-

[36] Einige protestantische Regierungen der englischen Kolonien in Nordamerika setzten Skalpprämien aus, um das Töten von Indianern zu fördern. Die Skalpe dienten als Beweis für den Tod eines Indianers. Massachusetts zahlte im Jahr 1700 eine Prämie von 100 Pfund Sterling ein Indianerskalp, 1706

ther können keinem vernünftigen Argument gewogen sein, dann stellten sie sich selbst infrage. Jeder darf ja machen, was er will. Nebenbei: Ein katastrophaler Erziehungsgrundsatz! Luthers Tischgespräche sind dafür ein außerordentlich gutes Beispiel. Sind es wirklich Gespräche? Die Überlieferung spricht nur von Tischreden![37] Wer darf etwas sagen? Luther ist offenbar kein Freund des Gesprächs, des Dialogs, Er dekretiert. Kann er dann überhaupt ein Freund des Friedens sein? Der Liberalismus des 19. Jahrhunderts schwört auf „deliberare", auf das Abwägen der Argumente. In der politischen Sphäre soll durch Diskussion die Wahrheit entdeckt werden. Sprechen und zuhören sind die wesentlichen Elemente des freiheitlichen Staates. Spätestens mit dem Aufkommen des Liberalismus und seiner Implementierung bei den deutschen Lutheranern hätte die Vernunft gegen den Reformator siegen müssen. Er fühlt sich als etwas Besseres, er ist Auserwählter so bis heute die Liberalen. Diese Wertung stimmt im Hinblick auf die liberale Theorie, die politisches Wirken an Besitz und Bildung knüpft. Der im 19. Jahrhundert parteipolitisch dominierende Liberalismus - Nationalliberale Partei - war fest im Protestantismus verankert. Luther hatte es nicht nötig zu diskutieren. Seine Lutheraner spalteten sich nach dem Ende des ersten Weltkrieges in mehrere lutherisch geprägte liberale Parteien: DVP, DDP, DNVP, Sozialer Volksbund usw., die dann im Laufe der Jahre von der NSDAP mit ihrem auch nur herrschenden Führer absorbiert wurden. Luther - Kaiser Wilhelm II. – Hindenburg - Hitler war damals für bekennende Lutheraner eine logische Reihe. Dies wird oft übersehen. Es gibt einen direkten Zusammenhang zwischen dem Niedergang des lutherischen Liberalismus und dem Aufstieg des nationalen Sozialismus. Luther redet, sendet aus! Empfängt er auch? Kann er zum Dialog mit den Mitteln der Vernunft aufrufen? Warum setzte er die Vernunft nicht für die Gestaltung seines Lebens und seines Anliegens ein? Warum nur Mord und Vertreibung?

---

bot Pennsylvania 130 Pesos für Skalps von Franzosen und Indianern.

[37] WA Tischreden 6 Bände.

Auf all diese Fragen gibt uns die protestantische, evangelische, lutherische 'Kirche' seit Jahrhunderten keine Antwort. Sie dreht sich immer im Kreise, interpretiert den Reformator mal rechts rum, mal links rum - nationaler Sozialismus, kommunistischer Sozialismus - stellt ihn aber selten in Beziehung zur Politik und zur Lebenswirklichkeit und Würde des Menschen. Luther disputiert nicht, er deklamiert. Es ist so schrecklich zu sehen und festzustellen, wie sich die E'K'D seit dem Ende des Zweiten Weltkrieges davor drückt, Verantwortung für ihre tätigen „Schäflein" und Pastoren z.B. bzgl. der „Euthanasie" und der Judenmorde zu bezeugen. Selbst die gerühmte, allerdings nur taktisch gedachte, von der CIA initiierte „Stuttgarter Schulderklärung"[38] distanziert sich kaum vom Dritten Reich und seinen Verbrechen. Noch nicht einmal von Adolf Hitler und seinen nationalen Sozialisten! Sie enthält auch historische Unwahrheiten: „...Wohl haben wir lange Jahre hindurch im Namen Jesu Christi gegen den Geist gekämpft, der im nationalsozialistischen Gewaltregiment seinen furchtbaren Ausdruck gefunden hat..."[39] Und wo blieb der Kampf gegen die Praxis des Regimes? Dann wird es abenteuerlich: „Nun soll in unseren 'Kirchen' ein neuer Anfang gemacht werden...diese gehen daran, sich von glaubensfremden Einflüssen zu reinigen... die ganze Welt braucht einen neuen Anfang."[40] Was sind ‚glaubensfremde Einflüsse'? Antisemitismus? Der führende Repräsentant des Antisemitismus der lutherischen 'Kirche' war Bischof Dibelius, der gleich nach der Diktatur an oberster Stelle der „'Kirche'" Luthers vertreten war. Er hatte sich selbst – wie er stolz erzählte – zum „Bischof" gemacht![41] Die „Stuttgarter Erklärung" stieß weitgehend

---

[38] Siehe G. Besier/ G. Sauter, Wie Christen ihre Schuld bekennen. Die Stuttgarter Erklärung 1945, Göttingen 1985. Armin Boyens, Das Stuttgarter Schuldbekenntnis vom 19. Oktober 1945. Entstehung und Bedeutung, in: Vierteljahreshefte für Zeitgeschichte, Jg. 19, 1971, S. 375-397.

[39] Martin Lotz, Evangelische Kirche. 1945-1952, Stuttgart 1992, S. 35.

[40] Lotz, S.35f.

[41] Hans Prolingheuer , Hitlers fromme Bilderstürmer. Kirche und Kunst unterm Hakenkreuz, Köln 2001, (Kunst) Anmerkung 340, S. 361; Anmerkung 341

auf Ablehnung durch evangelische Gemeinden, da diese von ihrer eigenen 'Kirche' nicht (!) unterrichtet und nur durch Zeitungsartikel informiert worden waren. Besonders lutherische Personen stießen sich gar an der Formulierung „Schuldbekenntnis", da sie meinten, sie seien verführt worden, sie seien abseits gestanden, bzw. das Ausland habe ja selbst Hitlers Regierung anerkannt und „lange Zeit" gewähren lassen.[42] Warum meinten die lutherischen Oberen wieder, sie müssten ohne Diskussion mit ihren Schäfchen eine solche „Schulderklärung" von sich geben? Ein typisches Beispiel der lutherischen Dialektik: Von Freiheit reden, dann aber hierarchiebewusst von oben dekretieren. Ein Beispiel von Luthers „Freiheit eines Christenmenschen"? Warum wurden nach zwölf Jahren der schrecklichsten Diktatur die lutherischen Gemeinden wieder „betreut" und weiterhin als unmündig angesehen? Mussten die ‚Kirchen'oberen ihre „Schäfchen" in diese religiöse Einsamkeit gehen lassen, da der Protestantismus nach Antje Vollmer, den Einzelnen nicht von einer Gruppe definiert?[43]

Dann gibt es nach der ersten Diktatur die Bemühungen, mit überlebenden Juden ins Reine zu kommen. Es gab viele Kommissionen, viele lutherisch schlaue Leute. Doch diese interpretierten das Verhältnis der Gegenwart zu Luther immer nur theologisch, selten politisch. Ziegert weist nach, dass nach 1945 in den drei westlichen Besatzungszonen eine Öffentlichkeit entstand, die die vermeintliche Kollektivschuld des deutschen Volkes bzgl. der Jahre des Dritten Reiches erfand und bis heute zelebriert. Wäre die Distanzierung von Martin Luther, dem Ideengeber für die Morde an Juden, nicht ehrlich gewesen?
Die „Schäfchen" dienten nach der ersten Diktatur wieder zur grö-

---

„...wie sich Dibelius an die Spitze der brandenburgischen Kirche beförderte...". Siehe auch sehr detailliert Hans Prolingheuer, Wir sind in die Irre gegangen. Die Schuld der Kirche unterm Hakenkreuz, Köln 1987.

[42] Lotz, S. 40.

[43] Zitiert nach Dieterich, S. 45.

ßeren Ehre der Oberen. Sie wurden und werden mit Texten und Verniedlichungen abgespeist.

Es folgen nach 1945 eine Menge anderer Erklärungen, die aber selten einstimmig abgesegnet wurden. Warum ist Obermanns Feststellung, dass "die Judenfrage ein zentrales Thema seiner Theologie ist"[44] von der E'K'D missachtet worden? Warum wurde Luther nicht in Verbindung zu den Ereignissen im Dritten Reich bzw. was den Antisemitismus betrifft, nach 1945 die Bevölkerung offen und ehrlich mit dem menschenfeindlichen Denken der Lutheraner im 19. Jahrhundert konfrontiert? Endlich wurde im April 1950 von der E'K'D unter großen Schmerzen eine Erklärung zur „Judenfrage" abgegeben: „Wir sprechen es aus, dass wir durch Unterlassen und Schweigen vor dem Gott der Barmherzigkeit mitschuldig geworden sind an dem Frevel, der durch Menschen unseres Volkes an Juden begangen worden ist..."[45] Warum Frevel? Ist dies nicht eine Verniedlichung der millionenfachen Morde? Frevel ist Verbrechen, Verfehlung, Sakrileg, Lästerung, Straftat usw. Warum nennt die E'K'D nach 1945 nicht Mord beim Namen? Warum schreibt die E'K'D „Menschen unseres Volkes" und nicht Menschen unseres „Glaubens"? Auch hier erscheint wieder die Luthersche Hybris, über alle Menschen zu befinden.

Warum bringen sich Lutheraner nach 1945 nicht in Verbindung zu den Ereignissen im Dritten Reich bzw. was den Antisemitismus betrifft, mit dem menschenfeindlichen Denken der Lutheraner im 19. Jahrhundert? Warum keine Distanzierung von dem fürchterlichen Antisemiten Adolf Stoecker[46], Zweiter Hof- und Dompredi-

---

[44] Obermann, S.142.

[45] Lotz, S. 41.

[46] (1835-1909)1887 Herausgeber der Deutschen evangelischen Kirchenzeitung. Martin Greschat, Protestantischer Antisemitismus in wilhelminischer Zeit. Das Beispiel des Hofpredigers Adolf Stoecker, in: Günter Brakelmann/Martin Rosowski (Hg.), Antisemitismus. Von religiöser Judenfeindschaft zur Rassenideologie, Göttingen 1989, S. 27–51. Hans-Ulrich Wehler, Deutsche Gesellschaftsgeschichte, Band 3, München 1995, S. 922 charakterisiert Stoecker: „... er griff bedenkenlos jene bösartigen Klischees auf", die dazu beitrugen, „die verhängnisvolle Entwicklung

ger Kaiser Wilhelms II.? Stoecker forcierte den protestantischen Antisemitismus auf schändlichste Weise: „Kampf gegen die Übermacht des Judentums...wir sind mit der Bekämpfung des Judentums auf dem richtigen Weg... wir müssen den Kampf verschärfen...“.[47] Stoecker habe „etwas von Luther“[48] sprach anerkennend 1887 der Kronprinz und spätere Kaiser Wilhelm II. Auch der geachtete preußische Hofhistoriker Heinrich von Treitschke schloss sich der Abneigung gegen seine jüdischen Mitbürger an und bezeichnete sie als „unser Unglück“.[49] Damit präzisierte er nur eine Aussage des Reformators.[50] Diese Feststellung wird zwar oft zitiert, doch wer kennt schon den vollständigen Aufsatz, der sich um die Balkanfrage im 19. Jahrhundert dreht und zum Schluss die Juden auffordert, nicht wie bei Luther Christen zu werden, sondern sich als Deutsche zu bekennen. Die wichtigsten Abschnitte seien deshalb zitiert, weil es sehr interessant sein mag, die Probleme von damals mit heutigen Vorgängen in Europa und Deutsch-

---

voranzutreiben, durch die der moderne Antisemitismus gesellschaftsfähig gemacht wurde“. „Wie skrupellos er das tat, enthüllen seine giftigen Tiraden gegen namentlich genannte Männer jüdischer Herkunft ... und seine perfiden Sympathien für ein energisches Vorgehen gegen jüdische Deutsche“. Die deutschnationale Fraktion (DNSVP) der Weimarer Republik schmückte ihr Sitzungszimmer mit dem Porträt Adolf Stoeckers. Siehe Röhm/Thierfelder, Juden-Christen-Deutsche, Band 1, Stuttgart 1990, S. 54.

47 Adolf Stoecker, Wir müssen den Kampf verschärfen, in: Karl Kupisch, Quellen zur Geschichte des deutschen Protestantismus (1871-1945), Göttingen 1960, S. 72.

48 Zitiert nach Otto von Bismarck, Werke in Auswahl, hg. von Gustav Adolf Rein u.a., Band 8a, Stuttgart 1975, S. 543.

49 Heinrich von Treitschke, Unsere Aussichten, Preußische Jahrbücher, Band 44, 1879, S. 559-576, S. 575. Vgl. Johannes Zechner, Heinrich von Treitschkes Antisemitismus und die deutsche Geschichtswissenschaft, in: Heinrich-Böll-Stiftung (Hg.): Gedächtnispolitik – Eine kritische Zwischenbilanz, Berlin 2003, S. 94-113.

50 "Ein solch verzweifeltes, durchböstes, durchgiftetes, durchteufeltes Ding ist's um diese Juden, so diese 1400 Jahre unsere Plage, Pestilenz und alles Unglück gewesen sind und noch sind. Summa, wir haben rechte Teufel an ihnen." WA Bd. 53.

land zu vergleichen:

Heinrich von Treitschke, Unsere Ansichten.

... Unter den Symptomen der tiefen Umstimmung, welche durch unser Volk geht, erscheint keines so befremdlich wie die leidenschaftliche Bewegung gegen das Judentum. Vor wenigen Monaten herrschte in Deutschland noch das berufene, umgekehrte „Hep Hep Geschrei".[51] *Über den Nationalfehler der Deutschen, der Franzosen und aller anderen Völker durfte Jedermann ungescheut das Härteste sagen; wer sich aber unterstand über irgend eine*

---

[51] Über den Beginn der gegen Juden gerichteten Unruhen in Deutschland 1819 schreibt Heinrich Graetz, Geschichte der Juden, Bd. 11, Berlin 1998 (Reprint), S. 334 einen Vorgang in Würzburg: „Plötzlich wurde ein alter Professor Brendel bemerkt, der kurz vorher zugunsten der Juden geschrieben hatte... Bei seinem Anblicke erscholl aus dem Munde der Studenten der unsinnige Ruf ‚Hep-Hep!', mit dem pöbelhaften Zusatz ‚Jud' verreck! Brendel wurde verfolgt... Den Tumult benutzten brotneidische Kaufleute, welche erbittert darüber waren, dass jüdische Konkurrenten den Kaffee um einige Kreuzer billiger verkauften, und einige andere, welche etwas gegen einen geadelten jüdischen Kapitalisten hatten. Eine leidenschaftliche Wut bemächtigte sich der Bevölkerung. Sie erbrach die Kaufläden der Juden und warf die Waren auf die Straße. Und als die Angegriffenen sich zur Wehr setzten und mit Steinen warfen, steigerte sich die Erbitterung bis zur Raserei. Es entstand eine förmliche Judenschlacht wie im Mittelalter, es kamen Verwundungen vor, mehrere Personen wurden getötet. Etwa vierzig Bürger hatten sich an diesem Judensturm beteiligt. Militär musste zur Dämpfung der Erbitterung herbeigeholt werden, sonst wären die Juden niedergemetzelt worden. Tags darauf stellte die Bürgerschaft die Forderung an die städtische Behörde, dass die Juden Würzburg verlassen sollten. Und sie musste sich fügen. Mit Trauer verließen etwa vierhundert Juden jeden Alters die Stadt und lagerten mehrere Tage in den Dörfern unter Zelten, einer trüben Zukunft entgegensehend." Graetz S. 339. „Wer will alle diese judenfeindlichen, aufregenden Schriften gegen die Juden aus den Jahren des Hep-Hep-Sturmes aufzählen?" Siehe dazu Rainer Erb, Werner Bergmann: Die Nachtseite der Judenemanzipation. Der Widerstand gegen die Integration der Juden in Deutschland 1780-1860, Berlin 1989.

unleugbare Schwäche des jüdischen Charakters gerecht und maßvoll zu reden, ward sofort fast von der gesamten Presse als Barbar und Religionsverfolger gebrandmarkt. Heute sind wir bereits so weit, dass die Mehrheit der Breslauer Wähler – offenbar nicht in welcher Aufregung, sondern mit ruhigem Vorbedacht – sich verschwor unter keinen Umständen einen Juden in den Landtag zu wählen: Antisemitismusvereine treten zusammen, in erregten Versammlungen wird die „Judenfrage" erörtert, eine Flut von judenfeindlichen Libellen überschwemmt den Büchermarkt. Es ist des Schmutzes und der Rohheit nur allzu viel in diesem Treiben, und man kann sich des Ekels nicht erwehren, wenn man bemerkt, dass manche jener Brandschriften offenbar aus jüdischen Federn stammen; bekanntlich sind seit Pfefferkorn und Eisenmenger die geborenen Juden unter den fanatischen Judenfressern immer stark vertreten gewesen. Aber verbirgt sich hinter diesem lärmenden Treiben wirklich nur Pöbelrohheit und Geschäftsneid? Sind diese Ausbrüche eines tiefen, lang verhaltenen Zornes wirklich nur eine flüchtige Aufwallung, so hohl und grundlos wie einst teutonische Judenhetze des Jahres1819? Nein, der Instinkt der Massen hat in der Tat eine schwere Gefahr, einen hochbedenklichen Schaden des neuen deutschen Lebens richtig erkannt; es ist keine leere Redensart, wenn man heute von einer deutschen Judenfrage spricht.

Wenn Engländer und Franzosen mit einiger Geringschätzung von dem Vorurteil der Deutschen gegen die Juden reden, so müssen wir antworten: Ihr kennt uns nicht; Ihr lebt in glücklicheren Verhältnissen, welche das Aufkommen solcher „Vorurteile" unmöglich machen. Die Zahl der Juden in Westeuropa ist so gering, dass sie einen fühlbaren Einfluss auf die nationale Gesittung nicht ausüben können; über unsere Ostgrenze aber dringt Jahr für Jahr aus der unerschöpflichen polnischen Wiege eine Schar strebsamer hoseverkaufender Jünglinge herein, deren Kinder und Kindeskinder dereinst Deutschlands Börsen und Zeitungen beherrschen sollen; die Einwanderung wächst zusehends, und immer ernster wird die Frage, wie wir dies fremde Volkstum mit dem unseren verschmel-

zen können. Die Israeliten des Westens und des Südens gehören zumeist dem spanischen Judenstamme an, der auf vergleichsweise stolze Geschichte zurückblickt und sich der abendländischen Weise immer ziemlich leicht eingefügt hat; sie sind in der Tat in ihrer großen Mehrzahl gute Franzosen, Engländer, Italiener geworden – soweit doch dies billigerweise erwarten lässt von einem Volke mit so reinem Blute und so ausgesprochener Eigentümlichkeit. Wir Deutschen aber haben mit jenem polnischen Judenstamme zu tun, dem die Narben vierhundertjähriger christlicher Tyrannei sehr tief eingeprägt sind; er steht erfahrungsgemäß dem europäischen und namentlich dem germanischen Wesen ungleich fremder gegenüber. Was wir von unsren israelitischen Mitbürgern zu fordern haben, ist einfach: sie sollen Deutsche werden, sich schlicht und recht als Deutsche fühlen – unbeschadet ihres Glaubens und ihrer alten heiligen Erinnerungen, die uns Allen ehrwürdig sind; denn wir wollen nicht, dass auf die Jahrtausende germanischer Gesittung ein Zeitalter deutsch-jüdischer Mischkultur folge. Es wäre sündlich zu vergessen, dass sehr viel Juden, getaufte und ungetaufte, Felix Mendelssohn, Veit, Rieffeer u.A. - um der Lebenden zu geschweigen deutsche Männer waren im besten Sinne, Männer, in denen wir die edlen und guten Züge deutschen Geistes verehren. Es bleibt aber ebenso unleugbar, dass zahlreiche und mächtige Kreise unseres Judentums den guten Willen, schlechtweg Deutsche zu werden, durchaus nicht hegen. Peinlich genug, über diese Dinge zu reden; selbst das versöhnliche Wort wird hier leicht missverstanden. Ich glaube jedoch, mancher meiner jüdischen Freunde wird mir mit tiefem Bedauern recht geben, wenn ich behaupte, dass in neuester Zeit ein gefährlicher Geist der Überhebung in jüdischen Kreisen erwacht ist, dass die Einwirkung des Judentums auf unser nationales Leben, die in früheren Tagen manches Gute schuf, sich neuerdings vielfach schädlich zeigt. Man lese die Geschichte der Juden von Graetz. Welche fanatische Wut gegen den „Erbfeind“[52], das Christentum, welcher Todhass grade wider die

[52] Siehe Hans Fenske, Nachbarn – Erbfeinde – Freunde. Zu den

reinsten und mächtigsten Vertreter germanischen Wesens, von Luther bis herab auf Goethe und Fichte! Und welche hohle, beleidigende Selbstüberschätzung! Da wird unter beständigen hämischen Schimpfreden bewiesen, dass die Nation Kants eigentlich erst durch Börne und Heine für Schönheit, Geist und Witz empfänglich geworden ist! Welcher englische Jude würde sich je unterstehen in solcher Weise das Land, das ihn schützt und schirmt, zu verleumden? Und diese verstockte Verachtung gegen die deutsche Gojim ist keineswegs blos die Gesinnung eines vereinzelten Fanatikers. Keine deutsche Handelsstadt, die nicht viele ehrenhafte, achtenswerte jüdische Firmen zähle; aber unbestreitbar hat das Semitentum an dem Lug und Trug, an der frechen Gier des Gründer-Unwesens einen großen Anteil, eine schwere Mitschuld an jenem schnöden Materialismus unserer Tage, der jede Arbeit nur noch als Geschäft betrachtet und die alle gemütliche Arbeitsfreudigkeit unseres Volkes zu ersticken droht; in tausenden deutscher Dörfer sitzt der Jude, der seine Nachbarn wuchernd auskauft. Unter den führenden Männern der Kunst und Wissenschaft ist die Zahl der Juden nicht sehr groß; um so stärker die betriebsame Schar der semitischen Talente dritten Ranges. Und wie fest hängt dieser Literatenschwarm unter sich zusammen; wie sicher arbeitete die auf den erprobten Geschäftsgrundsatz der Gegenseitigkeit begründete Unsterblichkeits-Versicherungsanstalt, als dass jeder jüdische Poetaster seinen Verlagsruhm, welchen die Zeitungen spenden, blank und bar, ohne Verzugszinsen ausgezahlt erhält.

Am Gefährlichsten wirkt das unbillige Übergewicht des Judentums in der Tagespresse – eine verhängnisvolle Folge unserer engherzigen alten Gesetze, die den Israeliten den Zutritt zu den meisten gelehrten Berufen versagten. Zehn Jahre lang wurde die öffent-

---

Schwierigkeiten der deutsch-französischen Beziehungen seit dem 17. Jahrhundert. In: Jahrbuch für westdeutsche Landesgeschichte, 17, Koblenz 1991, S. 263-298. Darin auch über die Wortbedeutung: Erbfeind waren für Christen zunächst die Türken.

liche Meinung in vielen deutschen Städten zumeist durch jüdische Federn gemacht; es war ein Unglück für die liberale Partei und einer der Gründe ihres Verfalls, dass grade ihre Presse dem Judentum einen viel zu großen Spielraum gewährte. Der notwendige Rückschlag gegen diesen unnatürlichen Zustand ist die gegenwärtige Ohnmacht der Presse; der kleine Mann lässt sich nicht mehr ausreden, dass die Juden die Zeitungen schreiben, daran will er nicht mehr glauben. Unser Zeitungswesen verdankt jüdischen Talenten sehr viel; grade auf diesem Gebiete fand die schlagfertige Gewandtheit und Schärfe des jüdischen Geistes von jeher ein dankbares Feld. Aber auch hier war die Wirkung zweischneidig. Börne führte zuerst in unsere Journalistik den eigentümlich schamlosen Ton ein, der über das Vaterland so von außen her, ohne jede Ehrfurcht abspricht, als gehöre man selber gar nicht mit dazu, als schnitte der Hohn gegen Deutschland nicht jedem einzelnen Deutschen ins tiefste Herz. Dazu jene unglückliche viel geschäftige Vordringlichkeit, die überall mit dabei sein muss und sich scheut sogar über die inneren Angelegenheiten der christlichen Kirchen meisternd abzuurteilen. Was jüdische Journalisten in Schmähungen und Witzeleien gegen das Christentum leisten, ist schlechthin empörend, und solche Lästerungen werden unserem Volke in seiner Sprache als allerneueste Errungenschaften „deutscher" Aufklärung feilgeboten! Kaum war Emancipation errungen, so bestand man dreist auf seinem „Schein"; man forderte die buchstäbliche Parität in Allem und Jedem und wollte nicht mehr sehen, dass wir Deutschen denn doch ein christliches Volk sind und die Juden nur eine Minderheit unter uns: wir haben erlebt, dass die Beseitigung christlicher Bilder, ja die Einführung der Sabbatheser in gemischten Schulen verlangt wurde.

Überblickt man alle diese Verhältnisse – und Vieles ließe sich noch sagen! - so erscheint die laute Agitation des Augenblicks doch nur als eine brutale und gehässige, aber natürliche Reaction des germanischen Volksgefühls gegen ein fremdes Elend, das in unserem Leben einen allzu breiten Raum eingenommen hat. Sie hat zum

Mindesten das unfreiwillige Verdienst, den Bann einer stillen Unwahrheit von uns genommen zu haben; es ist schon ein Gewinn, dass ein Übel, das Jeder fühlte und Niemand berühren wollte, jetzt offen besprochen wird. Täuschen wir uns nicht: die Bewegung ist sehr tief und stark; einige Scherze über die Weisheitssprüche christlich-sozialer Stump-Redner genügen nicht, sie zu bezwingen. Bis in die Kreise der höchsten Bildung hinaus, unter Männern, die jeden Gedanken kirchlicher Unduldsamkeit oder nationalen Hochmuts mit Abscheu von sich weisen würden, ertönt es heute wie aus einem Munde: ***Die Juden sind unser Unglück!***

Von einer Zurücknahme oder auch nur einer Schmälerung der vollzogenen Emancipation kann nicht die Rede sein; sie wäre ein offenbares Unrecht, ein Abfall von den guten Traditionen unseres Staates und würde den nationalen Gegensatz, der uns peinigt, eher verschärfen als mildern. Was die Juden in Frankreich und England zu einem unschädlichen und vielfach wohltätigen Elemente der bürgerlichen Gesellschaft gemacht hat, das sind im Grund doch die Energie des Nationalstolzes und die fest gewurzelte nationale Sitte dieser beiden alten Kulturvölker. Unsere Gesittung ist jung; uns fehlt noch in unserem ganzen Sein der nationale Stil, der instinktive Stolz, die durchgebildete Eigenart, darum waren wir so lange wehrlos gegen fremdes Wesen. Jedoch wir sind im Begriff, uns jene Güter zu erwerben und wir können nur wünschen, dass unsere Juden die Wandlung, die sich im deutschen Leben als eine notwendige Folge der Entstehung des deutschen Staates vollzieht, rechtzeitig erkennen. Da und dort bestehen jüdische Vereine gegen den Wucher, die im Stillen viel Gutes wirken, sie sind das Werk einsichtiger Israeliten, welche einsahen, dass ihre Stammgenossen sich den Sitten und Gedanken ihrer christlichen Mitbürger annähern müssen. Nach dieser Richtung ist noch viel zu tun. Die harten deutschen Köpfe jüdisch zu machen ist nicht möglich; so bleibt nur übrig, dass unsre jüdischen Mitbürger sich rückhaltlos entschließen, Deutsche zu sein, wie es ihrer Viele zu ihrem und unserem Glück schon längst geworden sind. Die Aufgabe kann niemals

ganz gelöst werden. Eine Kluft zwischen abendländischen und semitischen Wesen hat von jeher bestanden, seit Tacitus einst über das odium generis humani klagte; es wird immer Juden geben, die nichts sind als deutsch redende Orientalen; auch eine spezifisch jüdische Bildung wird immer blühen, sie hat als kosmopolitische Macht ihr gutes historisches Recht. Aber der Gegensatz lässt sich mildern, wenn die Juden, die so viele von Toleranz reden, wirklich tolerant werden und einige Pietät zeigen gegen den Glauben, die Sitten und Gefühle des deutschen Volks, dass alle Unbill längst gesühnt und ihnen die Rechte des Menschen und des Bürgers geschenkt hat. Dass diese Pietät einem Teile unseres kaufmännischen und literarischen Judentums vollständig fehlt, das ist der letzte Grund der leidenschaftlichen Erbitterung von heute.-
Ein erfreulicher Anblick ist es nicht, dies Toben und Zanken, dies Kochen und Aufbrodeln unfertiger Gedanken im neuen Deutschland. Aber wir sind nun einmal das leidenschaftlichste aller Völker, obgleich wir uns selbst so oft Phlegmatiker schalten; anders als unter krampfhaften Zuckungen haben sich neue Ideen bei uns noch nie durchgesetzt. Gebe Gott, dass wir aus der Gährung und dem Unmut dieser ruhelosen Jahre eine strengere Auffassung vom Staate und seinen Pflichten, ein gekräftigtes Nationalgefühl davontragen.

Diese Sätze bildeten das Credo der liberalen protestantischen d.h. deutschnationalen Stimmung im deutschen Kaiserreich.

Die protestantische ‘Kirche’ gibt sich nah am Menschen, mischt sich als „Gutmenschen“ oberflächlich in „Gott und die Welt“ ein, und wenn mit „Lust und Laune“ wie im Dritten Reich, dann ohne christlichen und freiheitlichen, wohl aber mit lutherischem Bezug. Doch wenn es darauf ankam, Flagge zu zeigen, war sie verschwunden. Nirgends in ihrer 500jährigen Geschichte war ein Don Camillo zu sehen, der mit dem Ruf „Herrgott halt Dich fest“[53], an

[53] Giovannino Guareschi, Don Camillo, Stuttgart 1972, S.125 „Dann nahm er

Jesu Christus orientierten Klartext redete. Das ist für viele Protestanten auch schwierig, da die reformierten 'Kirchen', evangelische Frei-'Kirchen' und Pfingst'Kirchen' Kruzifixe ablehnen. Luther dagegen bekennt sich zu „Christus am Kreuz": „Mit ausgebreiteten Armen hängt er am Kreuz um uns … zuzurufen: Kommt her zu mir alle."[54] Auch der nationale Sozialismus versuchte, wie die Gutmenschen 60 Jahre später, Kreuze und Kruzifixe aus dem öffentlichen Raum zu entfernen. Der damalige Bischof von Münster, Clemens August Graf von Galen, rief während des Dritten Reiches Katholiken dagegen zum Widerstand auf, der besonders im bayerischen Raum auf fruchtbaren Boden fiel – so auch 60 Jahre später. Schlimm, wenn heute das nationale sozialistische Gedankengut vieler Gutmenschen wieder Kruzifixe abhängt.

---

das riesige Kruzifix und hob es über seinen Kopf wie eine Keule 'Jesus' sagte Don Camillo, 'halte Dich fest, weil ich zuschlage.'" Wünschte man sich das nicht mal von der Deutschen Bischofskonferenz?

[54] WA 148, S. 169.

Luther ‚weich‘ gezeichnet

Es gibt seit dem Lutherjahr 1983 hervorragende Biographien über Martin Luther etwa die von Schilling[55] Dieterich,[56] Obermann[57], Ursula Schulze[58], Osten-Sacken[59], Kaufmann[60], Decot.[61] Haben diese das Bild Luthers bei der 'Kirche' geändert? Man muss den Eindruck gewinnen, dass der wahre Luther außerhalb der Wissenschaft von der evangelischen 'Kirche' oft weich gezeichnet wird, eine „no go area“ ist, wenn es problematisch zu werden scheint. Nach den vielen hervorragenden wissenschaftlichen Veröffentlichungen so auch der Arbeit von Thomas Kaufmann, „Luthers Juden“[62], schreibt die renommierte Zeitschrift „Focus“ sehr vorsichtig: „Doch Judenfeindlichkeit ist kein allein katholisches Phänomen – auch Reformator Martin Luther äußerte sich dezidiert antisemitisch. 1523 schrieb er in 'dass Jesus ein geborner Jude sei' noch betont freundlich über die Juden. Er hoffte, nach der Reformation in einer erneuerten, christlichen Kirche die Juden für den Jesusglauben gewinnen zu können. Doch die Juden ließen sich auch durch die Lehren des Reformators nicht umstimmen, was Luther offenbar verbitterte. Ein Zitat aus seinen letzten Lebensjahren lautet: 'Ein solch verzweifeltes, durchböstes, durchgiftetes, durchteufeltes Ding ist's um diese Juden, so diese 1400 Jahre unsere Plage, Pestilenz und alles Unglück gewesen sind und noch sind. Summa, wir haben rechte Teufel an ihnen'“.[63]

---

[55] Heinz Schilling, Martin Luther, München 2012.
[56] Veit-Jacobus Dieterich, Martin Luther, München 2002.
[57] Heiko Obermann, Luther. Mensch zwischen Gott und Teufel, München 1982.
[58] Ursula Schulze, Juden in der deutschen Literatur des Mittelalters, Tübingen 2002.
[59] Peter von der Osten-Sacken, Martin Luther und die Juden, Stuttgart 2002.
[60] Thomas Kaufmann, Luthers Juden, Stuttgart 2014.
[61] Rolf Decot, Christen und Juden im Reformationszeitalter, Mainz 2006.
[62] Thomas Kaufmann, Stuttgart 2014.
[63] Focus, 27.2. 2015. Zitat: WA Schriften Bd. 53, S. 478.

Luther nahm mit „Teufel" eine Bezeichnung auf, die alttestamentlich gesprochen, Menschen zugedacht wird, die umstürzen, durcheinander bringen, die Ruhe und Ordnung stören: Teufel, diabolos, perturbator. So wurden die Juden, dann die Türken beschrieben, die sich auch noch das Etikett „Erbfeind", nach dem Alten Testament ebenfalls Teufel, gefallen lassen mussten. Nach dem 30jährigen Krieg und dem anschließenden fürchterlichen Wüten der französischen Soldateska im südwestdeutschen Raum nannten die Deutschen die Franzosen „Erbfeinde". Ein Begriff, der im 19. Jahrhundert erneut belebt wurde. Nicht nur dem französischen König Ludwig XIV war imperiales, mörderisches Gehabe tägliches Brot, sondern auch seinem gelehrigen späteren Nachfolger Napoleon I.

In der am 13. März 1815 veröffentlichten Achterklärung der Staaten Österreich, Portugal, Spanien, Preußen, Russland, England, Schweden und das andere Frankreich gegen Napoleon heißt es: „*...er hat sich außerhalb der bürgerlichen und sozialen Beziehungen gestellt und sich als Feind – und Störer – perturbateur - des Weltfriedens der öffentlichen Ächtung ausgesetzt...außerdem hat er sich als unverbesserlicher Feind der öffentlichen Ruhe erwiesen und fortan keinen Anspruch mehr auf den Schutz irgendeines Vertrages oder Gesetzes...*[64] Feind und Störer des Weltfriedens wurden auch die Angeklagten beim Prozess gegen die Hauptkriegsverbrecher vor dem internationalen Militärgerichtshof in Nürnberg1945/1946 bezeichnet. Sie hätten sich der „Verbrechen gegen die Menschlichkeit" schuldig gemacht.

Focus weiter: „Für die evangelischen Fürsten schrieb Luther einen Plan, wie mit den Juden umzugehen sei, er riet darin zur Enteignung und zum Niederbrennen der jüdischen Schulen und Synagogen.[65] Historiker und Theologen würden seitdem streiten, ob Lu-

---

[64] Vertrags-Ploetz, bearb. v. H. Rönnefarth, Teil II, Neuere Zeit, Würzburg 1958, S. 257.

[65] Von den Juden und ihren Lügen, WA 53, S. 412-552.

thers antijüdische Haltung fest verwurzelt war in seinen Ansichten und Ideen oder nur dem Zeitgeist entsprach und persönlicher Enttäuschung entsprang. Auch in der Weimarer Republik habe die evangelische Kirche in Deutschland an ihre judenfeindliche Vergangenheit angeknüpft. „Der ehemalige bayerische Landesbischof Hans Meiser forderte in den 1920er-Jahren „das Zurückdrängen jüdischen Geistes im öffentlichen Leben". Das Jüdische sei dem deutschen Geist fremd. Er rief zwar nicht zu Pogromen auf, stattdessen aber zur ‚Judenmission'".[66] Ist eine solche verharmlosende Mitteilung des „Focus" über die exterminatorischen Vorlagen Luthers nicht fahrlässig?

Selbst Spielfilme, die von Fernsehanstalten gezeigt wurden, blendeten immer dann aus, wenn es im Hinblick auf unsere Geschichte und den „wahren" Luther spannend wurde. Und der „Oberaufklärer" der Nation, der Geschichtspornograph[67] Professor Guido Knopp, ZDF, hat sich nicht an den heiklen Stoff Luther gewagt. Warum? Karriere ist nun mal finanziell lohnender als historische Wahrheit? Adolf Hitler und das Dritte Reich waren schon vor Knopp abgelutscht, da konnte selbst Knopp nichts mehr falsch machen, nur noch mit geschönten Bildern und Aussagen von „Zeitzeugen" das Grauen unterlegen. Und das milde Auge der Gutmenschen ruhte auf ihm, verbunden mit den Goldtalern. Seine Arbeiten erfüllten vielleicht den Anspruch für eine Anfängerübung, ein Proseminar im Fach Geschichte, 1. Semester, waren aber kein Thema, um den Bildungsauftrag einer Sendeanstalt zu erfüllen, zog nur dieser Millionen aus der Tasche. Doch diese schwimmt im Geld der Zwangsgebührenzahler.

Am 4. November 2008 wurde im Rahmen der 10-teiligen ZDF-Serie „Die Deutschen" über „Luther und die Nation" mit Halbwahrheiten informiert. Warum wurde darin Martin Luther nur in der Zeit vom Thesenanschlag 1517 bis zum Augsburger Reichstag

---

[66] Focus, 27. 2. 2015.

[67] So Wulf Kansteiner, Assistant Professor an der State University of New York, in: Zeitschrift für Geschichtswissenschaft 7, 2003, S. 365.

1530 betrachtet? Waren seine restlichen Lebens- und Arbeitsjahre nicht würdig, behandelt zu werden? Oder haben die Gutmenschen zensiert? Warum fehlten Luthers Jahre des Judenhasses? Sollten die etwa 4 Millionen „Quoten-Deutsche“ nicht mit dem wahren Luther „belastet“ werden? Hatte das ZDF mit der Aussendung von Halbwahrheiten seinen vertraglich festgelegten Auftrag erfüllt? Warum hat aber die katholische Kirche nicht protestiert? Welcher stromlinienförmige Redakteur des mainstream war dafür verantwortlich? Hatte etwa die protestantische 'Kirche' interveniert? Sonderbar wäre es nicht, hat sie doch einige Jahre zuvor einen Kinofilm über Martin Luther in Auftrag gegeben, der ebenfalls Martin Luther einen weiß waschenden „Persilschein“ ausgestellt hatte. Darf Luthers Judenhass nicht einem breiten Publikum nahegebracht werden? Warum nicht? Doch schlau ist man beim ZDF schon. Später, am 5. April 2009 um 23:10 Uhr (!) wurde der Sender seinem Bildungsauftrag gerecht, in dem er in der Dokumentation „Von Jesus zu Benedikt“ Luthers Buch „Von den Jüden und ihren Lügen“ in der Zeitspanne von drei Wimpernschlägen erwähnte. Noch schlimmer wurde vom selben Sender der Reformator in dem Dokudrama „Martin Luther“ zerstückelt. Regisseur war der lutherische Theologe Günther Klein. Ben Becker spielte die Hauptrolle. Luthers Judenhass wurde ausgeblendet. In einer Unterrichtsbroschüre zum LUTHER-Film für die Klassen 7-13 wird der Demagoge und Volksverhetzer Martin Luther als Vorbild dargestellt. Angesichts der Quellen ist dies skandalös.

Auch die fast 100%ig protestantische DDR hatte keinen Drang verspürt, die Wahrheit über Martin Luther zu senden, obwohl sein Judenhass doch die offizielle Linie des kommunistisch-sozialistischen Antisemitismus, besonders in der Zeit der Judenprozesse in der Sowjetunion untermauert hätte, flohen doch Überlebende des Holocaust vor dem Antisemitismus aus der DDR in den Westen. Michael Wolffsohn: “Die angeblich antifaschistische DDR hat Antisemitismus regelrecht produziert.“[68] So könnte man

[68] Michael Wolffsohn, Die Deutschland Akte. Tatsachen und Legenden,

auch einmal nachdenken, ob die sicher noch bestehenden Seilschaften der SED - Die Linke z.B. - nicht hinter all den fremdenfeindlichen und rechtsextremen Auswüchsen stecken, die seitdem, zwar in den neuen Bundesländern zuhauf, aber auch im Westen zu finden sein könnten. Erfahrungen hatte vor 1989 die DDR mit ähnlichen von ihr produzierten Anschlägen in der Bundesrepublik genug gesammelt.[69]

Die fünfteilige Luther-Dokumentation im Gedenkjahr 1983 hat Luthers Judenhass nicht erwähnt. Wie die kommunistische Geschichtsschreibung nach Engels[70] vorgibt, war schließlich der Reformator für die DDR eher ein Sozialreformer, denn eine religiöse Figur gewesen. Dieterich zitiert aus den Thesen über Martin Luther, erstellt von einer Arbeitsgruppe von Wissenschaftlern der damaligen DDR aus Anlass des 500. Geburtstages des Reformators im Jahr 1983: 'Karl Marx und Friedrich Engels würdigten Luther als den Initiator der Reformation und diese als erste Entscheidungsschlacht gegen den Feudalismus. Sie zeigten zugleich, dass der Bauernkrieg und Thomas Müntzer, denen sich die revolutionäre Arbeiterbewegung in besonderem Maße verpflichtet fühlt, die notwendige Konsequenz aus den von Luther gegebenen Anstößen verkörperten.'"[71]

Nun sollte man annehmen, dass die E'K'D ein eigenes Interesse hätte, den ganzen, den wahren Martin Luther in Szene zu setzen. Sie ist mit der Filmproduktionsanstalt EIKON Film GmbH verbunden, die sich seit 1960 als „Vermittlerin der christlichen (?) Botschaft" versteht und darin „unterstützt von ... evangelischen Landes'kirchen' ... sowie durch fördernde Maßnahmen der E'K'D" unterstützt wird. „1999 führt eine Empfehlung der E'K'D dazu, dass die EIKON und etliche regionale evangelisch-kirchliche Fernsehproduktionsstätten in einer Holding zusammengeführt

---

München 1995, S. 17, 106.

[69] Wolffsohn, S. 47.

[70] Friedrich Engels, Der deutsche Bauernkrieg, Berlin 1949.

[71] Dieterich, S. 204.

werden.[72] Sie hat 2003 mit Peter Ustinov, Bruno Ganz, Uwe Ochsenknecht und Joseph Fiennes als Luther hervorragende Schauspieler für ihr Filmprojekt aufgeboten. Doch Luther hat für die E'K'D offensichtlich nur bis 1530 gelebt. Hier hört der Film auf, sicherlich, damit man die Zeit seines Judenhasses nicht mehr zu verfilmen brauchte. Da wären auch entsprechende Bilder z.B. über die protestantische Freude[73] an brennenden Synagogen im Dritten Reich authentischer gewesen!

Es drängt sich die Frage auf, warum noch nicht einmal die katholische Kirche oder der Zentralrat der Juden Interesse daran zu haben scheinen, in einem Film über Luthers Verhältnis zu den Juden zu informieren. Wäre nicht Luthers Wandlung vom „Paulus zum Saulus" schauspielerisch, dramatisch und dokumentarisch grandios darzustellen?

---

[72] http://www.eikon-film.de.

[73] Protestantische Pfarrer, Räte und Bischöfe begrüßten das Niederbrennen der Synagogen am 9. November 1938. Der Landesbischof Martin Sasse Eisenach nimmt in seinem Buch „Martin Luther über die Juden - Weg mit ihnen!" darauf Bezug: "Am 10. November 1938, an Luthers Geburtstag, brennen in Deutschland die Synagogen... In dieser Stunde muss die Stimme des Mannes gehört werden, der größte Antisemit seiner Zeit geworden ist, der Warner seines Volkes wider die Juden..." Martin Sasse, Martin Luther über die Juden – ‚Weg mit ihnen!', Freiburg 1938, S. 2.

Luther als Tabu

Das Thema Luther wird oft zum Tabuthema, sobald seine grauenhaften Ansichten über Juden und andere ihn störende Personen angestoßen werden. Fort war Luthers göttliche Vernunft, es herrschte nur noch die „Hure" Vernunft, die sich dem jeweiligen Glauben des Zeitgeistes anpasste.

Nun ist es heikel und nicht ganz ungefährlich, sich ohne Not, von Gutmenschen umzingelt, einem Thema zu nähern, das mit Tabus versehen ist. Gerade in der heutigen Zeit eines in Politik und Medien gleichgeschalteten mainstreams, manche sagen „Lügenpresse" dazu, ist es fast schon selbstmörderisch, darüber zu schreiben. Viele wurden schon in die Ecke gestellt, mundtot gemacht oder was noch viel treffsicherer ist, einfach ignoriert. Doch sollte man sich des Ausspruchs Luthers bedienen, auch wenn er diesen angeblich nie[74] gesagt hatte: „Hier stehe ich, Gott helfe mir. Amen". Ist es nicht eines Christen Pflicht, Tabus zu durchbrechen? Gerade deshalb, weil Gutmenschen in Deutschland nach dem Ende der Ersten Diktatur 1945 und nach dem Ende der Zweiten Diktatur 1989 eine Fülle von Tabus aufgebaut haben und diese immer noch leidenschaftlich in unseren Medien pflegen! Der Tabubrecher oder whistleblower muss selbstverständlich in Kauf nehmen, von den Gutmenschen und dem mainstream in die (rechte) Ecke gestellt zu werden, unter Ideologieverdacht zu geraten, was die 68er entworfen haben und nun, in den entsprechenden einflussreichen Stellen sitzend, so trefflich pflegen. Andere Meinungen zu haben, was sie damals, das Establishment herausfordernd, bejahten, ist für sie als heutige Gutmenschen schlimmer denn je, nicht gewünscht, geradezu ein Sakrileg, eben tabu. Kaufmann schreibt, dass in älteren

[74] So Schorlemmer, Hier steh ich. Martin Luther, Berlin 2003, S. 9.

Darstellungen über Luther des 16.-19. Jahrhunderts „die Frage nach seiner Haltung gegenüber den Juden kein … Thema“[75] gewesen ist.
Es gibt nun eine Vielzahl von wissenschaftlichen Veröffentlichungen und Beiträge für den inner- und außerkirchlichen Bereich. Nur sporadisch gelangen diese an ein breites Publikum. Sei es, dass dieses Publikum nicht interessiert oder wissentlich z.B. durch seichte staatsvertragswidrige TV-Programme von ARD und ZDF oder zufällig abgelenkt ist bzw. in der Schule kaum mit dem problematischen Teil des Reformators informiert wurde und deshalb auch keinen Bedarf sah, sich einmal näher mit dieser Person zu befassen, auch wenn diese den Namen für die eigene Konfession hergab.

Ich erinnerte mich in den letzten Monaten, dass Ende der achtziger Jahre des letzten Jahrhunderts Pinchas Lapide an meiner Universität in Landau einen Gastvortrag gehalten hatte. Also kramte ich meine Stichworte seines Vortrages hervor. Lapide[76] hob Luthers positive Aussagen über hebräische Sprache, Tora, Synagoge, jüdische Herkunft Jesu und seine Kritik des christlichen Antijudaismus hervor. Luthers Umschwung sei in den 1530er Jahre geschehen aus Enttäuschung über seine vergeblichen Bekehrungsbemühungen an Juden. Er habe der NS-Judenvernichtung den geistigen Nährboden bereitet. Diese für mich erstaunliche Bemerkung hatte mich nicht mehr ruhen lassen. Gern hätte ich mich auch für meine berufliche Arbeit damit beschäftigt, doch der Blick auf die Gutmenschen ließ es geboten erscheinen, dieses heikle Thema nicht anzusprechen. Wie schnell bekommt man möglicherweise Probleme, da eine Denunziation über ein kritisches Wort zu Juden oder Israel in der heu-

[75] Kaufmann, S.11 (Juden)

76 Pinchas Lapide, jüdischer Religionswissenschaftler. Engagement für christlich-jüdisches Miteinander. Siehe: Juden und Christen im Dialog. Pinchas Lapide zum 70. Geburtstag (= Kleine Hohenheimer Reihe, 25), Stuttgart 1993.

tigen Zeit eher Chancen hat gehört zu werden, als die Äußerung eines Beamten, auch wenn man als Beamter auf Lebenszeit eingestellt war. Ich ging also nach Beendigung meiner Lehrtätigkeit diesem Thema nach. Besonders interessierte mich der Unterschied zwischen Antijudaismus, was Lapide erwähnt hatte, und Antisemitismus. Hillerbrand meint, dass christlicher Antijudaismus weithin auch antisemitisch war und ist, denn Luther schreibt, dass das „jüdische Blut wässerig und wild sei“ und damit den heutigen Leser an den rassistischen Antisemitismus der Nazis denken lässt.“[77] Ich ging nun dieser Kritik an Juden nach. Schilling meint dagegen, die Schrift „Von den Juden und ihren Lügen“„sei heilsgeschichtlich geschrieben und eben nicht rassistisch im Sinne von verderbtem, biologisch unreinem Blut zu verstehen“.[78] Doch zitiert er auch, Luthers Aussage vom „wesserigen“[79] Blut der Juden. Kaufmann sagt in seinem Buch Luthers Juden eindeutig, dass es nicht zu bestreiten ist, dass „Luther zu den mentalen ‚Ressourcen‘ der rassistischen modernisierten Judenfeindschaft insbesondere in Deutschland gehörte“.[80] Kann es einem Juden schlicht gesagt, nicht egal sein, aus welchem Grund er so beschimpft oder getötet wird? Professor Reinhard Schramm meint mit recht: „Die Unterscheidung von Antisemitismus und Antijudaismus könnte schlimmerweise zu einer unangemessenen Relativierung des Judenhasses benutzt werden.“[81] Apologeten beurteilen die Schrift Luthers unter „psychologischem“ Aspekt und verweisen auf einen gewissen Altersstarrsinn Luthers.[82] Schließlich ein Wort zu den Beschönigern. Wer mit dem Argument Luther hatte eben nach dem

[77] Hillerbrand, S. 468.

[78] Schilling, S. 569.

[79] WA Bd. 51, S. 193.

[80] Kaufmann, S. 157. (Juden)

[81] Reinhard Schramm, Thüringische Allgemeine, 28. 6. 2014.

[82] Siehe dagegen Walther Bienert, Martin Luther und die Juden. Frankfurt 1982, S. 130. Erik H. Erikson, Der junge Martin Luther. Eine psychoanalytische und historische Studies, München 1958 versucht, die vielen Widersprüche in der Person Luthers zu begreifen.

Zeitgeist argumentiert, entschuldigt der dann nicht die Shoah, den Holocaust, der von namhaften europäischen „Geistesgrößen" gepredigt und von Hitlers „Willigen Vollstreckern" in die Tat umgesetzt wurde? Wenn Hitlers Verbrechen einzigartig gewesen sind, dann eben Luthers „Gebrauchsanweisungen", wie man mit Juden umgehen sollte, auch!

Auf der Suche nach Luther

Für viele Beobachter überraschend äußerten sich nach dem Ende des Blutvergießens zwei prominente Zeitzeugen des Dritten Reiches über Martin Luther und gaben ihm einen großen Teil Schuld an der Errichtung und Entwicklung der ersten Diktatur auf deutschem Boden und ihrem schändlichen Verhalten gegenüber den Juden in Deutschland und Europa: Julius Streicher und Karl Jaspers.

1. Überraschung.
Am 29. April 1946 sagte im Prozess vor dem Internationalen Militärgerichtshof in Nürnberg gegen die Hauptkriegsverbrecher der ehemalige Gauleiter von Franken und Herausgeber der Wochenschrift „Der Stürmer“, Julius Streicher: „Es wurde bei mir ein Buch beschlagnahmt von Martin Luther. Dr. Martin Luther säße heute sicher an meiner Stelle auf der Anklagebank, wenn dieses Buch von der Anklagevertretung in Betracht gezogen würde. In dem Buch „Die Juden und ihre Lügen“ schreibt Dr. Martin Luther, die Juden seien ein Schlangengezücht, man solle ihre Synagogen niederbrennen“.[83] Im Laufe der weiteren Befragung führte Streicher aus: „Das Bilderbuch „Trau keinem Fuchs auf grüner Heid‘ und keinem Jud bei seinem Eid“, wurde von einer jungen Künstlerin[84] verfasst, gezeichnet, und sie hat auch den Text dazu gege-

[83] Protokolle des Prozesses des Internationalen Militärgerichtshofs gegen die Hauptkriegsverbrecher vom November 1945-Oktober 1946, 12. Band, S. 346. Julius Streicher Lehrer, Gauleiter Franken, 1925-1940. 1940 wurde er von dem NS-Ehrengericht wegen finanzieller Bereicherung, sexueller Übergriffe aller Ämter enthoben. Streicher ist Herausgeber des „Stürmer“, einer antisemitischen Wochenschrift. Vorderseite: Die Behauptung von Heinrich von Treitschke „Die Juden sind unser Unglück“. Oktober 1946 schuldig gesprochen, gehängt.

[84] Elvira Bauer veröffentlichte 1936 das Bilderbuch „Trau keinem Fuchs auf grüner Heid und keinem Jud bei seinem Eid!“ Der Titel geht zurück auf einen Spruch Martin Luthers: „Trau keinem Wolf auf wilder Heiden // Auch keinem Juden auf seine Eiden // Glaub keinem Papst auf sein Gewissen //

ben“. Der Titel, der auf dem Bilderbuch steht, stamme von Dr. Martin Luther.[85]

2. Überraschung

Bei meiner Befassung mit der Zeit nach dem Zweiten Weltkrieg habe ich vor vielen Jahren schriftliche Überlieferungen, die in deutschen Archiven und in den National Archives der USA aufbewahrt werden, durchgesehen. Ein Teil davon wurde 1985 in meinem Quellenband[86] veröffentlicht. Ich konnte fast minutiös den Aufbau der deutschen Zivilverwaltung z.T. noch während der

Wirst sonst von allen Drein beschissen,“ in: Von den Jüden und ihren Lügen, 1543. Die Achtzehnjährige schrieb und zeichnete es nach Art des von Julius Streicher herausgegeben, antisemitischen und pornographischen Hetzblatts „Der Stürmer“. Abbildung aus Ausstellung Obersalzberg, Berchtesgaden, Dauerausstellung. Aufnahme des Verfassers. Siehe auch Erika Mann, Zehn Millionen Kinder: die Erziehung der Jugend im Dritten Reich, Reinbek, 1997.

85 Protokolle, S. 364.

86 Hans-Jürgen Wünschel, Quellen zum Neubeginn der Verwaltung im rheinisch-pfälzischen Raum unter der Kontrolle der amerikanischen Militärregierung. April bis Juli 1945, Mainz 1985.

Kämpfe und dann unmittelbar danach im Gebiet des heutigen Rheinland-Pfalz dokumentieren. Ende April 1945 war die Eroberung und Besetzung dieses Gebietes durch Truppen der US-Army unter dem Kommando des Generals Patton abgeschlossen. Captain Landin von der amerikanischen Militärregierung, Idar-Oberstein, hatte den Auftrag, deutsche, vom NS-Regime unbelastete Personen für den Aufbau einer deutschen Verwaltung zu suchen. Er fand u. a. den ehemaligen Abgeordneten der DDP, Professor Dr. Theodor Heuss in Baden-Baden, den Arzt Dr. Alexander Mitscherlich in Heidelberg, den Theologen und Antisemiten Dr. Otto Dibelius, den Soziologen Professor Dr. Alfred Weber und den Journalisten Dr. Dolf Sternberger in Heidelberg, den ehemaligen Oberbürgermeister Dr. Hermann Heimerich in Mannheim und noch einige andere in der Zeit der Weimarer Republik aktive Politiker. Er sprach auch bei dem Philosophen Professor Dr. Karl Jaspers in Heidelberg vor, zu dem der amerikanische militärische Geheimdienst auch während des Krieges Kontakt hatte. Auf Vermittlung von Landin besuchte ein Jahr später der amerikanische Schriftsteller Melvin Laski Karl Jaspers in Heidelberg. Albert H. Friedlander, Rabbiner, Professor am Leo Baeck College in London, schildert diese Begegnung. „Etwas verlegen versuchte Lasky ein Wort über die deutsche Vergangenheit zu sagen. Er sprach von Goethe, Lessing und anderen. 'Lassen Sie das', sagte Jaspers ganz schroff. 'Dieser Teufel steckt in uns seit langem. Wollen Sie eine der Quellen sehen? Hier ist sie!' Ohne aufzustehen, langte er in das Bücherregal hinter sich und brachte mit sicherem Griff ein Buch auf den Tisch: Martin Luthers 'Von den Juden und ihren Lügen'. 'Da ist es', sagte er, 'Da steht das ganze Programm der Hitlerzeit schon...' und sagte 'Was Hitler getan hat, hat Luther geraten, mit Ausnahme der direkten Tötung durch Gaskammern'.“[87]

---

[87] Albert H. Friedlander, Aus der Sicht eines Juden, in: Hans Jürgen Schultz (Hg.), Luther kontrovers, Stuttgart 1983, S. 252-266, S. 252. Karl Jaspers, Der philosophische Glaube angesichts der Offenbarung, München 1962, S. 90.

Diese beiden Hinweise auf Martin Luther - einmal vom Nationalsozialisten Julius Streicher, dann vom Widerständler Karl Jaspers - forderten mich auf, zu prüfen und herauszufinden, was es denn nun mit Martin Luther und besonders mit der von Streicher genannten Schrift „Von den Juden und ihre Lügen“ auf sich hatte.
Bei meiner Suche nach den Gesammelten Schriften Luthers, besonders nach seiner Propagandaschrift „Von den Juden und ihre Lügen“ machte ich die Erfahrung, dass in protestantischen Pfarrhäusern meiner engeren Heimat, die sehr protestantisch-evangelisch geprägt ist, Luthers Schriften nicht zu finden sind. Ich wurde ratlos. Was ist denn von den Grundlagen der theologischen Aussagen der protestantischen Pastoren z.B. in den Sonntagspredigten zu halten, wenn sie sich nach Luthers Vorgaben um Gott und die Welt kümmern? Die Bibel. Ja. Sonst nichts? Da brauchte es ja heute den Reformator und seine Schriften nicht. Warum dann noch ein ‚Kirche‘, die sich nach ihm nennt? Oder fahren diese Pastoren und Pfarrerinnen regelmäßig zur Gottesdienstvorbereitung in Bibliotheken? In Stadtbibliotheken sind Luthers Schriften selten zu finden. Dafür aber in manchen wissenschaftlichen Bibliotheken. In der Bibliothek der Protestantischen Landes’Kirche’ der Pfalz fand ich schließlich, was ich suchte: „Von den Juden und ihren Lügen“ in Band 53 der Weimarer Ausgabe der Schriften Martin Luthers. Das Buch umfasst 140 Seiten im Lexikonformat, geschrieben in Frakturschrift in der Luther-Sprache des 16. Jahrhunderts.[88] Vielleicht haben nach 1945 die judenfeindlichen Schriften Luthers das Schicksal mit Hitlers Propagandaschrift „Mein Kampf“ geteilt. Plötzlich war dieses Buch, das zu Hunderttausenden verteilt worden ist, in keinem Haushalt mehr zu finden.
Weiter kümmerte ich mich um Sekundärliteratur und musste feststellen, dass das Thema „Luther und Juden“ intensiv nach dem Luther-Jubiläumsjahr 1983 (500. Geburtsjahr) wissenschaftlich behandelt wurde. Es gibt seitdem hervorragende Biographien über

---

[88] WA Schriften Bd. 53, S. 412-552.

Martin Luther etwa die von Schilling, Dieterich, Heiko Obermann, Ursula Schulze, Osten-Sacken, Rolf Decot u.v.a.m. Thomas Kaufmann veröffentlichte 2014 sein hervorragendes Buch „Luthers Juden“. Die Ergebnisse dieser Forschungen haben nach Durchsicht mancher Schulbücher und Lehrpläne in den Fächern Geschichte und evangelische Theologie keine Beachtung gefunden. Warum nicht? Die Synode der Evangelisch-Lutherischen ‘Kirche’ in Bayern forderte 2008 in einer Erklärung zu einer "intensivierten Auseinandersetzung mit den antijüdischen Äußerungen Martin Luthers" auf.[89] Doch blieb auch dies ohne Echo. Selbst der „Grundlagentext“ zum Reformationsjubiläum meidet die Auseinandersetzung mit der Stellung des Kirchenspalters zu den Juden. Warum ist diese ‚Kirche‘ so feige?

Ein kleiner Abstecher in die Provinz mag verdeutlichen, wie man dieses interessante und nachdenklich stimmende Thema verspielen kann. Die Ludwigshafener Ausgabe der „Rheinpfalz“ brachte am 22. Juli 2014[90] und am 10. Dezember 2014.[91] zwei umfangreiche Hinweise auf die Arbeit des ehemaligen protestantischen Dekans von Ludwigshafen, Dr. Friedhelm Borggrefe. Er meint, dass die NS-Zeit für viele noch heute eine Tabuzone sei. Mit seinem Buch möchte er die Augen öffnen für eine Zeit, als die Kirche zum Komplizen einer Partei oder staatlicher Organe degenerierte.[92] Sein Büchlein ist inzwischen unter dem Titel „Im Gleichschritt marsch. Evangelisch in Ludwigshafen“[93] erschienen. Es ist recht oberflächlich. Warum die außerordentlich gründliche, materialreiche Dissertation von Thomas Fandel, „Konfession und Nationalsozialismus. Evangelische und katholische Pfarrer in der Pfalz.1930-

---

89 Süddeutsche Zeitung, Stuttgart, 26. 11. 2008.

90 Die Rheinpfalz, Ludwigshafen, 22. 7. 2014 „Vor Gott haben wir versagt“.

91 Die Rheinpfalz, Ludwigshafen, 10. 12. 2014 „Kirche als Komplize der Nazis“.

92 Ebenda.

93 Friedrich Borggrefe, Im Gleichschritt marsch. Evangelisch in Ludwigshafen. Veröffentlichungen des Stadtarchivs Ludwigshafen am Rhein, Band 41, Ludwigshafen 2014. Siehe Kapitel „Ein Interview im Jahr 2014“.

1945, Paderborn 1997“,[94] nicht zurate gezogen wurde, ist nicht erkennbar. So ist auch diese regionale Schrift enttäuschend, beschönigt vielsagend mehr, als dass sie aufklärt. Offenbar reicht es zu sagen, man habe sich mit dem Thema „Protestantische ‘Kirche’ und Drittes Reich“ beschäftigt, um dann, an der Oberfläche hängenbleibend, die tiefergehenden Fragen nach dem „Warum“ und „Wer“ zu vergessen? Ärgerlich ist aber, dass das Schriftlein in die Reihe der Veröffentlichungen des Stadtarchivs aufgenommen wurde, die Druckkosten also vom Steuerzahler zu tragen waren und nicht von der sehr reichen protestantischen ‘Kirche’.

Als Historiker, der sich hauptsächlich der Zeitgeschichte verschrieben hat, beschäftigten mich die beiden eingangs zitierten Äußerungen von Julius Streicher und Karl Jaspers. Ich befasste mich also nun etwas genauer mit Martin Luther, seiner Zeit und seinen Schriften Dabei ging es mir immer, wenn dies überhaupt möglich sein kann, um den „homo politicus“ und nicht so sehr um den Theologen. Das spannende 16. Jahrhundert mit den Themen Reformation, Bauernkrieg, Franz von Sickingen, Götz von Berlichingen, Karl V., Gegenreformation, den Erbfeinden[95] - das waren damals die Türken - fesselten mich jetzt unter einer anderen Fragestellung als während des Studiums an der Karl-Ruprecht-Universität in Heidelberg von 1966-1974.

Kennen wir Luther als „homo politicus“? Ist uns sein Einmischen in die politischen Zustände der damaligen Zeit vertraut?

Die in vielen Auflagen verbreitete und vielleicht bekannteste Biographie über Martin Luthers schrieb Richard Friedenthal.[96] Auf 680 Seiten wird der Reformator in seiner Zeit sehr anschaulich geschildert. Ziemlich am Schluss steht zu lesen: „In jüngster Zeit habe man sich Luthers Pamphlet „Von den Juden und ihren Lügen“

---

[94] Thomas Fandel, Konfession und Nationalsozialismus. Evangelische und katholische Pfarrer in der Pfalz.1930-1945, Paderborn 1997.

[95] Siehe Hans Fenske, S. 263-298.

[96] Richard Friedenthal, Martin Luther, 1967.

mit Behagen zunutze gemacht".[97] Sonst nichts dazu. Eine Erklärung hält der bekannte Biograph historischer Personen uns vor. Warum? Kein Wort zum Antisemiten Luther? Kein Wort zum Sexisten Luther. Ist dies nicht merkwürdig, dass 20 Jahre nach Jaspers Ausbruch über die von Luther diktierte Programmatik des Dritten Reiches Friedenthal schweigt? Es ist bekannt, dass dieser bekannte Schriftsteller das Lutherbild der Protestanten, besonders der Pfarrer, geprägt hat. Kein Wunder, dass das Thema Luther und die Juden bei diesen kaum bzw. nicht bekannt war und/oder ist. Die „grande dame" der historischen Biographie, Ricarda Huch, ist in ihrer Beschreibung des ‚Kirchen'spalter zwar in manchen Belangen von ihm angetan, distanziert sich aber eindeutig von seinem Antisemitismus und seinem Buch „Über die Juden und ihren Lügen", da er darin „geradezu zu einer Judenverfolgung aufforderte".[98] Einen Ratschlag hält sie bereit, der leider aus welchen Gründen auch immer, weder von ihm noch von seinen Nachfolgern beherzigt wurde: „Wie viel größer wäre Luther gewesen, wenn er sich vermittelnd zwischen Fürsten und Volk gestellt und einen Ausgleich zuwege gebracht hätte... er war der schwermütige Tyrann, der den Speer nach dem Knaben schleudert".[99]

Auch in der von Theodor Heuß besorgten 5-bändigen Reihe „Die großen Deutschen" wird von E.W. Zeeden auf 15 Seiten Luther beschrieben,[100] doch mit keinem Wort mitgeteilt, dass er sowohl für als auch gegen Juden Schriften verfasst hatte. Warum? War es Absicht, dass der Protestant, Professor und Bundespräsident Heuss (1949-1959), der am 24. März 1933 als Abgeordneter der liberalen DDP dem Ermächtigungsgesetz zugestimmt hatte, Luthers „braunen" Fleck nicht erwähnt haben wollte[101]? Selbst Kurt

---

97 Friedenthal, S. 644.

98 Ricarda Huch, Martin Luther, Köln 1983, S. 195.

99 Huch, S. 198.

100 Ernst Wilhelm Zeeden, Martin Luther, in: Hermann Heimpel, Theodor Heuss, Benno Reifenberg, Die Großen Deutschen, Band 1, Berlin, 1956, S. 418-433.

101 Heuss war in die Politik des Dritten Reiches verstrickt, da er als

Aland erwähnt zwar Luthers Judenschriften, interpretiert aber die eindeutigen exterminatorischen Aussagen des Reformator, so, dass man sich „vom Umgang mit Juden zurückhalten“[102] sollte. Unfassbar! Warum wird Luther entgegen seiner eigenen Aussagen interpretiert? Die Nazis dagegen kannten ihren Luther und benutzten seine Gebrauchsanweisungen für Juden. Schließlich fanden sie auch in seinen „Schäfchen“ genug „willige“ Vollstrecker. In Lexika[103], Schulbüchern und Lehrplänen[104] fehlen Hinweise auf den Antisemitismus Luthers. Warum?

Vor vielen Jahren hatte ich auf einem Trödelmarkt einige im Dritten Reich erschienene Schulbücher erstanden, darunter auch Wilhelm Füßler, „Geschichte des Deutschen Volkes für die deutsche Schuljugend“ Darin werden Adolf Hitler und Martin Luther verglichen:

... Wie konnte nur ein einzelner Mann eine solche Bewegung hervorrufen? Das könnten wir nicht verstehen, hätten wir nicht selbst Ähnliches in unseren Tagen miterlebt. Da stand auch ein Mann unter uns auf und rief in die Not und das Elend der Zeit sein 'Deutschland erwache!' Es war unser Führer und Volkskanzler Adolf Hitler, ehedem auch ein kleiner unbekannter Mann aus dem Volk. Warum hat er gesiegt? Weil nur eine große Sehnsucht in seinem Herzen brannte: seinem deutschen Volke zu helfen, es einer schönen Zukunft entgegen zu führen. Und weil er etwas besaß, was keiner außer ihm hatte: einen stahlharten Willen. Wenn alle seine Freunde und Helfer verzagen wollten, weil das Werk gar zu schwer war, dann stand er allein aufrecht wie ein Fels und flößte ihnen neuen Mut ein. Gerade so war es bei Luther. Er wusste wie der

---

Geschäftsführer des 1907 gegründeten Deutschen Werkbundes, eine Vereinigung von Künstlern und Architekten, die Gleichschaltung des Bundes organisierte und fest in die Evangelische Reichsgemeinschaft christlicher Kunst institutionalisierte. Siehe Prolingheuer, S. 51. (Kunst)

[102] Aland, S. 835.

[103] Siehe Kapitel Lexikonebene.

[104] Ergebnis meiner Umfrage bei den zuständigen Ministerien der Bundesländer.

Führer, dass er für eine heilige Sache kämpfe. Da wäre es Verrat und Sünde gewesen, kleinmütig zu werden, da wäre es erbärmlich und feige gewesen, sich vor dem Tod zu fürchten. Nein, dieser großen Aufgabe musste man die Treue wahren bis in den Tod! Darum sang Luther: 'Und wenn die Welt voll Teufel wär' und wollt uns gar verschlingen, so fürchten wir uns nicht so sehr, es soll uns doch gelingen!' So denken und handeln wahre Männer; ihnen müssen wir daher nachstreben und wie sie Gut und Blut einsetzen für unser Volk...[105]

Was später in den Schulbüchern der Bundesrepublik Deutschland der Zensur zum Opfer fallen sollte, wurde auf einer halben Seite in dem anderen Schulbuch „Volk und Reich der Deutschen. Geschichtsbuch für Oberschulen und Gymnasien. Klasse 3. Das Erste Deutsche Reich (Von 919-1648) dargestellt. Unter der Überschrift: „Luther und die Juden“ ist zu lesen:

In allen Schichten des Volkes waren die Juden wegen ihrer wucherischen Geld- und Pfandleihgeschäfte und ihres betrügerischen Wesens verhasst. Ein Zeitgenosse Luthers klagte über die jüdische Volksplage: 'Das ist ein Rauben und Schinden des armen Mannes durch die Juden, dass es gar nicht mehr zu leiden ist und Gott erbarm. Die Juden-Wucherer setzen sich fest bis in den kleinsten Dörfern. Und wenn sie fünf Gulden borgen, nehmen sie sechsfach Pfand und nehmen Zinsen von Zinsen, dass der arme Mann kommt um alles, was er hat. 1543 schrieb Luther sein berühmtes Büchlein 'Von den Jüden und ihren Lügen'. Darin fordert er 'die Verbrennung ihrer Synagogen, ihrer Bücher, die Zerstörung ihrer Häuser, die Ausrottung ihres Wuchers' und zum Schluss, man solle 'den jungen starken Juden und Jüdinnen[106] *in die Hand geben Flegel, Axt, Karst, Spaten, Rocken, Spindel und sie Brot verdienen lassen im Schweiß der Nasen, wie Adams Kindern auferlegt ist'. 'Denn es*

[105] Wilhelm Füßer, Geschichte des Deutschen Volkes für die deutsche Schuljugend, Gießen o.J., S. 131f.

[106] Was wohl der Lehrer geantwortet hätte auf die Frage nach den „schwachen“ Juden?

tauge nicht, dass die uns verfluchte Gojim[107] *wollten lassen im Schweiß unseres Angesichts arbeiten, und sie, die heiligen Leute, wollten's hinter dem Ofen mit faulen Tagen, Feisten und Pampen verzehren und darauf rühmen lästerlich, dass sie der Christen Herren wären, von unserm Schweiß, sondern man müsse ihnen das faule Schelmenbein aus dem Rücken vertreiben. Am besten sei es, nach dem Beispiel Frankreichs, Spaniens und Böhmens, das eben damals seine Juden ausgewiesen hatte, mit ihnen über den Wucher abzurechnen und sie nach gütlicher Teilung zum Landes hinaustreiben.*[108]

Der Hinweis auf den Reformator in dem Schulbuch sollte wohl die Politik des Dritten Reiches gegen die Juden legitimieren. Welche Partei hätte sich eine solche Vorlage eines Christenmenschen wohl entgehen lassen? Pilgern doch nach 1945 demokratisch gewählte Politiker jeglicher Konfession besonders vor Wahlen zum Papst. Soll wohl ähnlichen Bedürfnissen dienen.

Der Verlag Ferdinand Schöningh, Paderborn, veröffentlichte im November 1945 und im Dezember 1948 das Schulbuch Deutsche Geschichte von den Anfängen bis 1945. Der Autor Robert Hermann Tenbruck hat, wie dem Vorwort zu entnehmen ist, den Text in der Gefangenschaft geschrieben.[109] Martin Luthers Juden werden nicht erwähnt, obwohl das Anliegen des Autors war „deutsche Geschichte in ihren Wesenszügen und in ihrer Bedeutung zur Gegenwart aufzuzeigen.“[110] Diese drei Hinweise sollen genügen. Sie mögen den geneigten Leser anregen, in eigenen Schulbüchern einmal nach der Darstellung Luthers in seinem Verhältnis zu Juden nachzusehen.

---

[107] Mit dem hebräischen Wort Goi/Goijm =Volk bezeichnen Juden Nichtjuden und Heiden. Siehe Friedrich Kluge, Etymologisches Wörterbuch der deutschen Sprache, Berlin 1989, S. 271.

[108] Volk und Reich der Deutschen. Geschichtsbuch für Oberschulen und Gymnasien. Klasse 3. Das Erste Deutsche Reich (von 919-1648), Frankfurt 1940, S. 108.

[109] S. VII.

[110] S. VII.

Ich suchte weiter in der Hoffnung, in neueren Büchern etwas über Luthers Aversion gegenüber den Juden zu finden. Jetzt nahm ich das Buch „Hier steh' ich. Martin Luther“ von Friedrich Schorlemmer[111] in die Hand. Schorlemmer als bekannter Protestant und Publizist sollte doch moderner, zeitgemäßer über Luther schreiben, so dachte ich. Doch musste ich gleich zu Beginn des Buches lesen, dass Luther die ihm unterlegten Worte „Hier steh ich, ich kann nicht anders“ nie gesprochen habe.[112] Und doch dienen diese Worte Schorlemmer als Buchtitel. Was ist denn nun mit Luther?
Schorlemmer weckte weiter meine Neugierde, da er den Verursacher der Kirchenspaltung solchermaßen beschreibt: „... widerständig, versessen, widerspenstig, unerbittlich stur, obrigkeitsgehorsam ...“.[113] Weiter: „"Die einen reduzieren ihn zu einem Talkmaster aufgrund seiner kurzweiligen Tischreden, die anderen auf seine sinnenprall-derben Sprüche, ... oder sie suchen gar alle Spuren seines verfluchten Antijudaismus“.[114]
Der Protestant Schorlemmer klagt Luther heftig an: "Am Ende seines Lebens bricht aus ihm der ganze Antijudaismus seiner Zeit hervor.“ Er behauptet: "Luthers Schrift Von den Juden und ihren Lügen (1543) kann wie eine Vernichtungsanweisung gelesen werden, die Judenpogrome anzustacheln“.[115] Ich sah mich noch mehr gezwungen, mich näher mit einem mir bisher unbekannten Martin Luther zu befassen. Und dann las ich vom Seufzer eines evangelischen Theologen, „Luther sei drei Jahre zu spät gestorben“,[116] da er 1543 eine antisemitische Hetzschrift veröffentlicht hätte.
Schließlich erfuhr ich von der sehr guten, kleinen Ausstellung „Drum immer weg mit ihnen! - Luthers Sündenfall gegenüber den Juden“ im Augustinerkloster der Thüringer Landeshauptstadt, die

---

[111] Schorlemmer, Hier steh ich. Martin Luther, 2003.
[112] Schorlemmer, S. 13.
[113] Schorlemmer, S. 7.
[114] Ebenda.
[115] Schorlemmer S. 55.
[116] Zitiert nach Heinz Schilling, Martin Luther, München 2012, S. 565.

leider nur eine Woche lang zu sehen war. Hans-Georg Vorndran zeichnete verantwortlich für diese tollen Texte auf den Stellwänden, die es verdient gehabt hätten, ihre Reise durch die Bundesrepublik, aber auch durch Europa anzutreten. Auch er kritisierte: „Eine öffentliche und verbindliche Absage der E'K'D an Martin Luthers theologischen Antijudaismus steht immer noch aus."[117]
Christian Pfeifer nimmt Bezug auf die Arbeit von Hermann Steinlein[118] und meint, dass in Nachdrucken in der Zeit vom 16.-19. Jahrhundert Luthers antijüdisches Werk verbreitet worden war. Außerdem hätten sich zehn Theologen mit diesen seinen Schriften auseinandersetzt - allerdings meist zustimmend. Viele volkstümliche Druckerzeugnisse hätten auch für die Verbreitung von Luthers Ansichten zu den Juden gesorgt.[119]Wer lesen konnte, konnte sich wenn er guten Willens war und nicht verschweigen wollte - wie heute die „Lügenpresse" - Luthers fürchterliche Ansichten über Juden, Türken, Frauen, Behinderte nachlesen. Was ist denn nun mit Martin Luther? Derjenige, der den Katholiken vor vielen Jahrhunderten die Leviten gelesen hatte? Seitdem gibt es die Evangelischen, die Protestanten, die Lutheraner u.v.a.m. usw. Die berechtigten Anklagepunkte gegen den Papst von damals hat die katholische Kirche in schmerzlichen Prozessen abgearbeitet. Warum also noch die Kirchenspaltung? Kann es dann noch gegen die katholische Kirche Protestierende - Protestanten - geben? Und dazu noch als Jünger eines solchen „denk"-würdigen Mannes! Theologische Gegensätze werden von seinen Nachfolgern hochgespielt, um weiterhin gespalten zu bleiben. Bleibt vielleicht von Luther nur noch seine Anleitung, wie Christen mit Juden umgehen sollen: „Was er anführte, war eine Gebrauchsanleitung zur Ausmerzung des Judentums".[120]

---

[117] Jüdische Allgemeine, 30. 4. 2014.
[118] Hermann Steinlein, Frau Dr. Ludendorffs Phantasien über Luther und die Reformation, Leipzig 1932.
[119] Christian Pfeiffer, Die dunkle Seite des Reformators. In: Cicero, 4, 2014, S.18f.
[120] So Professor Reinhard Schramm, Thüringische Allgemeine, 28. 6. 2014.

Martin Luther wurde am 10.11.1483 geboren und am Tag des Hl. Martin auf den Namen Martin getauft. Die nationalen Sozialisten haben 1938 den Termin der Reichspogromnacht auf den Vorabend von Luthers Geburtstag gelegt. Er selbst sagte von sich: „Ich bekenne, dass ich Sohn eines Bauern bin, bin dennoch Doktor der Heiligen Schrift, des Papstes Feind.“[121] Auch wenn diese Angaben nicht so recht stimmen, machte es sich seitdem gut, vom Bauern Luther zu reden. Sein Vater war Kapitalist, Unternehmer, war im Kupferschieferbergbau investiert[122], was etwa heute einer Investition in IT-Geschäfte gleichen würde. Auf seinen sozialen Aufstieg war er stolz. Er wirkte als Redner, Publizist, Politiker, Pädagoge, Theologe, Professor. Auch als Demagoge, Rechtsradikaler?

Woher wissen wir, was er dachte? Er selbst hat 2.500 Briefe und unzählige Bücher geschrieben, 42 Lieder gedichtet und 2000 Predigten verfasst.

Das alles ist so überliefert. Muss man nicht über die etwa 60.000 beschriebenen Seiten staunen? Kann das überhaupt sein? Haben da nicht auch andere Personen geschrieben? Nehmen wir einmal an, Luther hätte 40 Jahre lang geschrieben. Dann käme man auf etwa 1500 Seiten im Jahr, d.h. etwa 4 Seiten pro Tag. Kann das sein? Er hatte mindestens 30.000 Blatt Papier – ein Vermögen damals. Schilling kommt zu einem ähnlichen Ergebnis, ohne dies allzu merkwürdig zu finden, nur: „…von einem deutschen Schriftsteller kaum je wieder erreichte Produktivität.“[123] Vielleicht hätte Luther noch mehr produziert, doch kamen ihm immer wieder „die Anfechtungen des Fleisches“[124] dazwischen.

Er hatte bei manchen seiner schriftlichen Arbeiten viele Helfer, besonders bei der Abfassung seines wohl bekanntesten Buches: „Die Ganze Heilige Schrift“. Justus Jonas, Jurist, Theologe, Professor in Wittenberg, führte einen engen Kreis von Kollegen an,

---

[121] Dieterich, S. 16.
[122] Feldmann, S. 10f.
[123] Schilling, S. 531.
[124] Feldmann, S. 24.

die bei der langwierigen Übersetzung des Alten Testamentes mitgeholfen hatten. Philipp Melanchthon ergänzte 27 Jahre lang Luthers Werke. Auch haben viele Gäste aufgeschrieben, was Luther bei Tisch gesprochen hatte. Etwa 6596 Notizen sind überliefert. Erstaunlich war sein Fleiß. Doch äußerte er sich auch: „ Was hab ich heute getan: zwei Stunden gekackt, drei Stunden gegessen und vier Stunden müßig gegangen."[125] Derb war er zudem: „Wenn er in Wittenberg furze, rieche man es in Rom."[126] „Manches Lutherische riecht auch heute noch",[127] stellt mit recht Ulli Kulke in „Der Welt" fest. „Dieser Papstesel, der sich anmaßt alle Sünden zu vergeben, vielleicht auch alle Fürze dieser Esel Bischöfe, Kaiser, Könige, und seine eigenen Fürze auch."[128] „Faule, ungebildete Pfarrer" nennt er „Sauhirten",[129] „Katholik" sei nur ein anderer Name für „Esel".[130] Er „fresse wie ein Böhme und saufe wie ein Deutscher"[131], berichtet er seiner Frau.

Luther möchte ich nun nicht als Theologen, sondern als Mensch und Politiker, skizzieren und dabei bemerken, was er über Frauen, Hexen, Bauern Behinderte und Juden und Türken dachte. Dies ist deshalb notwendig, weil nach Kaufmann „man sich nicht auf Luthers Theologie ebenso wenig blindlings vertrauen kann, wie man sich als zurechnungsfähiger Mensch des 21. Jahrhunderts freiwillig den Heilkünsten eines Baders des 16. Jahrhunderts überlassen würde."[132]

---

125 Dieterich, S. 133.
126 Schilling, S. 430.
127 Uli Kulke, Wem „gehört" Martin Luther? Die Welt, 1. 11. 2014.
128 Alsand, LD 2, S. 363
129 Aland, LD 3, S. 11.
130 Aland, LD 5, S. 82
131 Aland, LD 10, S, 185.
132 Kaufmann, S. 17. (Juden)

Luthers Besitz

Mit 35-50 Personen ist Luthers Haushalt einer der größten in Wittenberg. Seiner Meinung nach ist der Besitz von Geld, Gut, Land und Leuten nicht Unrecht, sondern Gottes Gabe und Ordnung. Wenn aber Geld für viele Menschen zu einem Gott wird, an den sie ihr Herz hängen, beschwor dies Luthers Zorn herauf.[133] Als er 1542 sein Testament aufsetzte, zählte er zu den reichsten Bürgern und größten Grundbesitzern in Wittenberg.[134] Seiner Frau Katharina wies er Haushalt und Hofwirtschaft zu. Er hielt seine Angestellten leibeigen und begründete dies mit einem Hinweis auf das Alte Testament: „Haben nicht Abraham und andere Patriarchen und Propheten auch Leibeigene gehabt? Deshalb widerspricht der Artikel 3 der Forderungen der Bauern, die Leibeigenschaft/Hörigkeit abzuschaffen, dem Evangelium. Der aufrührische Bauer aber wirkt räuberisch, weil er seinen Leib, der leibeigen geworden ist, seinem Herren nimmt. Ein Leibeigener kann wohl Christ sein und christliche Freiheit haben, wie ein Gefangener oder Kranker Christ und doch nicht frei ist."[135] Luther lehnt auch wohl aus Eigennutz die Forderungen der aufrührerischen Bauern nach Aufhebung der Leibeigenschaft ab. Luthers Idee der Freiheit bezieht sich nicht auf den „ganzen" Menschen. Für ihn besteht zwischen Leibeigenschaft und Freiheit ein Widerspruch. Warum seine den Menschen einengenden Gedanken Grundlage für eine „reformatorische Freiheitsbotschaft"[136] sein könnten, erschließt sich nur für diejenigen, die die „strategische Umwertung"[137] der Schriften und Ideen Luthers durch die Pietisten, die bis heute wirkt, und deshalb den „wahren" Luther nicht zur Kenntnis nehmen wollen.

[133] Dieterich, S. 172.
[134] Dieterich, S. 128.
[135] Dieterich, S. 85.
[136] GR, S. 109.
[137] Kaufmann, Luther, S. 12.

Luthers Urteil über Frauen

Vorab einige „Erkenntnisse“ Martin Luthers: ”Die Weiber sind hauptsächlich dazu bestimmt, die Geilheit der Männer zu befriedigen.” ”Wer mag alle leichtfertigen und abergläubischen Dinge erzählen, welche die Weiber treiben…Es ist ihnen von der Mutter Eva angeboren, dass sie sich äffen und trügen lassen.” ”Will die Frau nicht, so komm’ die Magd!” Seiner eigenen Geilheit konnte Martin Luther nicht widerstehen: “So wenig ich Berge wegwälzen, mit den Vögeln fliegen, neue Sterne schaffen, mir die Nase abbeißen kann, so wenig kann ich die Unzucht lassen.” Oder: “Ich brenne von der Flamme meines ungezähmten Fleisches.” “Ich glühe vor Wollust.” “Narren sind’s, die sich mit Beten, Fasten und anderen Kasteiungen wider die böse Lust wehren, denn diesen Versuchungen ist leicht abzuhelfen, wenn nur Männer und Weiber vorhanden sind... Die größte Ehre, die das Weib hat, ist allzumal, dass die Männer durch sie geboren werden.” „Der Tod im Kindbett ist nichts weiter als ein Sterben im edlen Werk und Gehorsam Gottes. Ob die Frauen sich aber auch müde und zuletzt tot tragen, das schadet nichts. Lass sie nur tot tragen, sie sind darum da.” “Man soll Frauen, wenn nötig, wie Hunde und Säue sterben lassen.”

Eine Frau hat häuslich zu sein, das zeigt ihre Beschaffenheit an: „Frauen haben nämlich einen breiten Podex und weite Hüften, dass sie sollen stille sitzen“[138]… „ Aber wenn die Frauen über ihre Haushaltsfragen hinaus über öffentliche Angelegenheiten reden, so taugt das nichts. Denn wenn es ihnen auch an Wörtern nicht fehlt, so fehlt es ihnen doch am richtigen Verständnis für die Sache… Daher ist klar, dass die Frau für den Haushalt geschaffen ist, der Mann aber für das öffentliche Leben, für Kriege und Rechtsgeschäfte.“[139]

Kann sich heute eine Frau noch guten christlichen Gewissens pro-

---

[138] Zitiert nach Arnulf Zitelmann, Widerrufen kann ich nicht. Die Lebensgeschichte des Martin Luther, 1997, S. 111.

[139] Aland, LD 10, S. 84.

testantisch, evangelisch oder lutherisch“ nennen? Wie war Luthers Verhältnis zu Frauen? Wie käme er heute bei Frauen an? War er ein Sexist? Wir erinnern uns. Was gab es 2013 in den Medien und bei Politikern und Frauenverbänden ein hysterisches Geschrei über eine Bemerkung des FDP-Politikers Rainer Brüderle, der das Dekolleté einer Journalistin bewunderte. Nur wenige Frauen wie die Schauspielerin Kathrin Sasse waren ehrlich. Warum empören sich Frauen, deren Konfession lutherisch ist, nicht über ihren Namensgeber?

Luther stellt fest: „Wenn ich noch mal freien sollte, wollt ich mir ein gehorsam Weib aus Stein hauen, denn ich bin verzweifelt an aller Weiber Gehorsam. Meine Frau habe ich niemals geliebt.“[140] Gebildete Frauen waren ihm ein Gräuel: „Ich wollt, dass die Weiber, bevor sie zu reden beginnen, ein pater noster beteten“.[141] Frauen seien „von Natur aus für Kinder, Küche, Kirche geschaffen... Denn nehme man ihnen das Regiment zuhause, so seien sie zu nichts nütze. Und ob sich fruchtbare Weiber auch zuletzt tot tragen, das schadet nicht.“[142] Frauen sind für ihn nützlich „zum Kinderkriegen“. Man kann sie benutzen, auch ohne Ehe, denn „Beischlaf ergibt sich leicht“.[143] Und wenn man schon mal verheiratet ist und „sich dein Weib weigert, halt dich an die Magd".[144]

„Eine junge Frau, falls ihr nicht die hohe und seltene Gnade der Jungfräulichkeit zuteil geworden ist, kann einen Mann so wenig entbehren als essen, trinken, schlafen und sonstige natürliche Bedürfnisse. Und wiederum: Auch ein Mann kann eine Frau nicht entbehren… Darum hat Gott dem Leib die Glieder, die Adern, den Samenerguss und alles, was dazu gehört, gegeben und eingesetzt“.[145]

---

140 Dieterich, S. 125.

141 Will Durant, Kulturgeschichte der Menschheit, Band 9 Das Zeitalter der Reformation, Frankfurt 1982, S. 427.

142 Ebenda.

143 Dieterich S. 136.

144 Ebenda.

145 WA 10/II S.156.

Von Ehe und Scheidung hielt er nicht viel. Er zog die Vielehe der Scheidung vor.[146] Aber damit kam er in Konflikt mit der damaligen Gesetzeslage, denn auf Bigamie stand die Todesstrafe. Wie er sich mit einem solchen Problem, das an ihn herangetragen wurde, auseinandergesetzt hat, soll das Beispiel des Landgrafen Philipp von Hessen zeigen. Der zweitmächtigste Mann der protestantischen Seite, siebenfacher Vater, verlangte von ihm den Segen für seine Doppelehe, denn er wollte mit einer Siebzehnjährigen den Beischlaf vollziehen. Wenn Luther sich weigern sollte, werde er, Parteigänger des katholischen Kaisers werden. Luthers weise Antwort: Wenn er seine Triebe nicht beherrschen könne, soll er eine zweite Frau haben, die Sache aber wie diese Zustimmung geheim halten: „Ein heimliches Ja aber ein öffentliches Nein." Daraufhin sandte Phillip Luther eine Fuhre Wein. Doch die „Nebenehe" schadete der Glaubwürdigkeit Luthers.[147] Als die Sache durchsickerte, leugnete Luther seine Einwilligung.[148] Luther habe sich mit diesem „Fauxpas" unsterblich blamiert, meint Christian Feldmann.[149]

Damit wird erneut Luthers Charakterzug deutlich, der ihn so eminent modern erscheinen lässt und für fast alle seiner Aussagen zutrifft. Er ist der Meister des Einerseits und Andererseits. Er legt sich selten fest. Luther hat immer zwei Antworten parat, weshalb sich halt auch heute die Geister in der Bewertung Luthers scheiden. Marion Obitz schreibt in ihrem Nachwort zu R. Baintons, „Frauen der Reformation" „,... es finden sich Äußerungen, die man nur mit dem Wort chauvinistisch angemessen beschreiben kann. Biographen fassen das unter 'scherzhaftem Umgang mit dem anderen Geschlecht'".[150] Bis heute, zumindest aber bis ins 19. Jahrhun-

---

[146] WA Schriften Babylonische Gefangenschaft, S. 460.

[147] Vielleicht hat sich unser Bundespräsident selbst Dispens gegeben, ohne die Lutherischen zu befragen, denn er lebt in Sünde mit seiner Geliebten zusammen, die er auch auf offizielle Staatsbesuche mitnimmt. Fauxpas?

[148] Schilling, S. 498.

[149] Feldmann, S. 134f.

[150] Roland Bainton, Frauen der Reformation, Gütersloh 1996, S. 190.

dert, gibt es diese lutherische Doppeldeutigkeit, denn der dänische Philosoph Kierkegaard meinte einmal, auf die Bedeutung der Heirat eines protestantischen Pfarrers angesprochen, um ein sichtbares Zeichen gegenüber den verhassten katholischen Pfarrern zu setzen: "Es hätte ein Brett sein können, aber heiraten hätte er müssen, früher oder später".[151] Ob unsere protestantischen Genderweibchen dies scherzhaft finden? Oder stimmen sie Luthers Gepflogenheit bei der Hochzeitsnacht zu, die uns so schön überliefert ist: „ Mit ganz anderen Gefühlen berichtet der Kollege und Freund Justus Jonas von der Heirat. Nach der Sitte der Zeit ist er mit dabei, als das Paar am 13. Juni 1525 nach erfolgter Segnung durch den Stadtpfarrer Johannes Bugenhagen am Abend vor ein paar Zeugen das Beilager abhält und damit die Ehe vollzieht. Luther hat Katharina zur Frau genommen. ‚Gestern war ich zugegen und sah das Paar auf dem Brautlager liegen. Ich konnte mich nicht enthalten, bei diesem Schauspiel Tränen zu vergießen'. [152]Ganz anders die „bereinigte" Darstellung bei Schilling: „... wurden die frisch Getrauten sogleich in die Schlafkammer geführt, wo sie sich noch unter Anwesenheit der Zeugen ins Ehebett legten..."[153] Beide Autoren kommen auch ohne irgendwelche Hinweise auf Luthers Ansichten von Frau, Ehe und Sexualität aus. Warum? Sollte der „brave" Luther nicht angekratzt werden, da er und seine Frau bis heute (?) als Vorbild für eine gelungene Ehe gelten? Luthers unmäßigen Sexualtrieb beschrieb er selbst mit den auf die Hochzeit folgenden „Küssewochen".[154] Dass Luther aus seiner sexuellen Not schließlich eine Tugend machte, ist für ihn verständlich, denn als Mönch musste, konnte er mit seiner Triebhaftigkeit nicht umgehen, die er nun verheiratet ausleben konnte.[155] Er war ja bekannt für seine

[151] Bainton, S. 17.
[152] Dieterich, S. 90.
[153] Schilling, S. 325.
[154] Schilling S. 329.
[155] Schilling, S. 33 verweist auf die Schriften von R. Grimm, *Luther et L'expérience sexuelle, Sexe, célibat, mariage chez le Réformateur*, Genf 1999 in dem die Luthers z.T. abenteuerliche Lust an der Sexualität der Frau

permissive Lebensführung „voller Hurerei und Sauferei".[156] Unklar ist aber, in den Tischsprächen klingt so etwas an, dass er wegen des Totschlags eines Kameraden in Kloster geflohen ist. Auch hier erfindet er gekonnt wie bei vielen andern Vorgängen eine andere Version, die er als Notlüge – seine Wortschöpfung! - begreift: Er ängstigt sich vor einem Gewitter und ruft: „Hilf, Heilige Anna, ich will ein Mönch werden!"[157]

Er dekretierte, natürlich wieder mit seiner Auslegung von Gottes Wort, dass die Ehelosigkeit der Priester des Teufels sei. So machte er aus seiner Mönchsnot eine Tugend. Selbstverständlich kann das Schrifttum den Kirchenspalter nicht als Sexprotz darstellen. Verklärt entsprach deshalb seine Sexualität „der „religiösen Gnadenerfahrung und säkularen Manifestation der Freiheit eines Christenmenschen".[158] Andere sprechen direkter und bescheinigen dem ‚Kirch'enspalter und Sexisten eine manisch-depressive Psychose, eine klassische Depression, die quasi-hysterische Folge eines infantilen Sexualkomplexes, Halluzinationen oder Analfixierung.[159] Kann es ein, dass die typische protestantische Leibfeindlichkeit und Prüderie, die besonders Pietisten nachgesagt wird, die Praktiken des sexistischen Luther missachten? Luther dagegen gerecht wurde die Idee der Schamlosigkeit und freien Liebe, die Ende der 60er Jahre aus dem lutherischen Skandinavien auf den europäischen Kontinent übergriff und hier besonders begierig von protestantischen Linken, die die Enge und Heuchelei des protestantischen Elternhauses nicht mehr ertragen konnten, aufgriffen und verbreiteten.

Ein Aspekt sollte noch zum Nachdenken anregen. Die beiden Luthers, Martin und Katharina, hatten im Kloster die ewigen Gelübde abgelegt. Wieso baut eine Organisation, die sich ‚Kirche' nennt,

---

dokumentiert wird.

156 Mock, S. 38f.

157 Dieterich, S. 39.

158 Schilling, S. 331f.

159 Feldman, S. 13; Luther's Early Development in the Light of Psychoanalysis, in: American Journal of Psychology XXIV (1913), S. 360-377.

auf einen Menschen, der Gott angelogen hat? Wenn das schon ein Kennzeichen seines angeblich neuen „christlichen“ Lebens und Denkens war, woher nehmen all seine Nachfolger die Gewissheit, dass er in seinen Schriften nicht auch gelogen hat? Diese Schriften sind nur für Menschen gemacht, die man doch viel eher anlügen könnte, denn Gott, den er angelogen hat. Warum ist Meineid strafbar, wenn der Meineidmönch Martin Luther heute geehrt und gefeiert wird?

Der Reformator, so wird gesagt, begründete einen Hausstand, der später für Jahrhunderte zum Vorbild vieler protestantischer Pfarrergenerationen und Frauen und Männern wird, natürlich mit einer großen Kinderzahl. Die Luthers zählten deren 6. Ihre Erziehung war von heute ausgesehen protestantisch streng. Der angebliche ‚Freiheit‘sprediger hielt die Prügelstrafe für angemessen, begründete sie auch biblisch. Überliefert ist die „Tätigkeit“ eines Schulmeisters, der „im Laufe seines Berufslebens 911527 Stockhiebe, 124000 Peitschenhiebe, 1136715 Schläge mit der bloßen Hand und 1.115800 Ohrfeigen ausgeteilt“[160]hatte. Prügel waren bei Luther zuhause an der Tagesordnung wie in manchen protestantischen Internaten, die zum Schrecken vieler Generationen bis heute wurden.

---

[160] Dieterich, S. 19.

Luthers Urteil über Hexen

Seine Erbarmungslosigkeit gegenüber Menschen, die ihm nicht passen, wird auch in seinem Verhältnis zu „Hexen“ deutlich. „Die Zauberinnen sollst du nicht leben lassen... Es ist ein gerechtes Gesetz, dass sie getötet werden, sie richten viel Schaden an.“[161] Also sollen sie getötet werden, nicht allein, weil sie schaden, sondern weil sie Umgang mit dem Satan haben.[162] Hexen müssen verbrannt werden.[163] Da Hexen sich mit dem Teufel einlassen, müssen ihre Kinder ertränkt werden.[164] “... die Zauberinnen sollen getötet werden, weil sie Diebe sind, Ehebrecher, Räuber, Mörder... Sie schaden mannigfaltig. "Wenn ich Richter wäre, so wollte ich eine solche französische, giftige Hure rädern lassen“.[165]

---

[161] WA Predigt 16 von 1526, S. 551.

[162] Dieterich, S. 183.

[163] Siehe Jörg Haustein, Martin Luthers Stellung zum Zauber- und Hexenwesen, Stuttgart 1990.

[164] WA Schriften Bd. 9, 255f; WA 1, 447.

[165] WA Schriften Bd.16, 2296; WA 7, 1354.

Luthers Haltung zu den Bauern

Luther hat sehr oft Zivilcourage gezeigt, würden wir heute sagen. Er wollte nicht nur religiöse Gewohnheiten, sondern auch politische Zustände verändern. Er hoffte, so würde heute ein Marxist sagen, durch die Veränderung der Umstände auch das Bewusstsein, besonders das religiöse, zu beeinflussen. So mischte er sich in den Aufruhr ein, den seit vielen Jahren die Bauern im schwäbischen, thüringischen, bayerischen und pfälzischen Land losgeschlagen hatten. Ihre Unruhe hatte sich schon in verschiedenen Aufständen im 14. Jahrhundert gezeigt, wovon die Forderungen des „Bundschuhs" vielleicht am bekanntesten sind. Eskaliert ist die Unzufriedenheit dann in den Jahren 1524-1526. Die Bauern wollten sich nicht mehr länger ihre verbrieften Rechte von den Landesherren wegnehmen lassen. Sie waren kaum revolutionär, sondern wollten, ganz konservativ gesonnen, ihre alten Rechte wieder haben.[166] Sie forderten Weiderechte, Fischfangrechte, auch das Sammeln von Holz im Wald. Manche wollten auch Mitsprache einfordern bei politischen Entscheidungen im Dorf. Wieder andere meinten und glaubten den Aussagen des Reformators, den Pfarrer selbst wählen zu dürfen. Der Aufstand breitete sich rasch aus: von Salzburg über Stühlingen am Bodensee, von Thüringen in das Tal von Kocher und Jagst, in Kärnten waren ebensolche Aufstände zu finden wie in der Pfalz. Sie verloren aber ihren Kampf, vielleicht auch deshalb, weil der ideologische Führer der Zeit, Martin Luther, Chaos und Aufruhr ablehnte. Beim Bauernaufstand, den er mit seiner Idee der Freiheit eines Christenmenschen mit verursacht hatte, wechselte Luther rasch die Fronten und schlug sich auf die Seite der Fürsten, da er erschrocken war über die Auswirkungen, die seine Theologie auf das politische Bewusstsein der Masse hatte. Also unterstützte er, nach zunächst freundlicher Hinwendung zu den Bauern, die Fürsten bei der Niederschlagung des Bauernaufstandes und nahm gegen sie Partei: Er schrieb 1525 seine aufstachelnde

[166] Günther Franz, Der deutsche Bauernkrieg, Darmstadt 1975.

Schrift: „Wider die räuberischen und mörderischen Bauern.[167] „Die Bauern gaben bei ihrem Aufruhr an, die Herren wollten das Evangelium nicht predigen lassen und schindeten die armen Leute, deshalb müsste man sie stürzen. Aber ich habe darauf geantwortet: Obwohl die Herren damit Unrecht taten, sei es trotzdem weder billig noch recht, auch Unrecht zu tun, d. h. Ungehorsam zu sein und Gottes Ordnung zu zerstören, die nicht in unserer Verfügung steht. Sondern man müsse das Unrecht leiden."[168] Die Fürsten forderte er quasi zum Massenmord auf, die aufständischen Bauern zu töten: "Solch wunderliche Zeiten sind jetzt, dass ein Volk den Himmel eher mit Blutvergießen verdienen kann, denn anders sonst mit Beten …", die Soldaten sollen stechen, schlagen, würgen. Bleibst du darüber tot, wohl dir, einen seligeren Tod kannst du nimmermehr erlangen. Denn du stirbst im Gehorsam gegenüber dem göttlichen Wort und Befehl."[169] „Darum soll zerschmettern, erschlagen und stechen, heimlich oder öffentlich, wer immer kann, und bedenken, dass es nichts Giftigeres, Schädlicheres Teuflischeres geben kann als einen aufrührerischen Menschen. Man muss ihn schlagen, wie man einen tollen Hund totschlagen muss, schlägst Du nicht, so schlägt er Dich und ein ganzes Land mit Dir".[170] „Die Bauern sollten wie tolle Hunde niedergemetzelt werden ohne Gnade und Erbarmen, denn wer sie nicht schlage, werde von ihnen geschlagen und das ganze Land dazu".[171] Hubertus Mynarek schreibt, dass einige der Bauernführer auf Befehl Martin Luthers von seinen Anhängern kopfüber aufgehängt und dann langsam mit der Säge vom Hodensack an bis zum Bauchnabel aufgesägt wurden, bis sie unter grausamsten Schmerzen gestorben waren.[172] Dem auf den Aufruf Martin Luthers folgenden Massakern fielen zwischen 70.000 und 100.000 Menschen zum Opfer, darunter zahl-

---

[167] WA Schriften Bd. 18, S. 311-362.
[168] Martin Luther: Ob Kriegsleute in seligem Stande sein können, 1526.
[169] WA Schriften 18, Wider die stürmenden Bauern, WA 18, S. 357-361.
[170] Zitiert nach Schorlemer, S. 48.
[171] Zitiert nach Schorlemmer, S. 87.
[172] Hubertus Mynarek, Die neue Inquisition, Marktheidenfeld 1999, S. 42.

lose Unbeteiligte. Wahrlich eine Person, der Lutheraner in Deutschland Denkmäler bauten, wie für Stalin und Mao… Martin Luther: "Prediger wie ich sind die allergrößten Totschläger. Denn sie ermahnen die Obrigkeit, dass sie entschlossen ihres Amtes walte und die Schädlinge bestrafe. Ich habe im Aufruhr alle Bauern erschlagen; all ihr Blut ist auf meinem Hals. Aber ich schiebe es auf unseren Herrgott; der hat mir befohlen, solches zu reden …"[173] „So geschieht es freilich auch überall und ist geschehen, dass die geschlagen werden, die ohne Grund den Krieg anfangen, denn sie können zuletzt doch nicht dem Gericht Gottes. d. h. seinem Schwerte, entrinnen".[174]

---

[173] WA Schriften 18, Ob Kriegsleute in seligem Stande sein können, 1526.
[174] Ebernda.

Luther und die Obrigkeit

Die aktuelle Obrigkeit war/ist für Protestanten die beste: die Preußen Friedrich II. und Wilhelm II., der Österreicher Hitler, der Sachse Ulbricht, usw... Man muss aber darauf aufmerksam machen, dass evangelische Pfarrer bei ihrer Ordination auf die Confessio Augustana verpflichtet werden, die auch zum Ungehorsam verpflichtet. Artikel 16... „Deshalb sind es die Christen schuldig, der Obrigkeit untertan und ihren Geboten und Gesetzen gehorsam zu sein... Gott aber mehr gehorchen als den Menschen.“[175] Angesichts der deutschen Katastrophen stellt sich die Frage, warum nur Luthers Obrigkeitswahn tradiert wurde. Selbst ein so protestantischer Zeitgenosse wie der studierte Theologe Dietrich Bonhoeffer ringt sich fast zu Tode bei der Frage, darf er Hitler den Tyrannen

---

[175] Konfessio Augustana Revidierter Text hg. von Günther Gassmann, Artikel 16: *Von der Polizei (Staatsordnung) und dem weltlichen Regiment: Von der Polizei (Staatsordnung) und dem weltlichen Regiment wird gelehrt, dass alle Obrigkeit in der Welt und geordnetes Regiment und Gesetze gute Ordnung sind, die von Gott geschaffen und eingesetzt sind, und daß Christen ohne Sünde in Obrigkeit, Fürsten- und Richteramt tätig sein können, nach kaiserlichen und anderen geltenden Rechten Urteile und Recht sprechen, Übeltäter mit dem Schwert bestrafen, rechtmäßig Kriege führen, in ihnen mitstreiten, kaufen und verkaufen, auferlegte Eide leisten, Eigentum haben, eine Ehe eingehen können usw. Hiermit werden die verdammt, die lehren, dass das oben Angezeigte unchristlich sei. Auch werden diejenigen verdammt, die lehren, dass es christliche Vollkommenheit sei, Haus und Hof, Weib und Kind leiblich zu verlassen und dies alles aufzugeben, wo doch allein das die rechte Vollkommenheit ist: rechte Furcht Gottes und rechter Glaube an Gott. Denn das Evangelium lehrt nicht ein äußerliches, zeitliches, sondern ein innerliches, ewiges Wesen und die Gerechtigkeit des Herzens; und es stößt nicht das weltliche Regiment, die Polizei (Staatsordnung) und den Ehestand um, sondern will, dass man dies alles als wahrhaftige Gottesordnung erhalte und in diesen Ständen christliche Liebe und rechte, gute Werke, jeder in seinem Beruf, erweise. Deshalb sind es die Christen schuldig, der Obrigkeit untertan und ihren Geboten und Gesetzen gehorsam zu sein in allem, was ohne Sünde geschehen kann. Wenn aber der Obrigkeit Gebot ohne Sünde nicht befolgt werden kann, soll man Gott mehr gehorchen als den Menschen.*

töten. Hätte er seinen Lehrmeister gekannt, hätte er auch so eindeutig wie der Nichttheologe, aber Katholik Stauffenberg handeln können. Über Luther und sein Verhältnis zur Obrigkeit wurden viele Bücher geschrieben. Apologetisch besonders nach den Schrecknissen der ersten Diktatur in Deutschland. Hochinteressant ist das Gutachten, das 1952 zum Thema Widerstand aus protestantischer Sicht verfasst wurde,[176] und die Lutheraner usw. nicht von Schuld an der politischen Entwicklung im Deutschen Reich Deutschland freisprechen.

Wenn er sich angeblich für eine Auflehnung gegen die „ungerechte“ Obrigkeit ausgesprochen hatte, warum ist dies nicht zum Kern der lutherischen Lehre in deutschen Landen geworden? Warum haben Protestanten die vielen Kriege der preußischen Könige mit ihrem kirchlichen Segen unterstützt? Die Protestanten in England haben den Widerstandsgedanken gelebt und sich in der amerikanischen Revolution von der englischen Krone getrennt! Es heißt noch 1956 in der 2. Auflage des Geschichtsbuches für die Oberstufe der Gymnasien „Die Zeit der abendländischen Christenheit bis zur Aufklärung“ über Luthers Lehre vom Staat: „Luther überließ, um der reinen Lehre willen, die Welt der staatlichen Autorität, die er unter die Verantwortung vor Gott stellte. Nach seiner Auffassung war der Staat von Gott um der Bosheit und Schwachheit der Menschen willen eingesetzt. Das Verhältnis des einzelnen zur Obrigkeit bestand in Gehorsam und Unterordnung, mochte sein Rechtsgefühl sich noch so auflehnen gegen die Maßnahmen der staatlichen Gewalt“.[177]

Ist dies nicht skandalös? Gerade nach den beiden Diktaturen in Deutschland müsste doch die E’K’D darauf drängen, dass der Ge-

---

[176] H. Kraus (Hg.), Die im Braunschweiger Remerprozeß erstatteten moraltheologischen und historischen Gutachten nebst Urteil, Hamburg 1953. Vgl. J. Mehlhausen, Widerstand und protestantisches Ethos. Eine historische Skizze, in: A. Doering-Manteuffel /Ders. (Hg.), Christliches Ethos und der Widerstand gegen den Nationalsozialismus in Europa, Stuttgart/Berlin/Köln 1995, 17-33.

[177] Schroedel-Verlag Hannover, 1956, S. 142.

danke des Widerstandes, wenn er wirklich von Luther so gemeint war, in den Schulbüchern verankert wird. Doch Fehlanzeige. Schauen Sie mal heutige Schulbücher an! Die E'K'D ist wie immer, ob im nationalen oder kommunistischen Sozialismus „staatstragend". Luthers eigene Worte sind diskussionswürdig, selten bekannt. Zu den Quellen muss man auch hier gehen, um Geist und Wesen Luthers und seiner ihm in den folgenden Jahrhunderten nachgehenden Jünger zu begreifen. Doch Luther ist hier wieder ambivalent: „Dass die Obrigkeit böse und unrecht ist, entschuldigt keine Zusammenrottung noch Aufruhr".[178]

In seiner Stellungnahme gegen die Bauern wird Luthers Haltung zu Störern der Ordnung ganz gleich welcher Art, ob politisch oder theologisch, sichtbar. Er ist unduldsam, erbarmungslos. Dies zeigt sich je älter er wird immer deutlicher. Von Altersweisheit und Ruhe keine Spur. Er stellt sich immer auf die Seite der Obrigkeit, wie dies auch der Protestantismus in folgende Jahren und Jahrzehnten meinte, tun zu müssen in Bezug auf das Königs- und Kaiserhaus Preußen, in Bezug auf den Diktator Adolf Hitler oder die SED-Herrschaft in der D'D'R. Er forderte die Obrigkeit, die von Gott eingesetzt wäre, auf, den Himmel mit Blutvergießen anstatt mit Beten zu erreichen.

Noch Jahre zuvor war er mit dieser Obrigkeit in Konflikt gekommen. Luthers Anbiederung an die Machthaber entsprach einem weiteren Charakterzug, seinem Opportunismus und seinem unbedingten Willen, die „Reformation" mit der Obrigkeit durchzusetzen. In seiner Haltung gegenüber den Bauern hatte er gesehen, dass ihm die Obrigkeit nicht schadete. Später benutzt er die Landesherren, um einen wesentlichen Inhalt seiner Theologie - Vertreibung der Juden – zu erreichen. Nun standen die Landesherren vor einem Dilemma: Warum sollten sie Luthers Idee entsprechen, haben sie doch immer wieder von den Fähigkeiten der Juden, Geld zu geben, profitiert. Durch die Erlaubnis Luthers, das kirchliche Vermögen einzuziehen, brauchten sie die Juden-"bank" nicht

[178] Zitiert nach Feldmann, S. 93.

mehr. Durch ihren Einfluss auf die neu entstehenden Landes'kirche'n erreichten sie außerdem eine Festigung und Ausweitung ihrer Macht und von Luther bzw. von Gott gegebenen Herrschaft.[179] Sie wären dumm gewesen, Luther abzulehnen. Geld und Machterweiterung sind wohl herrliche Motive vieler Landesherren gewesen, zum neuen Glauben überzutreten. Sicher war ihnen die von Luther so sophistisch erklärten Unterschiede der neuen Lehre zur gewohnten Religion gleichgültig

Was Jesus Christus strikt gefordert hatte – „Gebt des Kaisers, was des Kaisers ist und Gott was Gott ist", lässt Luther beiseite. Er legt nach seiner Willkür die Bibel aus. Sein Wille geschehe, nicht der von Jesus Christus. Mit Hilfe der Obrigkeit schafft seine „Theologie", was nach dem Augsburger Religionsfrieden 1555 Grundlage für die späteren protestantischen Landes'kirch'en wird. Während Jesus Christus zur Durchsetzung seiner Religion, keinen Staat brauchte, im Gegenteil! war für den Reformator der Staat die Stütze seiner Religion, so dass in Zukunft die Sphären von Staat und protestantischer 'Kirche' verhängnisvoll miteinander verflochten werden. In Zukunft wird in fürchterlichen Kriegen die Lehre des Reformators von der weltlichen Gewalt zum Siege geführt. Das weltliche Reich siegt für das protestantisch-'kirchliche', in dem die Pastoren ernten. Mit der Verfügung, dass der Fürst die Religion im Territorium bestimmen sollte, war nicht nur die religiöse, sondern auch die politische Einheit im noch bis 1806 bestehenden Heiligen Römischen Reich Deutscher Nation in Frage gestellt. Die weltlichen protestantischen Fürsten verteidigten nicht nur die Konfession ihrer Bischöfe und Pastoren und ihre angeblich von Gott gegebene Obrigkeit, sondern wandten sich auch nach ihrem Selbstverständnis gegen jeden Versuch, eine Reichseinheit zu schaffen, die nicht der Lehre Luthers entsprach. Eine staatliche Einigung konnte in Zukunft nur mit Zustimmung der protestantischen Fürsten oder des vom Protestantismus dominierten Reichs-

[179] Geschichtsbuch, S. 174.

tag gestaltet werden. Nach der Wende 1990/1989, also nach der Einbindung der kommunistisch-sozialistischen D'D'R in den Geltungsbereich des Grundgesetzes der Bundesrepublik Deutschland bemerkte der damalige Ministerpräsident der D'D'R, Lothar de Maizière, dass Deutschland jetzt kälter und protestantischer würde. Er sollte recht behalten.
Luthers Begeisterung für die Obrigkeit kommt in sehr martialischen Ausbrüchen zum Vorschein: "henkt, rädert, enthauptet, tötet und führt den Krieg"; der Soldat vollbringt im Krieg ein "göttliches" Werk. "Es ist so, wie wenn ein guter Arzt, wenn die Krankheit so schlimm und gefährlich ist, Hand, Fuß, Ohr oder Augen abnehmen und entfernen muss, um den Körper zu retten. …"[180]
"Denn die Hand, die das Schwert führt und tötet, ist dann auch nicht mehr eines Menschen Hand, sondern Gottes Hand, und nicht der Mensch, sondern Gott henkt, rädert, enthauptet, tötet und führt den Krieg. Das alles sind seine Werke und sein Gericht. Zusammengefasst: Man darf beim Soldatsein nicht darauf sehen, wie und wen man tötet, brennt, schlägt, gefangen nimmt, usw. Das tun die ungeübten, einfältigen Kinderaugen, die auch dem Arzt nicht weiter zusehen, als wie er die Hand abnimmt oder das Bein absägt, aber nicht sehen oder bemerken, dass es um die Rettung des ganzen Körpers geht".[181]
Der geneigte Leser möge die gedankengleichen Stellen in Hitlers „Mein Kampf" finden. „Ebenso muss man auch dem Amt des Soldaten oder des Schwertes mit männlichen Augen zusehen, warum es so tötet und grausam ist. Dann wird es selber beweisen, dass es ein durch und durch göttliches Amt ist und für die Welt nötig und nützlich wie Essen und Trinken. dass aber einige dieses Amt missbrauchen, ... ist nicht Schuld des Amtes, sondern der Person ... sie können zuletzt doch nicht dem Gericht Gottes, d.h. seinem

---

[180] WA Schriften Bd. 19, Ob Kriegsleute in seligem Stande sein können, 1526.
[181] WA Schriften Bd. 19, Zur Frage, ob man auch als Soldat in einem Gott wohlgefälligen Stand lebt, S. 623-662.

Schwert entrinnen.“[182] „Es ist besser, wenn Tyrannen hundert Ungerechtigkeiten gegen das Volk verüben, als dass das Volk eine einzige Ungerechtigkeit gegen die Tyrannen verübt.”[183] Damit hat Luther Hitler und alle anderen Tyrannen seitdem legitimiert, entschuldigt, was auch in der halblauen „Stuttgarter“ Schulderklärung der Protestanten zum Ausdruck kommt.

„An sich ist das Amt des Schwertes recht und eine göttliche, nützliche Ordnung, und Gott will, dass sie nicht verachtet, sondern gefürchtet und geehrt wird und Gehorsam genießt. Anderenfalls soll es nicht ungerächt bleiben, wie der heilige Paulus Römer 13, 2 schreibt. Denn er hat eine doppelte Herrschaft unter den Menschen aufgerichtet: eine geistliche, durch das Wort und ohne Schwert, wodurch die Menschen fromm und gerecht werden sollen, so dass sie mit dieser Gerechtigkeit das ewige Leben erlangen. Solche Gerechtigkeit bewirkt er durch das Wort, das er den Predigern aufgetragen hat. Die andere Herrschaft ist weltlich durch das Schwert, damit diejenigen, die nicht durch das Wort fromm und gerecht für das ewige Leben werden wollen, dennoch durch diese weltliche Herrschaft gezwungen werden, fromm und gerecht zu sein vor der Welt. Und solche Gerechtigkeit bewirkt er durch das Schwert.“[184] Luther „missioniert“ wie der Islam mit Waffengewalt!! „Wenn ich das Amt ansehe, das Krieg führt, wie es die Bösen bestraft, die, die Unrecht haben, tötet und solchen Jammer ausrichtet, da scheint es ein durchaus unchristliches Werk zu sein und in jeder Hinsicht gegen die christliche Liebe. Sehe ich aber darauf, wie es die Gerechten beschützt, Frau und Kind, Haus und Hof, Gut, Ehre und Frieden damit erhält und bewahrt, so ergibt es sich, wie wichtig und göttlich das Werk ist. Und ich merke, dass es auch ein Bein oder eine Hand abhaut, damit nicht der ganze Leib stirbt. Denn wenn nicht das Schwert entgegentritt und den Frieden bewahrt,

---

[182] Ebenda.

[183] Zitiert nach Arnulf Zitelmann, Widerrufen kann ich nicht. Die Lebensgeschichte des Martin Luther, 1997 S. 123.

[184] WA Schriften Bd. 19, Ob Kriegsleute in seligem Stande sein können, 1526.

müsste alles, was es in der Welt gibt, im Unfrieden verderben. Deshalb ist ein solcher Krieg nichts anderes als ein kleiner, kurzer Unfriede, der einem ewigen, unermesslichen Unfrieden wehrt, ein kleines Unglück, das einem großen wehrt.“[185] Im Gefolge von Luther wurden die Anhänger der neuen „Religion“ Verteidiger der aktuellen protestantischen politischen Ordnung.
„Gott ehrt das Schwert mit so hohen Worten, dass er es seine eigene Ordnung nennt (Römer 13,1) und nicht will, dass man sage oder denke, die Menschen hätten es erfunden und eingesetzt. Denn die Hand, die das Schwert führt und tötet, ist dann auch nicht mehr eines Menschen Hand, sondern Gottes Hand, und nicht der Mensch, sondern Gott henkt, rädert, enthauptet, tötet und führt den Krieg. Das alles sind seine Werke und sein Gericht“.[186]
Vielleicht ersieht man auch in folgender Aussage des ehemaligen Ratsvorsitzenden der E’K’D und Antisemiten Otto Dibelius seine von Luther beeinflusste Haltung zum Wert eines Menschenlebens und der „Harmlosigkeit“ eines Krieges: "Die Anwendung einer Wasserstoffbombe sei vom christlichen Standpunkt aus nicht einmal eine so schreckliche Sache, da wir alle dem ewigen Leben zustreben." Wenn eine solche Bombe eine Million Menschen tötet, so erreichten die Betroffenen "umso schneller das ewige Leben“.[187] Unfassbar! Vermutlich hat der evangelische, protestantische, lutherische Bischof Dibelius den Holocaust auch so gesehen! Dibelius und Niemöller standen der kommunistischen „Deutschen Friedensunion“ recht nahe. Hat die E’K’D sich dazu schon einmal geäußert und in ihrem damaligen Personalbestand kritisch beleuchtet?
Luther: „Ich möchte mich fast rühmen, dass seit der Zeit der Apostel das weltliche Schwert und die Obrigkeit noch nie so deutlich beschrieben und gerühmt worden ist, wie durch mich. Sogar meine

---

[185] WA Schriften Bd. 19, Ob Kriegsleute in seligem Stande sein können, 1526.
[186] Ebenda.
[187] Zitiert bei Manfred Götemaker, Geschichte der Bundesrepublik Deutschland, München 1999, S. 259.

Feinde müssen das zugeben. Und dafür habe ich doch als Lohn den ehrlichen Dank verdient, dass meine Lehre aufrührerisch und als gegen die Obrigkeit gerichtet gescholten und verdächtigt wird. Dafür sei Gott gelobt! Denn weil das Schwert von Gott eingesetzt worden ist, um die Bösen zu bestrafen, die Gerechten zu beschützen und den Frieden zu bewahren, Römer 13,4; 1. Petrus 2,14, ist auch überzeugend genug bewiesen, dass Kriegführen und Töten von Gott eingesetzt sind und, was der Lauf des Krieges und das Kriegsrecht mit sich bringen. Was ist ein Krieg anderes als Strafe für das Unrecht und das Böse? Warum führt man Krieg, außer dass man Frieden und Gehorsam haben will"?[188] Gehorsam! Damit entschuldigt Luther jedes Tun eines Tyrannen. Der, wollte er sich nicht selbst infrage stellen, unbedingten Gehorsam erzwingen muss. Wenn sich die Untertanen gegen die Obrigkeit stellen, rächen sie sich selber und machen sie sich selber zum Richter. Und das ist nicht nur gegen Ordnung und Gebot Gottes, der sich Gericht und Rache selbst vorbehalten hat, sondern auch gegen jedes natürliche Gesetz und jede Billigkeit, wie man sagt: „Niemand darf sein eigener Richter sein" und auch: "Wer zurückschlägt, ist im Unrecht".[189]

„Wenn es rechtmäßig zugeht, hat die Obrigkeit mit ihren Untertanen nichts anderes zu tun, als das Recht zu bewahren, Gericht zu halten und Urteile zu fällen. Wenn sie sich aber empören und auflehnen, wie es jüngst die Bauern taten, ist es recht und billig, gegen sie mit Gewalt vorzugehen".[190] „Christen verzichten darauf, sich gegen die Obrigkeit zu empören... Denn freilich streiten die Christen nicht, noch gibt es bei ihnen eine weltliche Obrigkeit. Ihre Herrschaft ist eine geistliche Herrschaft, und dem Geiste nach sind sie niemandem als Christus allein unterworfen. Mit Leib und Besitz aber sind sie dennoch der weltlichen Obrigkeit unterworfen und Gehorsam schuldig. Wenn sie nun von der weltlichen Obrig-

---

[188] WA Schriften Bd. 19, Ob Kriegsleute in seligem Stande sein können, 1526.
[189] Ebenda.
[190] Ebenda.

keit zum Kriege aufgerufen werden, sollen und müssen sie kämpfen, aus Gehorsam, nicht als Christen, sondern als Glieder und als untertänige, gehorsame Leute, dem Leibe und dem zeitlichen Besitze nach".[191] Was ist nun mit den deutschen protestantischen Soldaten des 1. und 2. Weltkrieges? Zogen diese vom protestantischen Kaiser gerufen aus Glaubensgründen in den Krieg?
Und für den bellum civile, den Bürgerkrieg, hält Luther folgenden Spruch parat: „Es ist eine verdammte, verfluchte Sache mit dem tollen Pöbel. Niemand kann ihn so gut regieren wie die Tyrannen. Die sind der Knüppel, der dem Hund an den Hals gebunden wird. Könnten sie auf bessere Art zu regieren sein, würde Gott auch eine andere Ordnung über sie gesetzt haben als das Schwert und die Tyrannen. Das Schwert zeigt deutlich an, was für Kinder es unter s sich hat, nämlich nichts als verdammte Schurken, wenn sie es zu tun wagten. Darum rate ich, dass ein jeder, der hier mit einem guten Gewissen handeln und das Rechte tun will, mit der weltlichen Obrigkeit zufrieden sei und sich nicht an ihr vergreife".[192]
„Man darf dem Pöbel nicht zu viel pfeifen, er wird sonst gern toll. Es ist billiger, ihm zehn Ellen abzubrechen, als ihm in einem solchen Falle eine Handbreit, ja, die Breite eines Fingers einzuräumen. Und es ist besser, wenn ihm die Tyrannen hundertmal Unrecht tun, als dass sie dem Tyrannen einmal Unrecht tun. Denn weil ja das Unrecht gelitten werden muss, so ist vorzuziehen, durch die Obrigkeit zu leiden, als dass die Obrigkeit durch die Untertanen zu leiden hat. Denn der Pöbel besitzt und kennt kein Maß. In jedem einzelnen stecken wohl mehr als fünf Tyrannen, so ist es besser, von einem Tyrannen, d. h. von der Obrigkeit, Unrecht zu leiden als von unzähligen Tyrannen, d. h. vom Pöbel."[193] Der Zeitgenosse Jakob Fugger wird irr an Luther: „Die Armen sollen erwürgt werden. Das ist mir unbegreiflich" und urteilt: „Und fürwahr so ist Lütter Verursacher dieses Aufruhrs, dieser Empörung."

[191] Ebenda.
[192] Ebenda.
[193] Ebenda.

Luther sei der „Blutvergießer in teutsch Nacion".[194]

Toleranz kennt Luther nicht, denn, „wer gewiss ist, Gottes Wort zu besitzen, kann keinen Widerspruch gegen diese Gewissheit vertragen".[195] Hier wird ein Charakterzug des Reformators deutlich: Seine übergroße Selbstgerechtigkeit, sein Selbstbewusstsein, das nie und nimmer von irgendwelchen Zweifeln angekränkelt ist. Luther hört nicht auf kritische Argumente, will auch nicht von anderen lernen. Ein demokratieunfähiger Psychopath. Er wäre heute einer der „Gutmenschen". Seine begrenzte Welt war ihm weit. Ein Religionskritiker kann und muss sagen können, du hast recht, ich kann mich geirrt haben, wollen wir zusammen die Wahrheit suchen? Ein solcher Mensch wird als vernünftig bezeichnet. Komplexität im Denken ist Luther fremd, er bastelte sich seine eigene Welt. In der Politik sei das verheerend, meinte am 3.9.2013 die ehemalige Generalsekretärin der SPD, Andrea Nahles: „Die Selbsteinschätzungen der Kanzlerin hätten sie an ein Gute-Nacht-Lied erinnert, ‚Ich mach mir die Welt, wie ich sie will'".[196]Die Bundesregierung verstand dies nicht als Kritik, sondern als Kompliment." Wie konnte sie auch anders, ist sie doch durch und durch lutherisch geprägt!
Vernünftigkeit ist die Grundlage des Zusammenlebens, nicht die Klugheit oder die Intellektualität, die Luther zweifelsohne vorweisen kann. Vernünftigkeit ist eine soziale Tugend, weil wir den anderen Menschen immer als Quelle für zu diskutierende Argumente bzw. das Du erkennen. Dieser Mensch bereichert uns. Es ist überliefert, dass Luther bei Tisch gesprochen hat. Dies ist von den Herausgebern der Schriften Luthers sehr richtig korrigiert worden.

---

194 Dieterich, S. 89.
195 Schilling, S. 432.
196 Gesang von Andrea Nahles im Bundestag, www.sueddeutsche.de, 4. 9. 2013
.

Diese „Gespräche“ wurden als „Tischreden“ ediert.[197] Luther lässt uns erleben, dass er redete, die anderen zuhörten und mitschrieben. Gespräch ist ein soziales Phänomen, setzt auf Austausch, lässt den anderen mit-reden. Luther dagegen ist der denkende Mensch egal, weshalb er emotional „argumentiert“ und an Gefühl und Leidenschaft des Menschen für seine Sache appelliert. Großherzigkeit ist ihm fremd. Da er die Menschen in Freund und Feind aufspaltet, kann er keine Gleichberechtigung anerkennen, die Suche nach Kompromiss, die Grundlage der Demokratie, ist ihm unbekannt. Doch da sind wir in der Sphäre des Politischen, die Luther vermeintlich nicht betreten wollte, das aber im Handeln mancher protestantischer Pfarrerinnen und Pfarrer als täglicher ‚Religion‘sersatz verstanden wird.
So ist verständlich, dass deren Tun heute politisch missionarische, kaum theologische Kreuzzüge darstellt. Schließlich dient eine solche Argumentation nach Platon auch zur Rechtfertigung des Mordes, im Dritten Reich z. B. bei der Durchführung der von Protestanten, Evangelischen, Lutheraner gebilligten, befürworteten Euthanasie. Er erinnert an Platon, den griechischen Philosophen: „... Und werdet ihr nicht Ärzte und Richter einsetzen, um nach denjenigen Bürgern zu sehen, deren physische und geistige Konstitution gesund und gut ist? Die von schlechter Gesundheit werden sie sterben lassen. Und jene, deren Natur entartet und deren Seele unheilbar ist, werden sie töten.“ „Ja“, sagte er, “da du bewiesen hast, dass dies das Beste ist, sowohl für sie als auch für den Staat.“[198]
Warum Luther bei der „Euthanasie“ nicht von Christus ausgehend, sondern vom Heidentum argumentierte, ist das große Rätsel der Reformation. Deshalb ist es umso unverständlicher, dass es heute noch in unserem christlichen Abendland Evangelische, Protestanten und Lutheraner gibt, für den dieser Mensch nach all den von

[197] WA Tischreden.

[198] Platon über die Rolle der Ärzte, zit. nach Benzenhöfer 1999, S. 30. Siehe: Peter Sloterdijk, Der Zuchtgedanke Platons und „pränatale Selektion“ in: Regeln für den Menschenpark, Frankfurt 1999.

ihm mitgedachten zw. initiierten staatlichen und religiösen Verbrechen auf einem Denkmal steht.
Luther sah sich immer im Besitz des rechten Wortes Gottes. Er war von sich überzeugt bis zur Selbstgefälligkeit und Selbstgerechtigkeit. Martin Luther spricht sich selbst die Wahrheit zu und betrachtet seine von ihm bekämpften jüdischen und christlichen Gegner als "Feinde" Gottes. Toleranz forderte er nur von anderen. Wenn nicht, so bleibe für die anderen nur Vernichtung und Vertreibung. Martin Luther wünscht seinen Gegnern den Tod. Man solle sie wie "Hunde und Säue" sterben lassen.[199] Luther stimmte denn auch seinem Gesinnungsgenosse Martin Bucer in Straßburg zu, der geraten hatte, alle Irrgläubigen auszurotten, solche Kreaturen seien nach seiner Meinung schlimmer als Mörder, sogar ihre Weiber, Kinder und Vieh seien dem Tode zu überantworten. Dieterich stellt in seiner Luther Biographie fest „dass der Reformator gegenüber Andersdenkenden und -glaubenden zu ungeheuerlichen maßlosen Gewaltakten aufrufen konnte, Gewaltexzesse befürwortete, anstatt Frieden zu fördern“.[200]
Welche Konsequenzen zog Luther aus seinem Selbstbewusstsein? Er sagte selbstverständlich Ja zum Kampf auf Leben und Tod, Ja zur Segnung der Waffen. Er forderte von den Soldaten, dass sie Land und Leute verteidigen müssen, dabei aber den Gegner behandeln „wie ein Arzt, der ein böses Geschwür herausschneidet zum Wohle des Kranken“. Es sei mir erlaubt, auf die vielen Parallelen zur Sprache der Nationalsozialisten, besonders von Kanzler Adolf Hitler und Propagandaminister Joseph Goebbels hinzuweisen.[201] Dem zurückhaltenden und feigen Soldaten empfiehlt er:

[199] Vermahnung zum Sakrament, 1530, zitiert nach Hans-Joachim Neumann, Luthers Leiden, Berlin 1995, S. 173.
[200] Dieterich, S. 187.
[201] Typisch: Menschen als Tiere zu bezeichnen; Vorbild für Hitler und Goebbels ist der Linke Kurt Tucholski mit seiner Schrift „Tiere schauen Dich an“. Der jüdische Wissenschaftler Gershom Scholem bezeichnete ihn als einen der „begabtesten und widerwärtigsten jüdischen Antisemiten“, in: Rede von Gershom Scholem auf der Fünften Plenartagung des Jüdischen

„Willst du das Glaubensbekenntnis und ein Vaterunser sprechen, kannst Du es tun... und zieh dann vom Leder und schlage drein in Gottes Namen“.

Wie ist dann die Losung „Aus Schwertern Pflugscharen zu machen“ zu verstehen, wenn ein Repräsentant der Lutherlehre folgendes verkündet: „Müssen wir die Bundeswehr in fremde Kontinente schicken? Ja! ... Christen sind in der paradoxen Lage, ... erlöst zu sein, sich aber gerade deshalb in der noch unerlösten Welt einbringen zu müssen ... mit dem probaten Werkzeug, dem Bösen zu widerstehen, notfalls auch fernab, wo die Völker aufeinander schlagen“.[202] Dass die Luther-“Schäfchen“ nicht an ihrer Luther'kirche' und angeblicher Lutherreligion und deren Repräsentanten irre wurden und widerstanden und widerstehen, ist eines der größten Wunder. So ist es auch zu erklären, dass die ersten Auslandseinsätze der Bundeswehr, die bisher 54 Soldatinnen und Soldaten das Leben gekostet haben, von protestantischen Sozialdemokraten und Grünen zu verantworten sind. Die Ideologie, nicht der Mensch, ist Sozialisten und Kommunisten höchstes Gut: Die Partei bzw. meine „Religion“, die ich mir zusammengebastelt habe, hat immer recht.

Nur noch ein Nebenbemerkung: Luther stellte sich als Kapitalist selbstverständlich auch immer auf die Seite derer, die wir heute die „Besserverdienenden“ nennen würden. Er schaffte damit die Grundlage dessen, was der Soziologe Max Weber in seiner Schrift der „Kapitalismus und die protestantische Ethik“ [203]festgestellt hat.

Weltkongresses, in: Deutsche und Juden. Frankfurt am Main 1967, S. 39. Typisch auch: Stereotypen und Wiederholungen des ganzen Wortschwalls, siehe: Cornelia Schmitz-Berning, Vokabular des Nationalsozialismus, Berlin 1998; Klassiker: Victor Klemperer, LTI – Lingua Tertii Imperii. Notizbuch eines Philologen. 15. Auflage. Leipzig 1996; Dolf Sternberger, Gerhard Storz, Wilhelm Emanuel Süskind, Aus dem Wörterbuch des Unmenschen, Frankfurt am Main 1989.

202 Uwe Siemon-Netto in: idea-spektrum Nr. 7/2014. Siemon-Netto ist Gründer eines Zentrums für Lutherische Theologie in den USA.

203 Max Weber, Die protestantische Ethik und der Geist des Kapitalismus, 1920.

Hier wurde analysiert, was seit vielen Jahrhunderten zum Problem geworden war. Die Geldkonkurrenz zwischen Protestanten und Juden. Wolfgang Wippermann weist in diesem Zusammenhang auf eine interessante Wortbedeutung hin. Wenn Juden seit alters her Ritualmorde unterstellt werden, so sollte man fragen, ob dies wirklich Mord oder „nur" Diebstahl gewesen ist, ob es nicht um Geldgier ging, denn in der hebräischen Sprache bedeutet „damim" sowohl Blut als auch Geld.[204] Von dieser Wendung ist es nicht weit bis zur Bedeutung des Juden als „Blutsauger".

---

[204] Wolfgang Wippermann, Agenten des Bösen. Verschwörungstheorien von Luther bis heute, Berlin 2007, S. 31.

Luthers Verhältnis zu den Türken

Einen anderen Bereich möchte ich erwähnen, um das Denken Luthers über Andersgläubige zu charakterisieren.

Die Mohammedaner hatten 1453 mit der Eroberung von Konstantinopel ihren größten Sieg errungen, hatten aber 40 Jahre später 1492 mit der Vertreibung von der iberischen Halbinsel ihre größte Niederlage einstecken müssen. Nun wandten sie sich in den kommenden Jahrzehnten immer mehr dem Norden Europas zu. Wenn man so will bis in unsere Tage. Sie eroberten Stück für Stück den Balkan, 1521 Eroberung Belgrads, besiegten 1526 die Magyaren, belagerten 1530 und 1683 Wien und setzten sich bis in unsere Tage auf dem Balkan fest.

Für die Muselmänner hatte Luther zunächst Verständnis, ohne aber den absoluten Wahrheitsanspruch der Katholiken zu leugnen. Angesichts der drohenden Gefahr durch die Türken, die in der damaligen Zeit als die Erbfeinde der Christen angesehen werden, ermahnt er seine Glaubensbrüder, in ihrer Gesinnung nicht nachzulassen. 1528 verfasst er die Schrift „Vom Kriege wider die Türken",[205] der 1530 „Die Heerpredigt wider den Türken"[206] und 1530 das „Büchlein von der Religion und den Sitten der Türken"[207] und 1541 „Versuchung zum Gebet wider die Türken"[208] folgen.

1529/30 sind die Türken vor Wien. Luther ruft zum Krieg gegen sie auf, vielleicht auch in der Hoffnung, vom Kaiser wegen seiner sektiererischen, kirchenspalterischen Ideen etwas in Ruhe gelassen zu werden. Er spricht sich für die restlose Vernichtung der Türken aus - wie später gegen Juden.[209] Er predigt wie gegen die Bauern: „Mit Freude sollen die Söldner die Faust regen und getrost drein-

---

[205] WA Schriften Bd. 30,II, S. 81-149.
[206] WA Schriften Bd. 30,II, S. 149-198.
[207] WA Schriften
[208] WA Schriften
[209] Schilling, S. 545.

schlagen, morden, rauben und Schaden tun, so viel sie immer vermögen".[210] „Ich fange an, vom Grunde meines Herzens gegen die Türken und den Mohammed zu entbrennen, weil ich in ihnen das unerträgliche Rasen des Satans sehe, der so übermütig gegen unsere Leiber und Seelen wütet".[211] Hurnieger = Hurenjäger ist die Bezeichnung Luthers für Mohammed.[212]

Wie die fundamentalistischen Paradiesvisionen islamischer Gotteskrieger heute, macht er den Soldaten des Kaisers Heilszusagen[213]: „Bleibst Du drüber tot, wohl dir, seligeren Tod kannst Du nimmermehr finden. Denn du stirbst im Gehorsam göttlichen Wortes und Befehls und im Dienst der Liebe, deinen Nächsten aus der Hölle und des Teufels Banden zu erretten."[214] Er hofft, dass „wir den Türken mit unseren Füßen niedertreten werden".[215] "Sei ein starker Sünder, aber umso stärker glaube und erfreue Dich in Christus." Mit diesem erlösenden Satz sollten Feldgeistliche auf dem Balkan jeden Morgen den Soldaten Trost zusprechen.[216] Für Luther sollen die Soldaten nicht als Christen, sondern als Diener und Untertanen des Kaisers kämpfen, weil sie weltlicher Obrigkeit Gehorsam schuldig sind. Ihm ist der weltliche Machtanspruch der Türken wie auch des Papstes ein Dorn im Auge. Doch sonderbarer Weise kommt auch in diesem Fall Luthers Doppelzüngigkeit oder Dialektik zum Vorschein.[217] Nicht Kaisers Armee, sondern nur Christus könne helfen. Das Wüten der Türken sei nämlich das letzte Zeichen dafür, dass wir leiden müssen.[218] Er sieht in den Tür-

210 Schilling, S. 547.
211 Schilling, S. 249.
212 Peter von der Osten-Sacken, Martin Luther und die Juden. Neu untersucht anhand von Anton Margarithas „Der gantz Jüdisch Glaub" 1530/31, Stuttgart 2002, S. 12.
213 So Schilling, 571.
214 WA Schriften Bd. 30, II, S. 180.
215 WA Schriften Bd. 43, S. 393.
216 Der lutherische Theologe und Journalist Dr. Uwe Siemon-Netto.
217 Netto, S. 47 meint: „Luthers Rede ist immer dialektisch... sie ist reich an relativierenden Faktoren".
218 WA Schriften Bd. 5, Nr. 1552.

ken Gottes „Rute“, um die Christen zu züchtigen, sie sind des Teufels Diener.[219] Weil die Christen sündigen, erleiden sie die Zuchtrute. „Daher werde ich dagegen beten und flehen... man könne nur mit Buße, Gebet dagegen fechten und sie verjagen. Beim Angriff auf den christlichen Glauben helfe nur Beten und Glauben, denn der Kaiser sei nicht Schutzherr des Glaubens.“
Vor dem Hintergrund der Türkenkriege schreibt er 1541 ein Kampflied, das wegen seiner zweiten Zeile „und steur des Papsts und Türcken Mord“ über Jahrhunderte der Lieblingssong der Protestanten gewesen ist.[220] Luther dichtet "Ein Kinderlied, zu singen wider die zween Ertzfeinde Christi und seiner heiligen Kirchen, den Bapst und Türcken". Die unschuldigen Kinder sollen es richten: „Sollte jemand den Türken etwas tun, so werdens die einfältigen Kinderchen tun, die beten das Vaterunser. Unser Wall und Büchsen und alle Fürsten, die werden den Türken wohl ungeschoren lassen“. „So sollt ihr auch… die Kinder ernstlich beten lassen“... dass die Nachkommen… „sicher vor dem Teufel Mahomets bleiben mögen“.[221] In den ältesten Drucken folgte dem Lied die Gebetsvermahnung „Liebe Christenkinder, singet und betet getrost wider die zwei rechten und größten Erbfeinde Christi und seiner Glieder, dass doch Gott der barmherzige Vater um Christus willen seiner heiligen Kirche warten soll, wie wir es wohl verdienen, dass eine väterliche Strafe sei. Tut hierin das Beste, denn leider der alten Leute wenig sind, die sich mit Ernst darum bekümmern. Wachset in der Gnade und Erkenntnis unseres Herren und Heilandes Jesu Christi. Das könnte aber etwas tun, so man, es wäre unter der Messe, Vesper oder nach der Predigt die Litanei sonderlich das junge Volk singen oder lesen ließe, und ein jeglicher… bei sich selbst immerdar… seufzet zu Christo um Gnade zum besseren Leben und Hilfe wider die Türken“.[222]

---

219 Schilling, S. 549.
220 Diese Zeile ist inzwischen aufgegeben worden
221 Luther, Tischreden, zitiert nach Schlißke, S. 130.
222 Schlißke, S. 128.

Ein Kinder ledt
Martinus Luther
Christian Adolfsches Gesangbuch
Magdeburg 1543

Bewys dyne macht Here Ihesu Christ,
de du Here aller Heren bist
Bescherme dyne arme Christenheit,
dat se dy laue yn ewicheit.

Erhol uns Here by dunem Wordt,
unde stüre des Pawest und Türcken mordt
De Ihesum Christum dynen Son
Störtzen wollen van dynem thron.

God hilge Geist du tröster werth,
giff dym Volck einen sinn up Erd,
sthe by uns yn der lesten nodt,
geled uns ynt leeuent yth dem Dodt.

Vorlene und frede gnedichlick
Here Godt tho unsen tyden,
dar ist doch yo nen ander nicht,
de vor un könde stryden
Ane du unse Godt allene.

Evangelisches Gesangbuch

Erhalt uns, Herr, bei deinem Wort
und steure deiner Feinde Mord,
die Jesus Christus, deinen Sohn,
wollen stürzen von deinem Thron

Beweis dein Macht, Herr Jesu Christ,
der du Herr aller Herren bist
beschirm dein arme Christenheit,
dass sie dich lob in Ewigkeit.

Gott Heilger Geist, du Tröster wert,
gib deim Volk einerlei Sinn auf Erd,
steh bei uns in der letzten Not,
g'leit uns ins Leben aus dem Tod.

1586 erschien an der Katholischen Universität Ingolstadt eine gegen Luther und die Türken gerichtete Umdichtung.

Gesang wider des Erzketzers Lutheri Lügengeschrei

Erhalt uns, Herr, bei deinem Wort,
den Ketzern wehr, die Türken mord,
die Christum und die Kirchen schon
wollen stürzen von ihrem Thron.

Beweis dein Macht, Herr Jesu Christ,
dass du Herr aller Herren bist
beschirm dein arme Christenheit
dass sie dich lob in Ewigkeit.

Gott heiliger Geist, du Tröster wert,
erhalt dein Kirch in Fried auf Erd,
steh ihr bei, wann der Ketzer Rott

Parodiert wurde es u.a. auch mit Versen wie
„Erhalt uns, Herr, bei deiner Wurst, sechs Maß, die löschen einen den Durst.“

Soweit zur Person Luthers und zu Teilen seines Denkens, das sich in seinen vielen schriftlichen Zeugnissen niederschlägt, die aber kaum bekannt sind und selten zitiert werden, berühren sie doch ein Tabu unserer Gesellschaft, besonders aber der protestantischen 'Kirche'.
Bevor nun Luthers Haltung zu den Juden beschrieben wird, soll an einige Grundzüge der deutschen Geschichte erinnert werden. Uwe Siemon-Netto fragt „Luther als Wegbereiter Hitlers? Zur Geschichte eines Vorurteils" und fordert auf, es sei an der Zeit, „Martin Luther neu zu entdecken".[223]

Wir wissen, dass im Zweiten Weltkrieg die alliierte Kriegspropaganda eine Traditionslinie von Luther über Friedrich den Großen zu Hitler zog und damit eine Kontinuität im Ablauf unserer deutschen Geschichte unterstellte.[224] Das sei auf die kategorische Ablehnung demokratischer und parlamentarischer Bewegungen und Ideen durch die preußisch-protestantische Führung zurückzuführen, die ihren Machtbereich innerhalb des deutschen Raumes auszudehnen versuchte, was die gesamtdeutsche Entwicklung seit 1814/1815 geprägt hat.[225] Im konfessionellen Bereich ist das Prinzip der Subsidiarität/Föderalismus ein katholisches Prinzip, während der Zentralismus eher im protestantischen Bereich zuhause ist. Weshalb auch Preußen konsequenterweise nach der Zerschlagung des Deutschen Bundes durch die Vorherrschaft Preußens die traditionelle föderale Struktur des Deutschen Reiches zerstört hatte. Nach der katholischen Staatsauffassung soll der Staat nur dann tätig werden, wenn andere Institutionen dies nicht können. Dagegen steht die andere - sozialistische - Sicht, dass der Staat für das

---

[223] Uwe Siemon-Netto, Luther als Wegbereiter Hitlers? Zur Geschichte eines Vorurteils, Gütersloh 1993, S.64. Siehe auch die entsprechenden Kapitel in: Johann Baptist Müller (Hg.), Luther und die Deutschen. Texte zur Geschichte und Wirkung, Stuttgart, 1983, S. 195-205.
[224] Obermann, Zwei Reformationen, S. 127.
[225] Siehe dazu sehr ausführlich Helga Grebing, Der deutsche „Sonderweg" in Europa 1806-1945. Eine Kritik, Stuttgart 1986.

ganze Wohl und Wehe des Bürgers zuständig sein sollte. Der Staat wird deshalb verherrlicht, alles wird vom Staat eingefordert. Der zentralistische Staat ist der rundum Fürsorgestaat, der betreuen muss, den Menschen entmündigen muss - so heute. Nur konsequent war es deshalb, dass die preußisch-protestantische DDR das Subsidiaritätsprinzip nicht anerkannt und gleich zu Beginn seines Bestehens alle föderalen Strukturen abgeschafft hatte. Beide Staaten führen Luthers Freiheit eines Christenmenschen ad absurdum. Und die E'K'D verrät immer weiter Luthers Ideen. Um des Geldes Willen?
Für Martin Luther stand der Glaube an die Allmacht des Staates im Vordergrund seiner politischen Überzeugungen. Die Obrigkeit musste die Rahmenbedingungen für die Wirkung von seiner „Religion" bereitstellen. Deshalb war der Staat nach Luther aufgefordert, z.B. die Juden, wenn sie sich nicht zum Christentum bekehren wollten, zu vertreiben oder zu vernichten.[226] Die Obrigkeit musste Luthers willige Vollstrecker werden. Nach der heutigen Terminologie wurden aus den Glaubensfeinden zugleich politische Feinde. Deshalb muss die Frage mit besonderer Dringlichkeit gestellt werden: Wie war das Verhältnis Luthers zu den Juden?

[226] Schilling, S. 550.

Luthers Ansichten über Juden

Mitteldeutschland war ein ausgeprägtes Vertreibungsgebiet, es war „judenfrei".[227] In Wittenberg waren Juden 1551 nur noch in dem Relief der „Judensau", an der Wittenberger Stadtkirche gegenwärtig

die seit 1304 die steingewordene Verhöhnung der Juden darstellt. Luther äußerte sich so darüber: „Es ist hier zu Wittenberg an unser Pfarrkirchen eine Sau in Stein gehauen; da liegen junge Ferkel und

[227] Schilling, S. 551.

Juden unter, die saugen; hinter der Sau steht ein Rabbin, der hebt der Sau das rechte Bein hoch, und mit seiner linken Hand zieht er das Hinterteil über sich, bückt und guckt mit großem Fleiß der Sau in das Hinterteil in den Talmud hinein, als wollt er etwas Scharfs und Sonderliches lesen und ersehen".[228] In seiner unnachahmlichen sächsischen Sprache meinte Luther, dass den Juden recht geschehe, da sie Gott verworfen hätten und dafür dem „Teufel (Sau) ins schwarze finster Lügenloch kucken mussten und seinen Gestank anbeten".[229]

In seinen wichtigsten reformatorischen Schriften „An den Christlichen Adel Deutscher Nation",[230] „Von der babylonischen Gefangenschaft der 'Kirche'",[231] „Von der Freiheit eines Christenmenschen"[232] und im „Thesenanschlag"[233] erwähnte Luther die Juden nicht. In seiner Psalmenvorlesung machte er sie für den Mord an Jesus verantwortlich.

Zunächst geht Luther mit den Juden freundlich um: „Ich hoffe, wenn man mit den Juden freundlich handelt und aus der Heiligen Schrift sie säuberlich unterweiset es sollten ihr viele rechte Christen werden."[234]

Wenn man sich mit Luther nicht weiter beschäftigt, entsteht ein falsches Bild wie es z.B. der renommierte Lutherforscher Kaufmann über Luthers Verhältnis zu den Juden sicher unbeabsichtigt vermittelt: „In Bezug auf die konkreten judenpolitischen Optionen Luthers ist … eine Entwicklung von der befristeten Duldung bis

---

[228] WA Schriften Bd. 53, Vom Schem Hamphoras und dem Geschlecht Christi. S. 600. Siehe Dieterich, S. 184. Im Mittelalter ist die „Judensau" ein Bildmotiv an etwa 30 Kirchen im In- und Ausland. Sollte Juden verhöhnen, da bei ihnen das Schwein als unrein gilt. Soll Juden ausgrenzen. Motiv auch auf Flugschriften zu finden. Hier Abbildung aus dem Jahr 1596.

[229] WA Schriften Bd. 53, S. 513.

[230] Martin Luther, Von christlicher Freiheit. Schriften zur Reformation. Mit einer einführendem Essay von Eberhard Stammler, Zürich 1990, 277-369.

[231] Martin Luther, Von christlicher Freiheit, S. 369-511.

[232] Martin Luther, Von christlicher Freiheit, S. 527-609.

[233] Martin Luther, Von christlicher Freiheit, S. 53-65.

[234] Schilling, S. 432.

hin zur traditionellen Austreibung unübersehbar".[235] Sonst nichts. Immerhin aber wesentlich mehr als was in unseren derzeitigen Schulbüchern und Lehrplänen steht. Kaufmanns Buch ist in der sehr populären Reihe „Wissen" erschienen, die besonders von Schülern und Studierenden gerne gekauft wird. Warum vergisst Kaufmann in diesem 2006 erschienen Büchlein, Luthers erbarmungslosen Hass auf die Juden zu erwähnen? Darf aufgrund unserer Geschichte dieses Thema nicht diskutiert werden? Acht Jahre später legt er mit „Luthers Juden" ein Buch vor, das für die nächsten Jahrzehnte das führende Standardwerk bleiben wird! In welchem protestantischen Pfarramt steht diese Buch und die Schrift „Von den Juden und ihren Lügen"?

Spannend ist die Arbeit von Nicole Laharpe, die Luthers Tischreden untersucht hat, und meint, dass sich die Frage darauf zu konzentrieren hätte, ob Luther judenfreundlich oder antijüdisch, judenfeindlich oder gar antisemitisch gewesen war. In seinen Tischreden übernehme er die Vorwürfe gegen die Juden wie Wucher, Gotteslästerung,[236] Feindschaft gegenüber den Christen. Er nähme Maria gegen die Lästerung durch die Juden in Schutz.[237]Aber auch Mitleid wird sichtbar. Laharpe: Luthers Verhältnis zu den Juden in den Jahren seiner furchtbaren Judenschriften schwankt zwischen erbarmungsloser Härte und erbarmungsvoller Sympathie.[238] Auch hier wieder die lutherische Dialektik. Luther kann für beide Wertungen herangezogen werden. Judenfreund und Judenhasser.

In der Schrift „das Jesus ein geborener Jude sei" aus dem Jahr 1520 beharrte Luther darauf, dass sich die Juden bekehren lassen müssten.[239] Mit welchem Recht konnte Luther verlangen, dass die Juden ihren Glauben aufgeben müssen?

---

[235] Kaufmann, S. 112. (Luther)

[236] Luther wusste sehr genau, dass auf Gotteslästerung nach biblischer Tradition die Todesstrafe stand. Dazu Thomas Kaufmann, S. 131, Anm. 175.

[237] Nicole Laharpe, in: Rolf Decot/Matthieu Arnold, Christen und Juden im Reformationszeitalter, Mainz 2006, S.1-14.

[238] Nicole Laharpe, in: Decot, S.14.

[239] Wippermann, S. 25.

Er war zunächst freundlich zu den Juden, da er hoffte, er könnte sie zum christlichen Glauben bekehren. Doch verzweifelte er an manchen Christen, da sie keine richtig guten Christen als Vorbild für die Juden wären. Nur von ihm, Luther, könnten sie richtige Christen werden und nicht von „unseren Narren, die Päpste, Bischof, Sophisten und Mönche, die groben Eselsköpfe... Und wenn ich ein Jude gewesen wäre, und hätte solche Tölpel gesehen die den Christenglauben regieren und lehren, so wäre ich eher eine Sau geworden denn ein Christ".[240] Er erhoffte sich bei den Juden Zustimmung zu seinen theologischen Ansichten. Er lehnte aber theologische Auseinandersetzungen mit ihnen ab, da er darin dem Teufel ein Schlupfloch zubilligen würde, die evangelische Erneuerung des Christentums zu hintertreiben oder gar gute Christen zum Judentum zu verführen.[241] Er lebte in der Begeisterung, in dem Ehrgeiz und in der Hoffnung, nachdem seine Reformation siegreich war, dass sich künftig viele Juden „ernsthaft und getreulich bekehrten."[242] Jüdisches Selbstbewusstsein, jüdische Tradition ließen die Juden nicht auf seine Wünsche eingehen. Gekränkt beschuldigte er sie, ein halststarriges, ungläubiges, verabscheuungswürdiges, verdorbenes, stolzes, Volk zu sein.[243] Fortan nannte er sie „Teufelsbrut, gottloses Geschmeiß".[244] Konsequent wollte er sie vom Platz jagen und vernichten.

Einige von Luthers Meinungen über die Juden sollen unkommentiert aufgeführt werden. Ich möchte sie nicht relativieren, interpretieren. Ich weiß auch, dass die Apologeten immer den Spruch zur Hand haben „... aus dem Zusammenhang gerissen". Es muss möglich sein, einige Passagen von Luthers Aussagen über die Juden unzensiert und zerstückelt zu lesen.

„Tolle lege" soll einmal Augustinus gehört haben. Am berühmtes-

---

[240] Zitiert nach Fabian Vogt, Geheimakte Luther, Moers, 2014, S. 67.

[241] Schilling, 564.

[242] WA Briefe 3 d.102.

[243] Schilling, S. 433.

[244] Schilling, S. 565.

ten ist die Schilderung am Ende des achten Buches (Conf. VIII 12,29) der Confessiones: „Als ich in tiefschürfender Betrachtung mein ganzes Elend aus seinem geheimen Grunde hervorzog und vor die Augen meines Geistes stellte, da erhob sich ein gewaltiger Sturm, der einen ungeheuren Tränenregen mit sich führte.... Ich aber warf mich, ohne zu wissen wie, unter einem Feigenbaume auf den Boden und ließ meinen Tränen freien Lauf.. Und siehe, ich hört da aus dem benachbarten Hause die Stimme eines Knaben oder eines Mädchens in singendem Tone sagen und öfters wiederholen: "Nimm und lies, nimm und lies." Sogleich veränderte sich mein Gesichtsausdruck ... ich konnte mir doch keine andere Erklärung geben, als dass eine göttliche Stimme mir befehle, die Schrift zu öffnen und das erste Kapitel, auf das ich gestoßen, zu lesen. Ich griff nach ihnen, öffnete sie und las für mich: ‚Nicht in Schmausereien und Trinkgelagen, nicht in Schlafkammern und Unzucht, nicht in Zank und Neid; sondern ziehet den Herrn Jesum Christum an und pfleget nicht des Fleisches in seinen Lastern... bei dem Schlusse dieses Satzes strömte das Licht der Sicherheit in mein Herz ein, und alle Zweifel der Finsternis verschwanden...“.[245] Luther dagegen tat genau das Gegenteil, da ihn die irdischen Freuden eher zusprachen als tiefgehende Betrachtungen über die christlichen Überlieferungen. Seine Skrupel übertönte er mit: „Jetzt erst recht!“ verrannte sich immer mehr, so dass er es nicht mehr wagte, vernünftig zu walten. So erhob er seinen grenzenlosen Narzismus und die nur schwer zu ertragende Selbstüberschätzung zur Grundlage seiner Umsturzlehre.

„Nimm und lies“ sollte endlich heute auch für jede einzelne Luheranerin, jeden einzelnen Lutheraner gelten. Luther meinte, der Christ lebt unmittelbar zu Gott. Warum liest, schreibt aber die protestantische ‘Kirche’ ihren Gläubigen vor? Warum war es der

[245] Otto F. Lachmann: Die Bekenntnisse des heiligen Augustinus Nachdruck Köln 1960

E'K'D nicht möglich, z.B. Luthers Schrift „Von den Juden und ihren Lügen" in einer wohlfeilen kommentierten Ausgabe, in unsere Sprache übersetzt, zum Jubiläum der Reformation unter die Leute zu bringen? Hatte sie Angst, wegen Volksverhetzung bestraft zu werden? Hätten protestantische Deutsche auch so sehr dem Antisemitismus angehangen, wenn sie den wahren Original-Luther gekannt hätten? Seit 1926 gab es Adolf Hitlers „Mein Kampf" zu lesen. Die Salafisten streuen Mohammeds Koran. Alle großen Entschuldiger dieser drei Personen haben selbstverständlich Argumente zur Hand, dass das menschenverachtend Schreckliche in diesen Programmschriften so nicht gemeint war.

Also nun einige Stellen aus Luthers Schriften über die Juden:
„Wie es unmöglich ist, dass die Schlange ihr Stechen lässt, so wenig lässt der Jüde von seinem Sinn, Christen umzubringen, wo er nur kann".[246] „Denn es gibt viele Schwätzer, Ungehorsame und Schwindler... die aus dem Judentum kommen. Diese Menschen muss man zum Schweigen bringen... es sind abscheuliche und unbelehrbare Menschen, die zu nichts Gutem taugen".[247] „Unsern Oberherrn, die Juden unter sich haben, wünsche ich und bitte, dass sie eine scharfe Barmherzigkeit gegen diese elenden Leute üben wollten, obs doch etwas, wiewohl es misslich ist, helfen wollte, wie die treuen Ärzte tun: wenn das heilige Feuer in die Knochen gekommen ist, fahren sie mit Unbarmherzigkeit zu und schneiden, sägen, brennen Fleisch, Adern, Knochen und Mark ab. Also tue man hier auch. Verbrenne ihre Synagogen, verbiete alles, was ich droben erzählt habe, zwinge sie zur Arbeit. Sie wissen wahrlich nicht, was sie tun, wollens dazu wie die besessenen Leute nicht wissen, hören, noch lernen. Darum kann man hier keine Barmherzigkeit üben, sie in ihrem Wesen zu stärken. Will das nicht helfen, so müssen wir sie wie die tollen Hunde ausjagen, damit wir nicht, ihrer gräulichen Lästerung und aller Laster teilhaftig, mit ihnen Gottes Zorn verdienen und verdammt werden. Ich habe das Meine

---

[246] WA TR, S. 375.
[247] Paulusbrief an Titus 1, Verse 10-16.

getan; ein jeglicher sehe, wie er das Seine tue. Ich bin ohne Schuld."[248] „Gott im Himmel und alle Engel müssen lachen und tanzen, wenn sie einen Juden hören einen Furz lassen".[249] „Die Juden sind ein solch verzweifeltes, durchböstes, durchgiftetes Ding, dass sie 1400 Jahre unsere Plage, Pestilenz und alles Unglück gewesen sind und noch sind. Summa, wir haben rechte Teufel an ihnen...; Man sollte ihre Synagogen und Schulen mit Feuer anstecken, ... unserem Herrn und der Christenheit zu Ehren, damit Gott sehe, dass wir Christen seien (...) ihre Häuser desgleichen zerbrechen und zerstören".[250] „Darum wisse Du, lieber Christ, und Zweifel nichts dran, dass Du, nähest nach dem Teufel, keinen bittern, giftigern, heftigern Feind habest, denn einen rechten Juden, der mit Ernst ein Jude sein will."[251] „Wenn ein Dieb zehn Gülden stiehlet, so muss er henken; raubet er auf der Straßen, so ist der Kopf verloren. Aber ein Jüde, wenn er zehn Tunne Goldes stiehlet und raubet durch seinen Wucher, so ist er lieber denn Gott selbst".[252]

Enttäuscht, weil sie seinen Erwartungen nicht entsprachen, wandte er sich an die Obrigkeiten, die Juden zu vertreiben. Der sächsische Kurfürst bezieht sich bei seinem 1536 ausgesprochen Verbot gegen die Juden „auf den ehrwürdigen und hochgelehrten Unseren lieben andächtigen Martinus Luther der Heiligen Schrift Doctor".[253]

Luther spricht über Juden, selten mit Juden.[254] Merkwürdig, und auf dieses Phänomen macht Kaufmann aufmerksam, dass „Juden in seiner Lebenswelt beinahe völlig fehlten, sie aber in seiner

248 WA Bd. 53, S. 541-542.
249 WA Bd. 53, S. 515.
250 WA Bd. 53, S. 244.
251 Luther, Handbuch der Judenfrage, S. 233-238.
252 WA Bd. 53, S. 244.
253 Schilling, S. 561.
254 Kaufmann: „Nur wenige persönliche Kontakte zwischen Luther und Juden lassen sich zweifelsfrei rekonstruieren." S. 33; siehe auch S. 47. (Juden).

Textwelt allgegenwärtig“[255] sind. Modern ausgedrückt, er hätte wegen Stalking belangt werden müssen. Ein weiteres Zeichen von Luthers psychischer kranker Bessessenheit. Er hielt Kontakt nur zu einem getauften Juden, zu dem ehemaligen Rabbi Jacob Gipher, Professor für hebräische Sprache. Er war ihm nützlich bei seiner Bibelübersetzung. Luther war Taufpate seines Kindes. Dieser Kontakt blieb eine Ausnahme, denn Luther war zu Juden immer misstrauisch.[256] In der Arbeit des Josel von Rosheim, dem damaligen Leiter der deutschen Juden, sah er eine Bedrohung seines reformatorischen Auftrages.

Woher kommt nun Luthers Hass auf die Juden? Schilling meint, erst durch die Beschäftigung mit den Schriften des jüdischen Konvertiten Antonius Margarithas. Dessen Verdammungen der Juden, seine Vorurteile, die weite Verbreitung gefunden haben, „wurden von Luther übernommen“.[257]

So meint Luther: „Oft habe ich mit vielen Juden gesprochen, niemals aber einen Tropfen Frömmigkeit, ein Körnchen Wahrheit oder Geisteskraft bei ihnen wahrgenommen. Ja ich habe sogar nichts an gesundem Menschenverstand jemals bei irgendeinem Juden entdeckt.“[258] Er wolle mit keinem Juden mehr zu tun haben.[259] „Juden sind eine böses, verdrießlich, Gottes lästerlich Volk, das glaubt, was die Kuh oder Gans glauben. Ihnen das Evangelium zu predigen sei so als wenn man für eine Sau das Evangelium predige.[260]

Luther schwelgt Juden gegenüber in vulgären und schmutzigen Ausdrücken[261]. Dies sei dem Zeitgeist geschuldet, sagt die Literatur, entspräche aber Luthers Charakter.[262]

---

[255] Kaufmann, S.17. (Juden)
[256] Schilling, S. 556.
[257] Schilling, S. 565.
[258] Kaufmann, Luthers Judenschriften, S. 175.
[259] WA Bd. 53, S. 462.
[260] WA Bd.53. S. 503. Siehe auch S. 44, 447, 482, 505, 552.
[261] Reiter, Martin Luthers Umwelt, Bd. 2, S. 210.
[262] Achim Demers, in: Decot, S. 41.

Seine freundliche Aufforderung an die Juden in den zwanziger Jahren, sich zu bekehren, wurde von diesen nicht befolgt. Sie hätten sogar die Frechheit gehabt die Jungfrau Maria als Hure und Jesus als Hurenkind zu verspotten.[263]

Er beschuldigt die Juden: „Jawohl, sie halten uns Christen in unserm eigenen Lande gefangen, sie lassen uns arbeiten im Nasenschweiß, Geld und Gut gewinnen, während sie derweil hinter dem Ofen sitzen, faulenzen und Birnen braten, saufen, leben sanft und wohl von unserm erarbeiteten Gut, haben uns und unsere Güter gefangen durch ihren verfluchten Wucher, spotten dazu und speien uns an, dass wir arbeiten und sie faule Junker sein lassen von dem Unsern und in dem Unsern, sind also unsre Herren, wir ihre Knechte mit unserm eignen Gut, Schweiß und Arbeit, fluchen danach unserm Herrn und uns zu Lohn und Dank. Sollte der Teufel hier nicht lachen und tanzen, wenn er solch fein Paradies bei uns Christen haben kann, dass er durch die Juden, seine Heiligen, das Unsre frisst und uns zum Lohne Maul und Nase voll tut, spottet und flucht Gott und den Menschen dazu." [264]

Wichtig ist, dass er sie mit Zigeunern verglich, die vogelfrei waren, d.h. jedermann konnte sie töten, ohne belangt zu werden. In seiner Schrift „Schem Hamphoras und vom Geschlecht Christi" begründet er die Vernichtung der Juden mit der „Verschwörung der teuflischen Juden". Angesprochen wurden die Fürsten, die wie in Frankreich, Spanien und England getan haben: „Drumm immer weg mit ihnen".[265]

Luther hat versucht, die Juden zu bekehren und wurde ständig frustrierter zu sehen, dass alle seine Bemühungen scheinbar umsonst waren. „So ist es auch unsere Schuld, dass wir das große unschuldige Blut, so sie an unserem Herrn und den Christen bei dreihundert Jahren nach Zerstörung Jerusalem und bis daher an Kindern vergossen nicht rächen, sie nicht totschlagen, sondern wir

[263] WA Bd. 53, S. 514.
[264] WA Bd. 53. S. 514.
[265] WA Bd. 53, Schem Hamphoros und vom Geschlecht Christi. S. 613.

trotz all ihrem Morden fluchen stehlen, lästern, lügen schänden frei bei uns sitzen lassen ihre Schule, Häuser, Leib und Gut schützen und schirmen, damit wir sie faul und sicher machen und helfen dass sie getrost unser Geld und gut aussaugen..."[266]
„Juden sind Gotteslästerer, da sie die Dreifaltigkeit leugneten. Sie müssten das zurückzahlen, was sie uns abgewuchert. Juden sind schmarotzende Nichtsnutze: Sie leben bei uns zu Hause, unter unserem Schirm und Schutz, brauchen Land und Straßen, Markt und Gassen, obwohl sie aus Kasten nehmen, stehlen und rauben. Juden würden nicht arbeiten, haben gute faule Tage, aber dafür müssten die verfluchten Christen arbeiten. „Juden würden sich freuen, denn sie kriegen unser Geld, damit sind sie unsere Herren, wir aber ihre Knechte".[267] „Die Juden hatten bald an dem Kirchenspalter einen fast schlimmeren Feind als an den Päpsten",[268] urteilt Graetz.
Dieses „asoziale" Verhalten der Juden führt nach Luther dazu, dass das Heil der Gesellschaft und jedes Einzelnen auf dem Spiel steht. Deshalb müssten gegen die Juden Maßnahmen ergriffen werden. Wichtig für uns heute sollte diese Schrift „Von den Juden und ihren Lügen" sein, die dem eingangs zitierten Julius Streicher und dem Philosophen Carl Jaspers als Anleitung für Hitler galt, Juden in Deutschland und Europa zu misshandeln und zu töten.
Dieterich wertet: „Luthers Werk ist eine verheerende, antijüdische Hetzschrift".[269]

266 WA Bd. 53, S. 522.
267 WA Bd. 53, S. 584.
268 Graetz, S. 301.
269 Dieterich, S. 185; Abbildung: Titelseite des Heftes American Atheist Press, 1945

„Wer in Österreich Adolf Hitler öffentlich für den Massenmord an Juden lobt, der wird nicht bestraft – wenn er Moslem ist. … Ein österreichisches Gericht hatte 2015 in Linz entschieden, dass das ‚Lob an Hitler' für den Judenmord' eine legitime Israelkritik darstelle. Der Täter, der Türke Ibrahim T., war angezeigt worden, weil er bei *Facebook* Hitler für den Holocaust gelobt hatte und Allah anflehte, alle Juden zu vernichten. Das alles, so urteilten die Richter … seien für einen türkischen Mitbürger ‚legitime Meinungsäußerungen…".[270] 49 Muslime riefen 2014 „Juden ab ins Gas". Bei 45 wurde das Ermittlungsverfahren eingestellt.[271] Wie würde Mar-

270 Udo Ulfkotte, Mekka Deutschland. Die stille Islamisierung, Rottenburg 2015, S. 61

271 Ebenda.

tin Luther heute handeln?

Ich zitiere aus der etwa 130 Seiten umfassenden 1543 erschienenen Schrift:[272]

„Von den Juden und ihren Lügen“.

Von den Jüden und jren Lügen.

D. M. Luth.

Gedrückt zu Wittemberg / Durch Hans Lufft.

M. D. XLIII.

Was wollen wir Christen nun mit diesem verworfenen, verdammten Volk der Juden tun? Für uns ist es nicht zu ertragen, seitdem sie bei uns sind und wir solch Lügen, Lästern und Fluchen von ihnen wissen. ... So können wir die Juden nicht bekehren. Sie haben die Rache am Halse, tausendmal ärger als wir ihnen wünschen mögen.
Ich will meinen treuen Rat geben.[273]

---

[272] WA Bd. 53, S. 412-552.

[273] WA Bd. 53, S. 522. Zitate, die nicht eigens belegt sind, wurden dieser Schrift entnommen.

***Erstlich**, dass man ihre Synagogen oder Schulen mit Feuer anstecke und, was nicht verbrennen will, mit Erde überhäufe und beschütte, dass kein Mensch einen Stein oder Schlacke sehe ewiglich. Und solches soll man tun unserm Herrn und der Christenheit zu Ehren, damit Gott sehe, dass wir Christen seien und solch öffentlich Lügen, Fluchen und Lästern seines Sohnes und seiner Christen wissentlich nicht geduldet noch gewilligt haben. Denn was wir bisher aus Unwissenheit geduldet haben, wird uns Gott verzeihen... Moses schreibt, dass, wenn eine Stadt Abgötterei triebe, man sie mit Feuer ganz zerstören und nichts davon übriglassen sollte. Und wenn er jetzt lebte, so würde er der erste sein, der die Judenschulen und -häuser ansteckte. Denn er hat gar hart geboten, sie sollen nichts zu- noch abtun von seinem Gesetze, und es sei Abgötterei, Gott nicht zu gehorchen. Nun ist der Juden Lehre jetzt nichts andres als eitel Zusätze der Rabbiner und Abgötterei des Ungehorsams, gleichwie bei uns unter dem Papsttum die Bibel unbekannt geworden ist.* [274]

***Zum anderen**, dass man auch ihre Häuser desgleichen zerbreche und zerstöre, denn sie treiben eben dasselbe darin, das sie in ihren Schulen treiben. Dafür mag man sie etwa unter ein Dach oder Stall tun wie die Zigeuner, auf dass sie wissen, sie seien nicht Herren in unserm Lande, wie sie rühmen, sondern im Elend und gefangen, wie sie ohne Unterlass vor Gott über uns Zeter schreien und klagen.* [275]

***Zum dritten**, dass man ihnen abnehme alle Betbüchlein und Talmudisten, darin solche Abgötterei, Lügen, Fluch und Lästerung gelehrt wird.*[276]

***Zum vierten**, dass man ihren Rabbinen bei Leib und Leben verbiete, hinfort zu lehren, denn solches Amt haben sie mit allem Recht verloren, weil sie die armen Juden gefangen halten und ihnen solches Gift, Fluch und Lästerung eingießen. Gleich wie uns der*

[274] WA Bd. 53, S. 523.
[275] WA Bd. 53, S. 523.
[276] WA Bd. 53, S. 523.

Papst mit dem Spruch Du bist Petrus etc. gefangen hielt, dass wir alles mussten glauben, was er uns vorlog und trog aus seinem Teufelskopf und nicht nach Gottes Wort uns lehre, darüber er das Amt zu lehren verloren hat.[277]

***Zum fünften**, dass man den Juden das Geleit und Straße ganz und gar aufhebe, denn sie haben nichts auf dem Lande zu schaffen, weil sie nicht Herrn noch Amtleute noch Händler noch desgleichen sind: Sie sollen daheim bleiben. Ich lasse mir sagen, es solle ein reicher Jude jetzt auf dem Land mit zwölf Pferden reiten und wuchert Fürsten, Herren, Land und Leute aus. Wenn ihr Fürsten und Herrn solchen Wucherern nicht die Straße ordentlicherweise verlegen werdet, so möchte sich etwa eine Reiterei wider sie sammeln, weil sie aus diesem Büchlein lernen werden, was die Juden sind und wie man mit ihnen umgehen und ihr Wesen nicht schützen solle.*[278]

***Zum sechsten,** dass man ihnen den Wucher verbiete und ihnen alle Barschaft und Kleinod an Silber und Gold nehme und zur Verwahrung beiseite lege. Und dies ist die Ursache: Alles, was sie haben, haben sie uns gestohlen und geraubt durch ihren Wucher.*

Wenn ein Jude sich ernstlich bekehrte, sollte man ihm Geld geben, damit er eine Nahrung für sein arm Weib und Kindlein kaufen könne und die Alten und Gebrechlichen damit unterhalte.[279]

Da sie aber rühmen, Mose habe ihnen erlaubt oder geboten zu wuchern. Darauf ist also zu antworten. Es sind zweierlei Juden oder Israel. Die ersten sind, so Mose aus Egypten ins Land Canaan geführt, wie ihm Gott befohlen hatte. Denselben gab er Gesetze, das sie sollten in dem selbigen Lande halten. Nicht weiter. Und das alles bis Messia käme. Die anderen Juden sind des Kaisers Juden, nicht Moses Juden. Die haben angefangen zur Zeit Pilatus des Landpflegers im Land Juda. Denn da er sie fragt vor seinem Richtstuhl: Was soll ich machen mit Jesu, den man Messia

---

[277] WA Bd.53, S. 523/524.
[278] WA Bd. 53, S. 524.
[279] WA Bd. 53, S. 524.

heißt?. Da schrien sie: Kreuzige ihn, kreuzige in. Er aber sprach: Soll ich euren König kreuzige? Sie schrien wiederum: Wir haben keinen König, denn den Kaiser. Solch untergeben dem Kaiser hatte ihnen Gott nicht geboten. Täten es von sich selber. Als nun der Kaiser schuldigen Gehorsam forderte, sträubten sie sich und setzten sich wider ihn, wollen nun nicht kaiserisch sein. Da kam er und und suchte heim seine Untertanen und holte sie zu Jerusalem, zerstreuet sie durch sein ganzes Reich, dass sie mussten gehorsam sein. Von denen sind die jetzigen der Rest der Juden, von welchen Moses nichts weiß, sie selbst von ihm auch nichts, denn sie kein Vers im Mose halten. Wollen sie nun Moses Gesetz genießen, so müssen sie zuvor wieder ins Land Canaan kommen und Moses Juden werden, sein gebot halten. Da mögen sie als denn wuchern, wie viel es die Fremden in fremden Landen unter dem Kaiser, sollen sie des Kaisers Recht halten und nicht wuchern bis sie Mose gehorsam werden. Denn Mose Gesetz ist noch nie ein Schritt weit außer dem Lande Canaan oder aus dem Volk Israel kommen. Denn er nicht zu den Egyptern, Babylonern oder irgend einem anderen Volk mit seinem Gesetz gesand ist, ohne allein zu dem Volk, das er aus Egypten ins Land Canaan bracht, wie er solchs im deutero oft selbst anführt. Sie sollen solche Gebote halten in dem Lande, das sie über dem Jordan einnehmen würden.

Zu dem, weil Priestertum, Gottesdienst, Fürstentum davon am meisten und fast alles Mose gebeut gefallen ist nun über 1400 Jahr. So ists gewiss, dass sein Gesetz dazu mal ausgewest, auch gefallen und ein Ende genommen hat. Darum soll man diesen Kaiserischen Juden Kaisers recht lassen widerfahren und nicht gestatten, dass sie Mosische Juden sein wollen, welcher nun über 1400 Jahr keiner mehr gewillt ist.[280]

***Zum siebenten**, dass man den jungen starken Juden und Jüdinnen in die Hand gebe Flegel, Axt, Karst, Spaten, Rocken, Spindel und lasse sie ihr Brot verdienen im Schweiß der Nase wie Adams Kindern auferlegt ist. Denn es taugt nicht, dass sie uns verfluchte Go-*

[280] WA Bd. 53, S. 524/525.

jim im Schweiß unseres Angesichts wollten arbeiten lassen, und sie, die heiligen Leute, wolltens hinter dem Ofen mit faulen Tagen und Festen und Prunken verzehren und darauf lästerlich rühmen, dass sie der Christen Herrn wären von unserm Schweiß, sondern man müsste ihnen das faule Schelmenbein aus dem Rücken vertreiben.
Besorgen wir uns aber, dass sie uns an Leib, Weib, Kind, Gesind, Vieh usw. Schaden tun möchten, wenn sie uns dienen oder arbeiten sollten, weil es wohl zu vermuten ist, dass solch edle Herrn der Welt und giftige bittre Würme keiner Arbeit gewohnt, gar ungern sich so hoch demütigen würden unter die verfluchten Gojim, so lasst uns bei gemeiner Klugheit der andern Nationen, wie Frankreich, Hispanien, Böhmen usw., bleiben und mit ihnen abrechnen, was sie uns abgewuchert und danach gütlich geteilt, sie aber für immer zum Lande ausgetrieben. Denn, wie gehört, Gottes Zorn ist so groß über sie, dass sie durch sanfte Barmherzigkeit nur ärger und ärger, durch Schärfe aber wenig besser werben. Darum immer weg mit ihnen.
Ich höre sagen, dass die Juden große Summen Geldes geben und damit den Herrschaften nütze sind. Ja, wovon geben sie es? Nicht von dem Ihren, sondern von der Herrschaft und Untertanen Güter, welche sie durch Wucher stehlen und rauben. Und also nehmen die Herrschaften von ihren Untertanen, was die Juden geben, d.i. die Untertanen müssen Geld dazu geben und sich für die Juden schinden lassen, damit diese im Lande bleiben, getrost und frei lügen, lästern, fluchen und stehlen können.
Sollten die heillosen Juden sich des nicht in die Faust lachen, dass wir uns so schändlich äffen und narren lassen und unser Geld geben, dass sie im Lande bleiben und alle Bosheit treiben können, über das noch reich dazu werden von unserm Schweiß und Blut, wir aber arm und von ihnen ausgesogen werden? Wenn das recht ist, dass ein Knecht, ja ein Gast seinem Herrn oder Wirt jährlich zehn Gulden geben und dafür tausend stehlen möge, so ist der Knecht und Gast leicht und bald reich, der Herr und Wirt in Kürze

ein Bettler geworden.
Und wenngleich die Juden von ihrem Eignen der Herrschaft solche Summen geben könnten, was nicht möglich ist, und sie sollten uns damit Schutz und Schirm abkaufen, um öffentlich und frei in ihren Schulen unsern Herrn Christum so schändlich verleumden, lästern, verhöhnen, verfluchen, dazu uns auch alles Unglück, dass wir alle erstochen werden und umkommen mit unserm Haman, Kaiser, Fürsten, Herrn, Weib und Kindern, zu wünschen. Das hieße wahrlich Christum, unsern Herrn, die ganze Christenheit mitsamt dem ganzen Kaisertum, uns mit Weib und Kindern schändlich wohlfeil verkauft. Wie gar ein größerer Heiliger würde wie hier der Verräter Judas gegen uns geschätzt werden? Ja wenn ein jeglicher Jude, soviel ihrer ist, jährlich hunderttausend Gulden geben könnte, so sollten wir doch nicht dafür gestatten, dass sie einen einzigen Christen so frei zu lästern, zu fluchen, zu verhöhnen, auszuwuchern Macht haben sollten; es wäre noch viel zu wohlfeil verkauft. Wie viel unerträglicher ists, dass wir den ganzen Christum und uns alle mit unserm eignen Gelde kaufen lassen sollten, den Juden zu lästern und zu fluchen, und sie zum Lohne dafür noch reich und zu unsern Junkern machen, die uns dazu noch verlachten und sich in ihrem Mutwillen noch was zu gute täten. Das möchte dem Teufel und seinen Engeln ein recht Freudenspiel sein, dessen sie durch die Nase lachen könnten, wie eine Sau ihre Ferkel anlacht, aber vor Gott einen gerechten Zorn verdienen.[281]
***Summa**, ihr lieben Fürsten und Herrn, die Juden unter sich haben, ist euch solcher mein Rat nicht genehm, so trefft einen bessern, dass ihr und wir alle der unleidlichen, teuflischen Last der Juden entladen werden und nicht vor Gott all der Lügen, des Lästerns, Höhnens, Fluchens schuldig und teilhaftig werden, die die rasenden Juden wider die Person unseres Herrn Jesu Christ, seiner lieben Mutter, aller Christen, aller Obrigkeit und unserer selbst so frei und mutwillig treiben, keinen Schutz noch Schirm noch Geleit noch Gemeinschaft sie haben lassen, auch nicht eure und eurer*

---
[281] WA Bd. 53, S. 525-527.

Untertanen Geld und Güter durch den Wucher ihnen dazu dienen und helfen lassen. Wir haben ohnedies eigner Sünde genug auf uns, noch vom Papsttum her, tun täglich viel dazu mit allerlei Undankbarkeit und Verachtung seines Worts und aller seiner Gnaden, dass nicht Not ist, auch diese fremden, schändlichen Laster der Juden auf uns zu laden und ihnen dann noch Geld und Gut zu geben. Lasst uns denken, dass wir nun täglich wider den Türken streiten, da wir wohl Erleichterung unserer eigen Sünden und Besserung unseres Lebens zu dürfen. Ich will hiermit mein Gewissen gereinigt und entschuldigt haben, da ich's treulich angezeigt und gewarnt habe.

Und euch, meine lieben Freunde, die Pfarrherrn und Prediger sind, will ich ganz treulich eures Amtes hiermit erinnert haben, dass auch ihr eure Pfarrleute vor ihrem ewigen Schaden warnt, wie ihr wohl zu tun wisst. Nämlich dass sie sich vor den Juden hüten und sie meiden, wo sie können. Nicht dass sie ihnen viel fluchen oder persönliches Leid tun sollten, denn sie haben sich selbst allzu hoch verflucht und beleidigt, wenn sie den Mann Jesum von Nazareth, Mariens Sohn, verfluchen, wie sie leider nun über 1400 Jahre tun. Die Obrigkeit lasse man hier mit ihnen gebaren, wie ich eben gesagt habe. Es tu aber die Obrigkeit dazu oder nicht, so nehme wenigstens ein jeder vor sich selbst nach seinem Gewissen richte.

Insonderheit wenn ihr Prediger seid, wo Juden sind, da haltet an mit Fleiß bei euren Herrn und Regenten, dass sie ihr Amt bedenken, wie sie Gott schuldig sind, und die Juden zur Arbeit zwingen, den Wucher verbieten und ihrem Lästern und Fluchen steuern.Leiden wir doch mehr von ihnen als die Welschen von den Spaniolen!

Die plündern dem Hauswirt Küche, Keller, Kasten, Beutel ein, fluchen ihnen dazu und drohen ihnen den Tod. Ebenso tun uns die Juden, unsre Gäste, auch; wir sind ihre Hauswirte. So rauben sie und saugen uns aus, liegen uns auf dem Halse, die faulen Schelme und müßigen Wänste, saufen, fressen, haben gute Tage in unserem

Hause, fluchen zum Lohne unserm Herrn Christus, 'Kirche'n, Fürsten und uns allen, drohen und wünschen uns ohne Unterlass den Tod und alles Unglück. Denke doch, wie kommen wir armen Christen dazu, dass wir solch faules, müßiges, unnützes, böses, schädliches Volk, solche lästerlichen Feinde Gottes umsonst nähren und reich machen sollen, wofür wir nichts kriegen als ihr Fluchen, Lästern und alles Unglück, das sie uns tun und wünschen können? Sind wir doch wohl so blinde und gefühllose Klötze in diesem Stücke wie die Juden in ihrem Unglauben, dass wir solche große Tyrannei von den heillosen Schelmen leiden, solches nicht sehen noch fühlen, wie sie unsre Junker, ja unsere wütenden Tyrannen sind, wir aber ihre Gefangenen und Untertanen, klagen noch, sie seien unsre Gefangenen, spotten unser dazu, als müssten wirs von ihnen leiden.

Wollen aber die Herren sie nicht zwingen noch solchem ihrem teuflischen Mutwillen steuern, so möge man sie, wie gesagt, zum Lande austreiben und ihnen sagen, dass sie in ihre Lande und Güter gen Jerusalem hinziehen und daselbst Lügen, Fluchen, Lästern, Höhnen, Morden, Stehlen, Rauben, Wuchern, Spotten und alle solche lästerliche Gräuel treiben, wie sie bei uns tun, und uns unsre Herrschaft, Land, Leib und Gut lassen. Viel mehr unseren Herren Messiam, Glauben und 'Kirche'n unbeschweret und unbefleckt mit solchen ihren teuflischen Tyranneien und Bosheiten. Wenn sie Freiheiten und Rechte vorgeben sollten, die dürfen ihnen nichts helfen, denn es kann niemand Freiheit geben, solche Gräuel zu üben, und alle Freiheiten sind dadurch ungültig preisgegeben und verloren.

Wenn ihr Pfarrherrn und Prediger, neben mir, solch treulich Warnen ausgerichtet habt und weder Herr noch Untertan etwas dazu tun will, so lasst uns, wie Christus spricht, den Staub von den Schuhen schütteln und sagen: Wir sind unschuldig an eurem Blut. Denn ich sehe wohl und habs oft erfahren, wie gar barmherzig die verkehrte Welt ist, wo sie billigerweise scharf sein sollte, und wiederum scharf, wo sie barmherzig sein sollte. Also werden sie jetzt auch barmherzig sein wollen über die Juden, die blutdürftigen Feinde unsers christlichen und Menschennamens, um damit den Himmel zu verdienen. Aber dass die Juden mit all den genannten teuflischen Gräueln uns arme Christen fangen, plagen, martern und alles Herzeleid antun, das soll man ertragen und ist christlich wohlgetan, vor allem, wenn Geld da ist, das sie uns gestohlen und geraubt haben.[282]

Darum wollte ich gerne, sie wären, wo keine Christen sind. Der Türke und andre Heiden leiden das nicht von ihnen, was wir Christen von den giftigen Schlangen und jungen Teufeln leiden; sie tuns auch niemand als uns Christen. Das ists, was ich droben gesagt habe dass ein Christ nächst dem Teufel keinen giftigeren, bitteren Feind als einen Juden habe, während wir doch niemand so viel Gutes tun, noch von jemand so viel leiden als eben von solchen bösen Teufelskindern und Schlangengezüchte.

Ja wie wollen wir nun handeln? Wenn wir gleich den Juden ihre Synagogen verbrennen und ihnen verbieten, öffentlich Gott loben, beten, lehren, seinen Namen zu nennen usw., so werden sie es doch heimlich nicht lassen. Und weil wir wissen, dass sie es heimlich tun, so ists eben so viel, als täten sie es öffentlich. Denn es heißt doch nicht heimlich, wenn man weiß, dass etwas heimlich geschieht und geduldet wird, und unser Gewissen ist gleichwohl damit vor Gott beschwert. Wohlan, da mögen wir uns vorsehen!

Meines Bedünkens wills doch darauf hinaus, sollen wir der Juden Lästerung rein bleiben und nicht teilhaftig werden, so müssen wir geschieden sein und sie aus unserm Lande vertrieben werden. Sie mögen in ihr Vaterland gedenken; dann dürfen sie nicht mehr vor Gott über uns schreien und lügen, dass wir sie gefangen halten, wir auch nicht klagen, dass sie uns mit ihrem Lästern und Wuchern beschweren. Dies ist der nächste und beste Rat, der beide Teile in solchem Falle sichert.

Aber hier werden sie, da sie das Land ungern räumen, getrost alles und alles leugnen, dann auch Geldes genug der Herrschaft bieten,

---

[282] WA Bd. 53, S. 525-530.

dass sie bleiben möchten. Wehe aber denen, die solches Geld nehmen, und verflucht sei solches Geld, das sie verfluchterweise durch Wucher uns gestohlen haben. Denn sie leugnen ja so sehr, wie sie lügen, und wo sie uns Christen heimlich fluchen, giften oder Schaden tun können, des machen sie sich kein Gewissen. Werden sie aber darüber ergriffen oder sonst bezichtigt, so wagen sie es getrost zu leugnen, auch bis in den Tod, weil sie uns nicht wert achten, uns die Wahrheit zu bekennen, und da die heiligen Gotteskinder gewiss dafürhalten, mit dem, was sie uns Böses fluchen und tun können, einen großen Gottesdienst zu tun. Ja, wenn sie uns das tun könnten, was wir ihnen tun können, würde unser keiner eine Stunde leben müssen. Weil sie es aber öffentlich nicht zu tun vermögen, bleiben sie gleichwohl im Herzen unser täglicher Mörder und blutdürstige Feinde. Solches beweisen ihr Beten und Fluchen und so viele Historien, wo sie Kinder gemartert und allerlei Laster geübt haben und dafür oft verbrannt und verjagt worden sind.

Darum glaube ich wohl, dass sie viel Ärgeres reden und tun, als die Historien und andere von ihnen schreiben, während sie sich aufs Leugnen und ihr Geld verlassen. Aber wenn sie gleich alles leugnen könnten, so können sie das nicht leugnen, dass sie uns Christen öffentlich fluchen und dass sie bei uns gefangen sein müssen, während sie doch wohl wissen, dass sie daran lügen, und dass vielmehr sie uns in unserm Lande durch ihren Wucher gefangen, jedermann aber ihrer gern los wäre.

Weil sie aber uns verfluchen, verfluchen sie unsern Herrn auch; verfluchen sie unsern Herrn, so verfluchen sie auch Gott den Vater, Schöpfer Himmels und der Erden, so dass also ihr Leugnen sie nichts helfen kann. Sie sind allein mit dem Fluchen überführt, so dass man alles wohl glauben muss, was man Böses von ihnen schreibt; sie tuns gewisslich mehr und ärger, als wir wissen oder erfahren. Denn Christus lügt und trügt nicht, der sie Schlangen und Teufelskinder urteilt, d. i. seine und aller und aller der Seinen Mörder und Feinde, wo sie können.[283]

[283] Ebenda.

Sollten diese Maßnahmen nicht greifen, so seien die Juden wie *„Hunde"* zu verjagen.[284] Einige Seiten später wiederholt Luther die Anweisungen, was mit den Juden zu geschehen habe[285] und wird eindeutig zum Schreibtischmörder: ... *und gehe mit ihnen nach aller Unbarmherzigkeit um, wie Mose in der Wüste tat, der dreitausend totschlug.* [286] Luther empfiehlt sehr deutlich, konkreter als in manch anderer Beschreibung, die Juden umzubringen!

Wertungen

Dieterich wertet: „Luthers Werk ist eine verheerende, antijüdische Hetzschrift."[287] Dorothea Wendeburg meint: „Luthers antijüdische Schrift von 1543 ist unsäglich. Da gibt es nichts zu relativieren und nichts zu verzeihen - weder christlicher - noch protestantischer - noch menschlicherseits. Der Rückgriff darauf im Dritten Reich ist ein ganz schwarzes Kapitel deutscher Geschichte."[288] Warum fügt sie nicht hinzu: Ein ganz schwarzes Kapitel der protestantischen, evangelischen und lutherischen 'Kirche'ngeschichte? Wem ist Schillings Wertung geschuldet: „... falsch wenn man unter Vernichtung der Menschenwürde die physische Ausrottung aus rassischen Gründen versteht."[289] Kann es einem Juden nicht gleichgültig sein, ob er aus rassischen oder religiösen Gründen umgebracht wird? Luther ruft in seiner „Religion" zum Mord an Juden auf. Alles andere ist Verniedlichung! Luthers Judenhass wurde oft verschwiegen, blieb aber latent vorhanden und war je nach Zeitgeist mit Hinweis auf den „wahren" Luther aktivierbar, er wurde zu einem Arsenal, aus dem sich der

---

[284] WA Schriften Bd. 53, S. 541.
[285] WA Schriften Bd. 53, S. 536f.
[286] WA Schriften Bd. 53, S. 541.
[287] Dieterich, S. 185.
[288] Dorothea Wendeburg, Thüringische Allgemeine, 28. 6. 2014.
[289] Schilling, S. 550.

„Antisemitismus sein Waffen holte".[290] So im preußischen Königshaus, so im nationalen Sozialismus, so in der D'D'R. Er lagerte quasi im Vorratskeller der Unmenschlichkeit. Es ist skandalös, dass überall in Deutschland Gutmenschen Denkmäler errichtet haben und errichten, die diesen Hassprediger und intellektuellen Anstifter zum Morden ehren. Wer schafft diese endgültig ins Museum, wo sie wie die Relikte des nationalen Sozialismus hingehören? Was ist so schlimm daran, die Titelseite der Schrift American Atheist Press mit dem Beitrag „Martin Luther. Hitlers Spiritual Ancestor" und damit auf einen Leichenberg vergaster Juden abzubilden[291] und mit den Fotos aus Birkenau oder Buchenwald zu vergleichen?

Viele Verteidiger Luthers müssen sich fragen lassen, warum sie Luthers direkten und indirekten Aufruf zum Mord an den Juden nicht zur Kenntnis nehmen wollten und wollen? Dann wird gesagt, dass sogar Dietrich Bonhoeffer, die so gern in Anspruch genommene Leitfigur der Protestanten, die schlimme Schrift Luthers nicht gekannt haben soll.[292] Das ist wenig glaubhaft. Bonhoeffer (1906-1945) wurde mit 21 Jahren promoviert, er habilitierte sich mit 24 Jahren. 1935 war er Leiter des lutheranischen Predigerseminars Finkenwalde. War damals die Ausbildung zum Theologen ähnlich oberflächlich wie seit der Bildungsreform ab 1964? Wie kann er Theologen lutherisch unterweisen, wenn er eine der wichtigsten Schrift des Kirchenspalters über die Juden nicht kennt? Und dies in einer Zeit, die sich täglich auf Luthers Antisemitismus bezieht und Bonhoeffer sich darin sicher wohlfühlt: „Niemals ist in der Kirche Christi der Gedanke verloren gegangen, dass das ‚auserwählte Volk', das den Erlöser der Welt ans Kreuz schlug, in langer Leidensgeschichte den Fluch seines Leidens tragen muss".[293]

---

[290] Kaufmann, S. 13. (Juden)

[291] Kaufmann, S. 14. (Juden)

[292] Wendeburg. Aber er wusste von Luthers Vermahnung wider Juden (1546), so Kaufmann, S. 13. (Juden).

[293] Dietrich Bonhoeffer: Werke, 17 Bände, hg. von Eberhard Bethge u. a.,; Gütersloh 1986f., Bd. 12, S. 354.

Ja, wie ist das denn zu verstehen? Wer war Bonhoeffer[294]? Kann es sein, dass vielleicht angehenden protestantischen Pfarrerinnen und Pfarrern von der kirchlichen Obrigkeit manche Texte Luthers nicht nahegebracht werden, da man sich wegen des Reformators schämt? Ist Luthers Hassschrift heute Gegenstand der Ausbildung zum protestantischen Pfarrer? Wenn nicht, hat sich diese Protestantische, Evangelische, Lutherische 'Kirche' nicht der Zensur schuldig gemacht? Werden heute Luthers gehässige Judenschriften an den Universitäten behandelt? Stehen sie in den Schulbüchern?
Luthers Aufruf, gegen die Juden den Volkszorn aufzustacheln, stellt doch auch ein Spiel mit dem Feuer dar, da er die „tödliche Konsequenz billigend in Kauf nahm."[295] Luther droht also mit Volkszorn. Pogromen stimmt er zu. Weiß er nicht, dass Pogrome für Juden oft tödlich endeten? Mit Recht schreibt Wippermann, dass Luthers Judenfeindschaft extremen exterminatorischen Charakter hatte.[296] Jeder, der im Dritten Reich die Vernichtung von Juden befürwortete, konnte sich auf Luther berufen! Deshalb hatte Julius Streicher recht!
Warum ist der Schreibtisch-Mörder von Juden und Behinderten noch immer Vorbild? Osten-Sacken betont gegen alle Verniedlicher, dass Luther Gewaltanwendung befürwortete.[297] Schreibt er nicht, dass "alle Stifte und Klöster zerstört werden" sollen?[298] Er beschuldigt die Juden der Grausamkeit: „... da sie die gantze heilige Schrift hindurch nach Schwert träumen und nach Blut lechzen".[299] „Sie wie Sodom und Gomorrae zu vernichten, sei zu gering".[300] Wer will da noch behaupten, Luther habe die Juden nicht vernichten wollen?

---

294 1906-1945. Lutherischer Theologe; im Widerstand gen Hitler, hingerichtet.
295 Kaufmann, S. 125.
296 Wippermann, S. 28.
297 Osten-Sacken, S. 153.
298 WA Schriften Bd. 44, S. 715.
299 WA Schriften Bd. 43, S. 450.
300 WA Schriften Bd. 53, S. 517.

Luther scheut vor eigenhändigem Mord an Juden nicht zurück: „Wenn ich einen Juden taufe, will ich ihn an die Elbbrücken führen, einen Stein um den Hals hängen und ihn hinab stoßen und sagen: Ich taufe dich im Namen Abrahams“.[301] Ein Rätsel ist es, wie Dieterich auf die Idee kommt: „Richtig auch, dass Luther nicht zum Mord an den Juden aufruft.“[302] Doch Zeilen später ist zu lesen: „... er konnte manchmal auch zu vollkommen maßlosen Gewaltakten aufrufen... und befürwortete Gewaltexzesse.“ Da er höre, dass sich „unsere Herren der Juden annehmen, will er ihnen den Rat geben, dass sie sie sollen fortjagen und zum Land austreiben. Was haben sie eine Ursache, dass sie die liebe Jungfrau Maria so lästern und schänden? Nennen sie Maria ein Scheißhaus, Monstrum. Wenn ich Herr wäre, ich wollte sie beim Hals nehmen“.[303] Nach Luther sind Juden „giftige, bittere, rachgierige, hämische Schlangen, Meuchelmörder Teufelskinder.“ Deshalb solle man sie dorthin schicken, wo die Türken wohnten oder zu anderen Heiden. Manche Zeitgenossen Luthers wie Martin Bucer lehnten Luthers Hassergüsse in seinen Judenschriften ab. Ihre Verbreitung wurde z.T. untersagt.[304] Auf Melanchthons Veranlassung wurde das Buch „Von den Juden und ihren Lügen“ und die weitere gegen die Juden gerichtete Schrift „Schem Hamphoras und vom Geschlecht Christi“[305] auf den Index gesetzt. In dieser schmutzigsten Schrift, die Luther je geschrieben hat,[306] bringt es der ‚Kirch‘enspalter fertig, Gottes Namen, den Juden nennen, so zu verunglimpfen: “Hie dreck, nicht der auff der Gassen liegt, Sondern aus dem Bauch kompt“.[307] Und die Tat eines solchen Fäkalpropheten ist für die E’K’D Anlass für ein Christusfest[308]!! Schämen sich noch nicht

---

301 WA Tischreden Nr. 1795.
302 Dieterich, S. 185.
303 WA Tischreden 5, 5462.
304 Demers, S. 33.
305 WA Schriften Bd. 53, S. 541.
306 Kaufmann, Luthers Juden, S.134.
307 WA Schriften Bd.53, S. 601.
308 Grundlagentext, S.109.

einmal die lutherischen Pfarrerinnen und Bischöfinnen?
Diese Schriften, meinte der Schweizer Reformator Bullinger, gegen die „hündische, schmutzige Beredsamkeit“ Luthers protestierend, seien nicht von einem berühmten Seelen-, sondern von einem „Schweinehirten“ verfasst. Bullinger wandte sich von Luthers Fäkalsprache ab, die sich auch in solchen Wendungen äußerte: „Der Teufel hat in die Hosen geschissen und den Bauch abermal geleeret. Das ist ein recht Heiligtum, das die Juden und was Jude sein will, küssen, fressen, sauffen und anbeten sollen, und wiederum soll der Teufel auch fressen und sauffen, was solche Jünger speien, oben und unten auswerfen können. Hier sind die rechten Gäste und Wirthe zusammengekommen, habens recht gekocht und angerichtet ... Der Teufel frisst nun mit seinem englischen Rüssel und frisst mit Lust, was der Juden unteres und oberes Maul speiet und spritzet“.
Luther hatte Juden wiederholt mit Schweinen identifiziert, ja, er war sogar der Meinung, sie seien „schlimmer als eine Sau“. Er nennt sie auch äußerst unreine Schweine; Hunde; grobe Esel; Kadaver; blutdürstig; grausamer als wilde Tiere.[309] Vor dem Kot der Rabbiner muss man sich hüten, die aus der „heiligen Schrift eine Latrine gemacht“ haben.[310] Sie nehmen Maria ihren Namen und bezeichnen sie als sterquilium = Dreckhaufen, Scheißhaufen.[311] Sie nennen Jesus einen Hurensohn und seine Mutter Maria eine Hure, deshalb macht das die Juden nicht zu Menschen, sondern zu Ungeheuern, wüste Unmenschen“.[312]
Hier wird ausgedrückt, was später manche Leser seiner Schriften kritisch bewerten. Für Thomas Mann war er ein „stierrnackiger Gottesbarbar“. Doch trifft auf Thomas Mann, dem so viel gerühmten angeblichen Demokraten, die Beschreibung von Luther zu: Er

---

309 Eine Aufzählung dieser Schimpfwörter in WA Schriften Bd. 43, S.96, 117, bei Osten-Sacken, S.153, Dieterich, S. 187.
310 WA Schriften Bd. 43, S. 389.
311 WA Tischreden 5, S. 166.
312 WA Schriften Bd. 53, S. 515.

ist bei all seinen Aussagen ambivalent, so dass ihn jedes politische System favorisieren kann. Manns ambivalente Einstellung zum Judentum muss weiterhin Gegenstand der Forschung sein. Mann beschreibt auch: „Der Jude habe immer einen Fettbuckel, krumme Beine und rote, mauschelnde Hände, trage ein leidvoll unverschämtes Wesen zur Schau...“[313] Zudem sei der „Jude entartet und die im Ghetto verelendste Rasse.“[314] Damit befeuerte auch Mann den protestantischen antisemitischen Zeitgeist. Das ist die typische Haltung des Schriftstellers. Je nach System preist er mal diese (D’D’R) oder jene (BRD) moralischen Werte, ganz nach Luthers Dialektik.

Friedrich Nietzsche war von der „grässlichen, hochmütigen, gallig-neidischen Schimpfteufelei Luthers angeekelt“. Für ihn war Luther primitiv. Die Reformation wäre ein Werk schroffer, gewaltsamer zurückgebliebener Geister“.[315] Johann Wolfgang von Goethe sah zum 300. Jahrestag die Reformation 1817 nur als „verworrenen Quark“[316] an, Luther war ihm uninteressant.

Sicher liegt der jüdische Gelehrte Graetz mit seiner nachdenklichen Bewertung richtig: „Seine derbe Natur hatte immer mehr das Übergewicht über seine sanfte Religiosität und Demut erlangt. Sein schwacher Kopf konnte die durch sein Werk selbst aufgehäuften schroffen Gegensätze nicht bewältigen, und was er mit seinem Verstande nicht ausgleichen konnte, sollte er mit derber Faust niederschlagen.“[317]

Aus seiner 1543 verfassten Schrift „Von den Juden und ihren Lügen“, hat sich der Antisemitismus seine Waffen holen können, die

---

[313] Thomas Mann, Die Lösung der Judenfrage, in: Thomas Mann: Gesammelte Werke in dreizehn Bänden. Bd. 13, Nachträge, Frankfurt 1974, S. 462. Thomas Mann und das Judentum. Thomas-Mann-Studien. Frankfurt 2004.

[314] Zitiert. nach: Guy Stern: Thomas Mann und die jüdische Welt, in: Thomas Mann Handbuch, Frankfurt 2005, S. 6.

[315] Friedrich Nietzsche, Sämtliche Werke. Kritische Studienausgabe, 2, 46, S. 27.

[316] Feldmann, S. 149.

[317] Graetz, S. 297.

eine Jahrhunderte überdauernde tödliche Explosivkraft besessen hatte. Mit seiner deutschen Sprache hat der Reformator nicht nur die Bibel übersetzt, sondern mitgeholfen, dass sich die Judenfeindschaft vom Mittelalter bis in die Neuzeit schnell ausbreiten konnte. Im „Stürmer“, der berüchtigten antisemitischen Zeitung des nationalen Sozialismus, findet man ähnliche tödlich verletzende Beschimpfungen der Juden. Diese Schrift ist verboten. Luthers Hetzschriften nicht. Warum?

Luther bezichtigt Juden der Lüge, da sie in Jesus nicht den Messias sehen. Ist das Lüge oder ein anderer Glaube? Juden sind Ungläubige, die Christen für Juden ebenfalls. Wer anderes glaubt, ist kein Lügner, sondern ein Andersgläubiger. Lügen ist doch mit Wissen und Absicht die Unwahrheit sagen. Dies unterstellt er den Juden. Wieso erkennt er nicht, dass es überhaupt nur eine einzige vernünftige und gerechte Einstellung in Glaubensfragen geben kann: Freiheit und Toleranz. Forderte er das nicht vom Papst? Warum gesteht er dies den Juden und sich selbst nicht zu? Woher kommt Luthers Hybris? Argumentiert er alttestamentlich „Auge um Auge, Zahn um Zahn“? Warum kann er sich nicht mäßigen? Er ist unchristlich, eben lutherisch! Gehen Leidenschaft und Hass mit ihm durch? Typischer Choleriker! Wovor hatte er Angst oder hatte er nur zugespitzt formuliert, was „Zeitgeist“ gewesen war? Ist Luther ein Rechtspopulist? Der Humanist Erasmus plädierte auch für Ablehnung und Vertreibung der Juden aus dem Reich, wie das in anderen Ländern auch geschah, argumentierte aber wesentlich behutsamer, nicht exterminatorisch! Luther fehlte ganz einfach Menschlichkeit. Wahrhaft ein würdiger, rechter Genosse für die Denkmäler einer „Religion“, die sich mit christlichen Federn schmückt und hofft, dass kein Kind „ihre neuen Kleider“ entdeckt. Seit wann werden in Deutschland für Rechtspopulisten Denkmäler erstellt?

Luther hat Kirche und Papst widersprochen, dem Denken der Bevölkerung eine Stimme gegeben. Warum widersprach er dem latenten seit Jahrzehnten, Jahrhunderten verbreiteten Antisemitismus in der Gesellschaft nicht? Er hätte sich doch gegen die Meinung der Bevölkerung stellen und mannhaft für Toleranz und Christlichkeit gegenüber den Juden engagieren können! Es gibt deshalb überhaupt keinen Grund, Luther zu gedenken. Sein Hass gegen Juden ist konstitutiv für seine „Religion“, die im Dritten Reich zur Blüte kam und in missionarischer lutherischer Intoleranz den nationalen Sozialisten mithalf, durchzuführen, was zu seiner Zeit nicht möglich gewesen ist, da die Juden vielen damaligen Zeitgenossen nicht nur als Geldgeber noch nützlich waren.

Luther und Behinderte. Ein Skandal!

Ein kleines Kapitel muss noch geschrieben werden, sind doch die Aussagen Martin Luthers über behinderte Menschen so menschenverachtend schrecklich, dass es nicht erklärbar ist, warum es eine Organisation gibt, die sich mit dem Namen dieses Mannes schmückt und seine „theologischen" Ergüsse feiert und ihm Denkmäler baut. Seine Einstellung zu den behinderten Kindern, Männern und Frauen, die von der evangelischen 'Kirche' im Dritten Reich geteilt und bestätigt wird, zwingen zu dem Ruf: **Hinweg mit ihm!**

Behinderte nennt der 'Kirche'nspalter "wahre Teufel". Geistig behinderte Kinder sind ihm ein „vom Satan in die Wiege gelegtes, seelenloses Stück Fleisch - massa carnis - das nicht gedeiht, sondern nur frisst und seugt."[318] Derartig missgeborene Kinder, die „Wechselbälge" und „Krielekröppe", müsse man „ersäufen". "Wenn man aber von den teufelsähnlichen Kindern erzählt, von denen ich einige gesehen habe, so halte ich dafür, dass sie entweder vom Teufel entstellt, aber nicht von ihm gezeugt sind, oder dass es wahre Teufel sind."[319] Einem Vater riet er: „Es ist nicht dein Sohn, sondern der Teufel selbst in Person. Nimm den Taugenichts und stürze ihn ins Wasser! Darum wirf weg, wirf weg diesen schlechten Sproß ohne alles Zögern".[320]

Getreu der Anweisung Martin Luthers meinte der leitende Arzt der Evangelischen Behinderten-Einrichtungen Neuendettelsau, Dr. Rudolph Boekh, mit Berufung auf die Lehre Martin Luthers gehorsam zu sein gegenüber der Obrigkeit: „Diese Verzerrung des menschlichen Antlitzes ..." wäre "dem Schöpfer zurückzugeben".[321] Das ist Luther der 'Kirche'nspalter und Vorbild für die

---

318 WA Tischreden 4513/5207.

319 Zitiert nach Dieter Mattner, Behinderte Menschen in der Gesellschaft, Stuttgart 2000, S. 22; Hermann Meyer, Geistigbehindertenpädagogik , in: Geschichte der Sonderpädagogik, Stuttgart 1983, S. 91.

320 WA Tischreden, Nr. 5207.

321 Ernst Klee, Die SA-Jesu Christi, Frankfurt am Main 1989, S. 180.

Protestanten seit 500 Jahre Schäfchen in Reinkultur! Wahrhaftig, die E'K'D hat 2017 allen Grund zu „feiern".
Wie klingt das aus dem Mund eines Jüngers des noch heute von den Protestantischen verehrten Reformators Luther? Kann man jetzt das Tabu um bestimmte Schriften Luthers verstehen? War das ehrlich gegenüber den „Schäfchen", gegenüber der Gesellschaft? Wie heuchlerisch wandeln die Lutheraner, Evangelischen, Protestanten! heute noch!

Aufgrund seiner menschenverachtenden Lehre müssen gläubige Christen endlich gegen die geplanten „Reformationsfeiern" des Jahres 2017 aufstehen, Widerstand leisten.

Anmerkung zur Rezeption Luthers

Ich kann die wichtigsten Autoren im evangelischen, protestantischen und lutherischen Bereich, die sich in den letzten 400 Jahren in ihrem Judenhass auf Luther bezogen, nicht alle nennen.[322]
Die Luther-Rezeption in den folgenden Jahrhunderten ist unterschiedlich und uneinheitlich. Während Luthers schlimme antijüdischen Schriften zunächst weite Verbreitung fanden, dominieren in der Zeit des Pietismus die Schriften mit seinen freundlicheren Aussagen. Seitdem „relativierte man den alten, intransingenten Verfechter des geistlichen Amtes und der Rechtgläubigkeit ...“[323] Gleichzeitig begann ab dem 17. Jahrhundert der selektive Umgang mit Luther, der bis heute anhält. Der ganze, „wahre“, unzensierte Luther wird von der ‚Kirche‘ nicht vermittelt, von der Wissenschaft schon. Zwei der bekanntesten Antisemitismus-Schreiber sind der evangelische Theologe Johann Jakob Schudt, der in den Juden die Wirkungen des Satans sah, und Johann Andreas Eisenmenger. Schudts Buch trägt den Titel „Jüdische Merkwürdigkeiten“ und erschien 1717.[324] Die Schrift von Eisenmenger „Entdecktes Judenthum“[325] umfasst 2000 Seiten und ist eine elende Hetzschrift: „... dass die Teufel so gern bei den Rabbinern und allen Juden seien, ... dieweil sie in ihren bösen Art und Natur miteinander übereinkommen.“[326] Auch nach der Aufklärung wurde der „religiöse, diabolisch motivierte Antisemitismus“[327] nicht überwunden, sogar durch die Romantik mit ihrer Schwärmerei für das Mittelalter mit den Liedern wie z.B. „Des Knaben Wunderhorn“ und

---

322 Ich verweise auf das sehr ausführliche Kapitel bei Thomas Kaufmann, Luthers Juden, Stuttgart 2014: Kapitel VI. Wechselvolle Wirkungen – Die Rezeptionsgeschichte von Luthers Haltung gegenüber den Juden vom 16. Bis ins 20. Jahrhundert., S. 141-171.
323 Kaufmann, Luther S. 12.
324 Nach von der Osten, S. 271f., 331.
325 Nach von der Osten, S. 447, 2. Teil Königsbergh 1818.
326 Ebenda..
327 Wippermann, S. 28.

„Die Juden von Passau“ noch verstärkt.[328] Eine typische Meinung des 19. Jahrhunderts: „Während jüdische Kapitalisten das arbeitende Volk aussaugten; jüdische Intellektuelle und Politiker durch Reden und Schriften das deutsche Volksleben verderben, trachteten jüdische Männer danach, durch sexuelle Verführung deutscher Frauen das deutsche Volk zu verunreinigen und zu vergiften.“[329] Der bekannte Romantiker Achim von Arnim schreibt „Über die Kennzeichen des Judenthums“: „Falls man Juden aufnähme, bestünde die Gefahr, dass sie statt des frohen Gesanges Christenkinder schlachteten, statt der Mehlspeise Hostien mit Gabeln und Löffeln zerstächen“.[330] Sein Dichterkollege Clemens Brentano meinte, dass „Juden Kinderblut als Heilmittel gegen Aussatz verwenden“ würden.[331]

Die Professorin für Kirchen- und Reformationsgeschichte Dorothea Wendebourg meinte 2014 in einem Interview mit der Thüringischen Allgemeinen: „Bei den Kirchenleitungen gingen damals massenhaft Nachfragen von Pastoren ein, die fragten, ob das so stimmt, das hätten sie noch nie gehört. Ungeachtet dessen gibt es subkutanen Antijudaismus. Man gab sich nicht ständig antisemitisch, wenn man aber mit Juden zu tun hatte, waren da viele Ressentiments und Vorurteile, die sich auch zuspitzen konnten. Ob es eine Nachwirkung Luthers in der allgemeinen Genetik aller Christen gab, wissen wir nicht. Aber man kann es nicht ausschließen.“[332] Was soll man denn darunter verstehen??? Genetik? Hat da etwa Thilo Sarrazin doch recht? Sarrazin meinte in seinem Buch „Deutschland schafft sich ab. Wie wir unser Land aufs Spiel setzen“,[333] dass es eine „genetische Identität“ der Völker gäbe. So

---

[328] Wippermann, S. 28.

[329] Wippermann, S. 29.

[330] Zitiert nach Wippermann, S. 29.

[331] Wippermann, S. 30.

[332] Thüringische Allgemeine, 28.6.2014. Hören das heute die Studentinnen und Studenten in ihrer Ausbildung?

[333] Deutschland schafft sich ab. Wie wir unser Land aufs Spiel setzen“, Stuttgart 2010.

auch in einem Interview: „Juden teilen ein bestimmtes Gen, die sie von anderen unterscheiden“.[334]

Im gleichen Jahrhundert erschien, verursacht vielleicht durch die Emanzipation der Juden, die mehrbändige „Geschichte der Juden“ von Heinrich Graetz. Er wurde an Luthers Geburtstag (31.10.1817) in einer Kleinstadt in Posen geboren, war Dozent am Jüdisch theologischen Seminar in Breslau. In den Jahren1853-1876 schrieb er die wunderbare elfbändige „Geschichte der Juden von den älteren Zeiten bis in die Gegenwart“.[335]
Die jüdische Geschichtsschreibung hatte sich bis zum 19. Jahrhundert kaum um den Reformator gekümmert. Erst die 1817 so wirkungsvoll inszenierte Gedenkfeier des Thesenanschlages brachte Luther ins Bewusstsein der jüdischen Bevölkerung. Graetz nimmt kein Blatt vor den Mund und beschreibt, geprägt von seiner Abneigung gegen Luther: „Wenn er die Juden verstockt und verdammt, Lügner und Bluthunde, geistige Ottern, rachgierige, hämische Schlangen nannte, so kann man das seiner Verderbtheit zu Gute halten. Luther teilte mit Schadenfreude mit, wie die Juden öfter mit Gewalt vertrieben wurden. Was soll man nun mit diesen Juden machen, fragte Luther.“[336] Graetz zählte den sieben Punkteplan auf, den Luther für die Behandlung von Juden aufgestellt hat und ergänzt aus Luthers Judenschrift: „Wenn er Gewalt über die Juden hätte, würde er ihre Gelehrten und Besten versammeln und

---

[334] in: Abrahams Kinder, Der Tagesspiegel, 16. 6. 2010. Siehe Philipp Engel: Das Sarrazin-Gen. Zu- und Widerspruch für die Thesen des Bundesbankers, in: Jüdische Allgemeine, 2. 9. 2010. Peter Weingart: Ist Sarrazin Eugeniker? In: Michael Haller, Martin Niggeschmidt (Hrsg.), Der Mythos vom Niedergang der Intelligenz. Von Galton zu Sarrazin, Die Denkmuster und Denkfehler der Eugenik, Wiesbaden 2012

[335] Heinrich Graetz, Geschichte der Juden von den älteren Zeiten bis in die Gegenwart, Darmstadt Nachdruck 1990. Heinrich von Treitschke, Herr Graetz und sein Judenthum, Preußische Jahrbücher. Bd. 44, 1879, S. 660–670.

[336] Graetz, S. 300.

ihnen mit der Androhung ihre Zungen hinten am Halse herauszuschneiden, den Beweis auflegen, das das Christentum nicht einen, sondern drei Götter lehre".[337] Die Juden hätten an dem Reformator einen schlimmeren Feind als an den Päpsten. Die protestantischen Kreise würden fast noch gehässiger gegen die Juden als die katholischen wüten. Letztere verlangten nur Unterwerfung unter die kanonischen Gesetze, erlaubten ihnen aber den Aufenthalt. Luther aber verlangte ihre vollständige Ausweisung. So vergiftete Luther mit seinen judenfeindlichen Schriften die protestantische Welt auf lange Zeit hinaus. Ihm sei es vorbehalten gewesen, die Juden auf eine Linie mit den Zigeunern zu stellen. Er trug die Schuld daran, dass die protestantischen Fürsten sie quälten und aus ihren Gebieten vertrieben.[338]

Für Graetz waren zwei Grundannahmen des jüdischen Blicks auf die Reformation schlichtweg nicht mehr tragfähig: Rom und der Katholizismus stellten nicht mehr die größte Gefahr für die jüdische Existenz in der Moderne dar.[339] Vor allem könnte von einer Bedeutungslosigkeit der Reformation für die Juden keine Rede mehr sein. Graetz gibt einen Rückblick auf Luthers Denken und Verhalten, doch gleichzeitig beschreibt er auch die Zukunft im Verhältnis von Protestanten mit Juden. Manche des Reformators Aussagen würden sich als eine Saat entpuppen, die für die Juden vierhundert Jahre später gefährliche Früchte tragen könnte. Einschub: Die so oft gescholtene Bonner Republik unter dem Katholiken Konrad Adenauer als Bundeskanzler erreichte die Aufnahme diplomatischer Beziehungen mit Israel; die durch und durch protestantische DDR war zur gleichen Zeit Sitz eines schlimmen Antisemitismus und Antizionismus bis 1989.

Der Gebrauch der von dem Wissen um Luthers Äußerungen über

---

[337] Graetz, S. 301.

[338] Graetz, S. 302.

[339] Marcus Pyka, Zur Rezeption der Reformation in der Jüdischen Geschichtsschreibung, in: Rolf Decot/Matthieu Arnold, Christen und Juden im Reformationszeitalter, Mainz 2006, S. 153-175.

die Juden gemacht wurde, hing meist von den „jeweils leitenden Interessen ab“,[340] meint Kaufmann und Dieterich zitiert die Historikerin Luise Schorn-Schütte: „*Den* Luther also werden wir nicht kennenlernen. Nur stets denjenigen, der im zeitgebundenen Gedächtnis der Nachwelt lebt.“[341] So kam für den neuen deutschen Nationalstaat die protestantische Tradition mit der Gründerfigur Martin Luther gerade recht. Der damalige Historiker Heinrich von Treitschke nannte in seiner Rede über „Luther und die deutsche Nation“ ihn als „Grund alles Großen und Edlen in der Welt...“[342] Sein Kollege Friedrich von Bezold interpretierte die deutsche Geschichte so: „Spät, aber überreich hat die Reformation ihrem Vaterland Früchte gebracht. Ohne Luther hätten wir keinen Kant und Goethe, ohne die protestantische antikaiserliche Herkunft des preußischen Staates nicht unser neues deutsches Kaiserreich.“[343]

Die Verehrung Luthers als Nationalheld hat nach Obermann ihre Wurzeln in der Bismarck Ära, in den Feierlichkeiten zum 400. Geburtstag des Reformators 1883. Andreas Wirsching betont: „Schon in der Phase der Reichsgründung von 1871 und dann nach 1918 waren viele Protestanten der Auffassung, göttliche Offenbarung manifestiere und zeige sich in der Nationalgeschichte. Wenn Sie in das "Deutsche Pfarrerblatt" ab 1930 schauen, werden Sie sehen: Da wird ständig diskutiert, was ist an Hitler und dem Nationalsozialismus interessant für uns? Das Datum 30. Januar 1933 bedeutete für breite Teile des protestantischen Milieus praktisch einen religiösen Aufbruch“.[344] Er stellt ein religiöses Führertum fest, das mit dem Luthertum zusammenhängt. Hitler bediente diese Sehnsucht nach Erlösung. Luther der Vorbote des Erlösers Hitler! Nach 1933 wurde Luther von einer ganzen Reihe prominenter Lu-

---

340 Kaufmann, S.142.

341 Dieterich, S. 204.

342 Dieterich, S.200.

343 Dieterich, S. 201.

344 „Weit entfernt von simplen Antworten“, in: Spiegel 14, 2008. Wirsching lehrt Neuere und Neueste Geschichte an der Universität Augsburg.

ther-Spezialisten für den nationalen Sozialismus vereinnahmt.[345] Der führende evangelische Theologe und Bibelwissenschaftler Gerhard Kittel hielt 1933 in Tübingen einen Vortrag über „Die Judenfrage“, bei dem er zum Schluss empfiehlt: „Man kann den Juden auszurotten versuchen“.[346]

Welche Bedeutung hatte diese Vermittlung von Luther für die Politik in Deutschland? Als sich in der „Kristallnacht“ Luthers Forderungen erfüllten, verkündete der Eisenacher Landesbischof Martin Sasse zufrieden: „Am 10. November, an Luthers Geburtstag, brennen in Deutschland die Synagogen“.

Eine der nach 1945 erschienen Darstellungen der deutschen Diktatur von 1933-1945 stammt von dem amerikanischen Journalisten William L. Shirer, Aufstieg und Fall des 3. Reiches.[347] Shirer wurde 1905 geboren und erlebte Hitler von 1935-1941 in Berlin. Er verstand nicht, wie sehr Adolf Hitler von der protestantischen ‘Kirche’ unter Berufung auf Martin Luther verehrt wurde. Als Journalist verfolgte er auch den Prozess gegen die Kriegsverbrecher des nationalen Sozialismus in Nürnberg. In der englischen Originalversion seines Buches, erschienen 1960, nannte er Luther „einen blindwütigen Verfechter absoluten Gehorsams gegenüber der politischen Obrigkeit... Diese überragende Gestalt beeinflusste in Deutschland eine Generation nach der anderen, vor allem die Protestanten.“[348] Warum fehlen diese Sätze in der deutschen Übersetzung 1961?

Der Autor des Buches „Hitlers willige Vollstrecker“, das vor etwa 30 Jahren für heftige Diskussionen gesorgt hatte, gibt in seiner gründlichen Analyse der deutschen Gesellschaft während des Dritten Reiches folgende Begründung über die Anfälligkeit der deutschen Protestanten für die Parolen der Nationalsozialisten. „Der

---

345 Netto, S. 35.

346 Vgl. Goldhagen, S.159.

347 William L. Shirer, Aufstieg und Fall des Dritten Reiches, 2 Bände, München 1963. Mit einer sehr lesenswerten Einführung von Golo Mann, S. 11-16. The Rise and Fall of the Third Reich, New York 1960.

348 Shirer, S. 89. Übersetzung vom Autor.

Judenhass des mittelalterlichen Europa war so intensiv und so fern jeder Realität, dass jede gesellschaftliche Misere auf Vergehen von Juden zurückgeführt wurde. Die Juden standen für alles, was schiefging, so dass schließlich bei jedem Unglück, sei es natürlicher oder gesellschaftlicher Art, nach dem vermeintlichen jüdischen Auslöser gesucht wurde. Martin Luthers Antisemitismus war so heftig und einflussreich, dass ihm eigentlich ein Platz im Pantheon der Antisemiten gebühren würde".[349] Dass Lutheraner Hitler nachliefen, sei hauptsächlich dem Antisemitismus des Kirchenspalters geschuldet.

Schon in der Weimarer Republik waren die kirchlichen evangelischen oder protestantischen Institutionen, der Klerus auf allen Ebenen und die jeweiligen Gläubigen zu großen Teilen „verhängnisvoll" antisemitisch.[350] Damals bereits hatten sich 70-80% der evangelischen Geistlichen mit der antisemitischen liberalen Deutschnationalen Volkspartei (DNVP, Reichspräsident von Hindenburg) verbündet. Die protestantische Presse war ebenso stark antisemitisch. Die bekanntesten Presseorgane der deutschen protestantischen Welt, die „Sonntagsblätter", die insgesamt eine Auflage von 1,8 Millionen Exemplaren zählten und eine etwa dreimal so hohe Leserzahl erreichten, verbreiteten und schürten antisemitische Gefühle.[351] Selbst als Hitler noch nicht die Macht ergriffen hatte, passten die Redakteure dieser „christlichen" Blätter ihre antisemitische Rhetorik bereits derjenigen der Nazis an, und zwar freiwillig, unaufgefordert und mit einer unverkennbaren Leidenschaft und Bereitwilligkeit. Die protestantische Führung sah dies mit Wohlgefallen und betrachtete die Juden als die schlimmsten Feinde der Christenheit und Deutschlands. Goldhagen gelangt nach Auswertung der Literatur zu der Schlussfolgerung, die unaufhörliche Diffamierung der Juden in den protestantischen „Sonntagsblättern" habe bei vielen ihrer Leser das „natürliche, menschli-

---

349 Goldhagen, S. 75.
350 Goldhagen, S. 137.
351 Ebenda.

che und letztlich auch christliche Empfinden" abgestumpft. Es blieb also nur noch lutherisches, toleranzloses und menschenverachtendes Denken übrig. Es kann kaum verwundern, dass diese „christlichen“ Leser mitleidlos zuschauten, als Juden während der NS-Zeit angegriffen wurden.[352] Selbst der damals so sehr verehrte protestantische Professor Karl Barth sprach in seiner Adventspredigt 1933 von den Juden als „halsstarrigem und bösem Volk“.[353] Als es freilich zu spät war, bekannte er 1946:

Es könnte sein, dass die Christenheit in Deutschland eine größere Verantwortung vor Gott trägt als die Nationalsozialisten, die SS und die Gestapo.[354]

Warum dann Luthers ‘Kirche’ nicht auf der Anklagebank sitzt, sich dagegen selbst feiert und feiern lässt, ist unfassbar. Auch später konnte der geachtet Professor Barth seine Abneigung gegen Juden kaum unterdrücken. Er müsste immer bei einer “persönlichen Begegnung mit Juden so etwas wie eine völlig irrationale Aversion herunter schlucken“.[355]

Für das Anwachsen des Antisemitismus sind evangelische Zeitungen und Zeitschriften entscheidend mitverantwortlich. Der Kirchenhistoriker Carsten Nicolaisen*:* „Die evangelischen „Sonntagsblätter“ nach dem Ersten Weltkrieg sind geradezu eine Fundgrube für die antisemitische Orientierung des deutschen Protestantismus“.[356] Ingo Arndt meint: Der „Einfluss auf die Leserschaft kann nicht gering eingeschätzt werden“.[357]Schon lange vor Hitlers Machtübernahme war der protestantische „Antisemitismus so

[352] Siehe Ingo Arndt, Die Judenfrage im Lichte der evangelischen Sonntagsblätter von 1918-1933, Tübingen 1960.

[353] Goldhagen, S. 144.

[354] Zitiert nach Goldhagen, S. 145.

[355] Karl Barth, Briefe 1961-1968. Gesamtausgabe Hg. Von Jürgen Fangmeier/Heinrich Stoevandt, Zürich 1975, Band V, S. 420.

[356] Zit. nach: Er liebte seine ‘Kirche’, Bischof Hans Meiser und die bayerische Landeskirche im Nationalsozialismus, München 1996, Hg. Von Johanna Haberer, S. 49.

[357] Arndt, S. 214.

stark, dass Appelle von Juden an das christliche Gewissen wirkungslos blieben.“[358] Sie hatten an lutherisches Gewissen appelliert, das mit christlich wenig gemein hat.
Entsprechend der Weisung Martin Luthers Sola Scriptura will ich einige judenfeindliche in der Zeit des nationalen Sozialismus gemachte Aussagen evangelischer „Würdenträger“ zitieren. Die Botschaften von Luthers Jüngern sind so eindeutig, dass ich nur selten einige Ergänzungen machen muss. Auch hier ist es notwendig, an die Quellen eben - Sola Scriptura – zu gehen.
Vielleicht kann damit geklärt werden, was Richard Schröder, jetzt Professor an der Humboldt-Universität in Berlin und früher SPD-Fraktionsvorsitzender in der Volkskammer nach der Wende, am 18.02.1996 im "Tagesspiegel" noch mit einem Fragezeichen versehen geschrieben hat: "Luther als Wegbereiter Hitlers? - lautet ein gängiges Klischee über den Reformator."[359]

---

[358] Werner Jochmann, Antijüdische Traditionen im deutschen Protestantismus und nationalsozialistische Judenverfolgung, in: Gesellschaftskrise und Judenfeindschaft in Deutschland 1870-1945, S. 272.

[359] Tagesspiegel, 18. 02. 1996.

Vertreter der protestantischen 'Kirche' unterstützen die verbrecherische Politik der nationalen Sozialisten.

Es folgen willkürlich ausgewählte Zitate aus der Zeit von 1921 bis 1945.

1921: Das Hannoversche Sonntagsblatt (Auflage: 66.000) schreibt über die "ganze große jüdische Gefahr für unser Volk und Vaterland." Pastor Wilhelm Lueder fordert ein Verbot der Betätigung von Juden in der Presse.[360]

1921: In Ankündigungen zum Sonntag der „Judenmission" tauchen in evangelischen Zeitungen ab 1921 Begriffe auf wie „Fremdkörper im Volksleben" oder Forderungen, den Antisemitismus zu „fördern". In einer Sitzung des Evangelischen Bundes in München, fordert der Vorsitzende, Studienprofessor Konrad Hoefler, der völkische Kampf gegen das Judentum sei „vollständig berechtigt und notwendig", „der Abwehrkampf gegen rassische und geistige Überfremdung sei christliche Pflicht".[361]

1924: Zu Antisemiten zählen die meisten evangelischen Pfarrer, die durch ihr Amt, ihr Ansehen und ihren Anspruch, mit "Gott" in Verbindung zu stehen, einen entscheidenden Beitrag für den Durchbruch des Antisemitismus leisten.

1921: In der evangelischen 'Kirche' St. Matthäus in München predigt der spätere Münchner Dekan D. Friedrich Langenfaß: „Denn mit zunehmender Bitterkeit machte unser Volk seine Beobachtungen im Feld und daheim an den jüdischen Mitbürgern ... in diesen Kreisen sah man kaum einen, der wie die ehrlichen Deutschen unterernährt war".[362]

---

[360] Das Hannoversche Sonntagsblatt, 31. 7. 1921

[361] Björn Mensing, Pfarrer im Nationalsozialismus, Göttingen 1998, S. 83.

[362] Nach Mensing, S. 74.

Der evangelisch-lutherische Pfarrer Friedrich-Wilhelm Auer fordert den Boykott jüdischer Geschäfte in Deutschland,[363] was die nationalen Sozialisten aber erst zwölf Jahre später umsetzten.

1925: Walter Berlin, Vorsitzender der Nürnberger Ortsgruppe des Centralvereins deutscher Staatsbürger jüdischen Glaubens, schreibt: „Eines der betrüblichsten Zeichen ist es, dass selbst jüngere evangelische Geistliche sich den Predigern des Judenhasses anschließen".[364]

1926: Das streng protestantische Mittelfranken - Neustadt - Leutershausen - Treuchtlingen - erlebt die Auswirkungen der von den evangelischen Pfarrern gepredigten Distanzierung von den Juden: „geschändete Gräber, eingeschlagene Scheiben."[365]

1926: Hans Meiser, Direktor des evangelischen Predigerseminars in Nürnberg und ab 1933 evangelischer Landesbischof Bayerns, legt ein Gutachten über „Die Evangelischen Gemeinden und die Judenfrage" vor. Zusammengefasst fordert er folgende Ziele: Gegen die Verjudung unseres Volkes, konkrete Maßnahmen zur Zurückdrängen des jüdischen Geistes im öffentlichen Leben, Reinhaltung des deutschen Blutes.[366]

1926: Meiser: Meine Gemeinde.
Als besonders judenfeindlich gilt folgende Formulierung im Text Meisers: „Die kulturellen und wissenschaftlichen Leistungen, die wir den Juden zu verdanken haben, sollen voll anerkannt werden … Aber das ändert nichts an der Tatsache, daß der jüdische Geist

[363] Nach Mensing, S. 209.
[364] Peter Zinke, An allem ist Alljuda schuld. Antisemitismus während der Weimarer Republik in Franken, Nürnberg 2009, zit. nach Evangelisches Sonntagsblatt Nr. 45, 8. 11. 2009.
[365] Ebenda.
[366] Gutachten in: Eberhard Röhm / Jörg Thierfelder, Juden-Christen-Deutsche; Band1, Stuttgart 1990, S. 350-362.

für uns etwas Wesensfremdes hat und daß sein Umsichgreifen zum allergrößten Schaden für unser Volk wäre. Es ist oft betont worden, daß der jüdische Verstand etwas Zerfressendes, Ätzendes, Auflösendes an sich hat. Er ist kritisch zersetzend, nicht kontemplativ, konstruierend, produktiv.[367] Das ist von jüdischer Seite selbst anerkannt, wenn der Jude Abraham Geiger im Hinblick auf Börne und Heine schreibt: ‚Es ist jüdischer Geist, der in ihnen lebendig ist, der sprudelnde, zersetzende, witzige, weniger positiv aufbauende, aber Ferment hineinbringende in den stockphiliströsen, zähen, trockenen, deutschen Geist.

1926: Der einflussreiche Theologieprofessor und engagierte Antisemit Werner Elert nennt die Weimarer Republik mit Hinweis auf die lutherische Zwei-Reiche-Lehre eine unnatürliche, gottwidrige Staatsform.[368]

1929: Schon seit den zwanziger Jahren wird Martin Luther als Inbegriff des "faustischen Menschen" verehrt. Der Reformator, so formulierte etwa Erich Brandenburg 1929 im ersten, „dem jungen Luther“ gewidmeten Band der Reihe „Die deutschen Führer“, sei „Deutscher durch und durch, der in seiner rücksichtslosen Hingabe an eine große Idee, in seinem ganzen, der Arbeit für seine Mitmenschen geweihten Leben als ein wahrer Volksheld vor uns steht“.

1930: In Berlin wird der evangelische Pfarrersohn und fanatische SA-Chef von Friedrichshain, Horst Wessel, im Zimmer einer ehemaligen Prostituierten, von einem Zuhälter angeschossen und stirbt. Joseph Goebbels baut ihn zum politischen Märtyrer des Nationalsozialismus auf. Das Horst-Wessel-Lied „Die Fahne hoch …“ wird zur Hymne der NSDAP, bald zu einer Art zweiten Natio-

---

367 Hans Meiser, Die evangelische Gemeinde und die Judenfrage, in: Evangelisches Gemeindeblatt Nürnberg 33, 1926. Erhielt er deshalb 1952 das Große Bundesverdientkreuz??

368 Mensing, S. 67. Hier berührt er sich mit Thomas Mann!

nalhymne.[369]

1930: Das Deutsche Pfarrerblatt veröffentlicht einen Grundsatzbeitrag über das Verhältnis von NSDAP und 'Kirche'. Der Autor, Pfarrer Friedrich Wienecke, erklärt es zu den Aufgaben der Männer der 'Kirche', in die „Tiefe der nationalsozialistischen Gedankenwelt" zu schauen und sich nicht durch „äußere Schönheitsfehler" wie Härte, Rohheit und Rachsucht abschrecken zu lassen. Unter der „rauen Schale" keime möglicherweise sogar „das beste Leben, das je aus der alten deutschen Eiche herauswuchs." Pfarrer Wienecke verweist in diesem Zusammenhang auf Hitlers "Mein Kampf". Die von „Gott gewollte Aufgabe für die deutsche Politik" sei nach Wienecke „die Förderung des arisch-germanischen Menschen." Theologie und Pfarrerschaft müssten helfen, dass die Nazi-Bewegung „erfüllt von göttlicher Kraft unserem Volk Gesundung bringe".[370]

1931: Konferenz von 130 evangelischen Pfarrern in Steinach/Bayern zum Thema: „Der Nationalsozialismus - eine Frage an 'Kirche'nvolk und Theologie". Pfarrer Eduard Putz sieht in der evangelischen Gotteslehre eine direkte Verbindung zum Nationalsozialismus. Er bekennt später, dass er „seit dem Jahre 1929 ... durch ... Vorträge eine große Anzahl von Kollegen veranlasst hatte, ... aktive Nationalsozialisten zu werden".[371]

1931: Ober'kirche'nrat Hans Meiser teilt mit, dass die 'Kirche' an "dem Ringen zwischen Deutschglauben und den bewusst kirchli-

---

[369] Mensing, S. 129 ff.

[370] Das Deutsche Pfarrerblatt 11.11.1930. Über das Deutsche Pfarrerblatt, Auflage 19.000 Exemplare, siehe Arndt, S. 140-144. Vom Deutschen Pfarrerblatt (Auflage: 18.000-19.000) kann "mit Sicherheit angenommen" werden, "dass es den deutschen Pfarrerstand in seiner Gesamtheit erreichte". Das in Essen verlegte Pfarrerblatt ist zudem Pflichtorgan aller Mitglieder des Pfarrervereins.

[371] Mensing, S. 129 ff.

chen Kräften innerhalb des Nationalsozialismus nicht achtlos vorübergehen könne". Meiser verachtete die „demokratische Ordnung der Weimarer Republik".[372]

1930: Nach dem Erstarken der NSDAP in der Reichstagswahl vom September 1930 wuchs nach Pfarrer Bergmann, Ludwigshafen, die Hoffnung in protestantischen Kreisen, in eine nationalkirchliche Zukunft zu gehen.[373]

1931: In Treysa, Hessen, treffen sich die Anstaltsleiter der evangelischen Inneren Mission in Deutschland zu einer "Evangelischen Fachkonferenz für Eugenik". Sie beraten über die Sterilisierung und „Vernichtung lebensunwerten Lebens". Die Treysaer Erklärung fordert die Zwangssterilisierung Behinderter. „Träger erblicher Anlagen, die Ursache sozialer Minderwertigkeit und Fürsorgebedürftigkeit sind, sollten tunlichst von der Fortpflanzung ausgeschlossen werden."[374]
Pastor Friedrich von Bodelschwingh aus Bethel interpretiert den „Willen Jesu": „Im Dienst des Königreichs Gottes haben wir unseren Leib bekommen.... 'Das Auge, das mich zum Bösen verführt usw.' zeigt, dass die von Gott gegebenen Funktionen des Leibes in absolutem Gehorsam zu stehen haben, wenn sie zum Bösen führen und zur Zerstörung des Königreiches Gottes in diesem oder jenem Glied, dass dann die Möglichkeit oder Pflicht besteht, dass eine Eliminierung der Geschlechtsorgane stattfindet. Deshalb würde es mich ängstlich stimmen, wenn die Sterilisierung nur aus einer Notlage heraus anerkannt würde. Ich möchte es als Pflicht und mit dem Willen Jesu konform ansehen. Ich würde den Mut haben, vorausgesetzt, dass alle Bedingungen gegeben und Schranken gezogen sind, hier im Gehorsam gegen Gott die Eliminierung an ande-

---

372 Mensing, S. 128.
373 Evangelischer Kirchenbote der Pfalz, Nr. 48, 30. 11. 1930.
374 Ernst Klee, „Euthanasie" im Dritten Reich. Die Vernichtung „lebensunwerten Lebens", Frankfurt 1983, S. 32.

ren Leibern zu vollziehen, wenn ich für diesen Leib verantwortlich bin“.[375]

Einschub

Da in der Öffentlichkeit und in der veröffentlichten Meinung immer wieder festzustellen ist, dass Taten der Regierung des Dritten Reiches maßgeblich mit Unterstützung der katholischen Kirche vorgenommen worden wären, sollen zwei Texte mitgeteilt werden, die die unterschiedliche Haltung der katholischen Kirche und der evangelische ‘Kirche’ in Deutschland bzgl. der „Euthanasie“ dokumentieren:

„Das Heilige Offizium beantwortet mit Dekret vom 2. Dezember 1940 folgende Frage: Ob es erlaubt ist, auf Befehl der staatlichen Autorität direkt jene zu töten, die, obwohl sie kein todeswürdiges Verbrechen begangen haben, jedoch wegen geistiger oder körperlicher Defekte für die Nation nicht mehr von Nutzen sein können und die für ihre Nation eher als eine Last und als ein Hindernis für ihre Lebenskraft und Stärke gelten. Antwort: Nein, da es gegen das natürliche und positiv göttliche Recht ist. Seine Heiligkeit Papst Pius XII. hat in der Audienz am 1. Dezember1940 diese Entscheidung der Kardinäle approbiert, bestätigt und ihre Veröffentlichung angeordnet.“

Vermutlich Anfang 1941 verfasste der Leiter der ‘Kirche’nkanzlei, Friedrich Werner, im Auftrag des Geistlichen Vertrauensrats der Deutschen Evangelischen ‘Kirche’ eine Eingabe an das Reichsinnenministerium: Betr. Einbeziehung der in den Anstalten der Inneren Mission befindlichen Kranken in die „Euthanasie“aktion. „Die Evangelische Kirche [...] ist vielmehr der Meinung, dass die staatliche Gesetzgebung vom Staate selbst und seinen verantwortlichen Leitern vor Gott und dem eigenen Gewissen verantwortet werden muss. Deshalb beschränkt sich der Geistliche Vertrauensrat darauf, auf den schweren Ernst der zu treffenden Entscheidung hinzuwei-

[375] Ernst Klee, Die SA Jesu Christi, S. 88.

sen“.[376]
Dies ist auch heute noch unfassbar! Dann aber „Reformation“ feiern!

1931: Die in Leipzig herausgegebene Allgemeine Evangelisch-Lutherische ‘Kirchen’zeitung ist das offizielle Organ der Evangelisch-Lutherischen Konferenz und „das größte und führende Wochenblatt des gesamten evangelischen Deutschlands“[377] wendet sich an die NSDAP mit der Bitte um Hochschätzung der Bibel. Der Herausgeber und Schriftleiter, Pfarrer Wilhelm Laible, schrieb, dass die Verkennung der Bibel mit dem "verheerenden Einfluss der Juden" erklärbar sei. Viele Deutsche verfolgen das jüdische Volk deshalb als die "Verderber Deutschlands" mit ganzem Hass und suchen seinen Einfluss zu brechen. Die Bibel wäre kein Judenbuch, sondern ein "Anti-Judenbuch", denn alles, was an den Juden so „abscheulich“ wäre, hätte auch die Bibel schon erkannt.[378]

1931: Grundsatzbeitrag von Pfarrer Friedrich Wienecke im Deutschen Pfarrerblatt: „Der Nationalsozialismus vor der Gottesfrage“. Der Autor meint, das Evangelium Jesu Christi werde in der Bewegung des erwachenden Deutschland zum „Großkampf um Gottes Sache.“ Die „besten Geister“ hörten „von innen heraus Gottes Ruf“. Das Hakenkreuz sei ohne das Christuskreuz nichts, mit dem Christusgeist aber alles.[379]

1931: Der Leiter des Referates "Gesundheitsfürsorge" beim Centralausschuss der Inneren Mission, Dr. Hans Harmsen, fordert: „Dem Staat geben wir das Recht, Menschenleben zu vernichten, Verbrecher und im Kriege. Weshalb verwehren wir ihm das Recht

[376] Zitiert nach Ernst Klee, „Euthanasie“ im Dritten Reich, S. 233.
[377] Arndt, S. 8.
[378] Zitiert nach Arndt, S. 147.
[379] Deutsches Pfarrerblatt, 20. 10. 1931.

zur Vernichtung der lästigsten Existenzen?"[380] Angehörige hätten ihre Kinder oder andere Familienangehörigen in der Regel in gutem Glauben kirchlichen Einrichtungen anvertraut, weil sie der Kirche vertrauten. Wussten sie, dass die Verantwortlichen in der evangelischen Kirche darüber diskutierten, ob man die Behinderten ermorden sollte oder nicht?
Die Diskussion ging auch darum, ob man einen Unterschied zwischen „lebenswert" und „nicht lebenswert" machen sollte. Das wurde in protestantischen Kreisen schon gegen Ende der Weimarer Republik und nicht erst im Dritten Reich diskutiert!

1932: „Am Ende des Monats sehen wir einer neuen Reichstagswahl entgegen... Denken wir auch einmal bei der Stimmabgabe an unsere Kirche und bekennen wir uns zu denen, die der ultramontanen Sturmflut einen Damm entgegensetzen könnten.[381]

1932*:* Zum Reformationsfest 1932 schreibt Pfarrer Johannes Schlott in der Braunschweiger Tageszeitung: „Hätte es nicht greifbar nahegelegen, die Parallele zu ziehen zwischen Luther und unserem Führer Adolf Hitler? Wie einst Gott uns Luther gesandt, die deutsche Seele freizumachen zu neuem Leben, hat er uns heute Hitler gesandt, dem deutschen Volk eine Seele zu geben. Heute ist Hitler unser großer Umwälzer[382], und wie einst das deutsche Volk sich seines Luthers erfreute, frohlockt heute das deutsche Volk seinem Hitler".[383]

1932: Die Neue Züricher Zeitung in der Schweiz berichtet über die Evangelische Kirche in Deutschland. Viele führende Vertreter der

---

[380] Ernst Klee/Gunnar Petrich, Alles Kranke ist Last..

[381] Evangelisch-Protestantisches Gemeindeblatt für Neustadt (Pfalz), Nr. 9, 1932.

[382] Nicht erstaunlich, dass dieser Begriff gebraucht wird = Revolutionär und nicht Reformator. In dieser Zeit versteht sich der nationale Sozialismus als Revolution. Siehe die Zeitungen dieser Zeit.

[383] Braunschweiger Tageszeitung, 31. 10. 1932.

evangelischen Kirche, sympathisierten mit Hitler und betätigten sich in der NSDAP. Die protestantische Kirche sei dabei, „Parteikirche“ der NSDAP zu werden.[384]

1932: Reichstagswahl: Die NSDAP erhält von den evangelischen Pfarrern weit überdurchschnittlich ca. 50-60 % der Stimmen.[385] In überwiegend evangelischen Stimmkreisen Bayerns erhält die NSDAP sogar über 70 % der Stimmen. „Besonders in kleinen protestantischen Landgemeinden gewann sie bereits 1932 (Juli) zwischen 90 und 100 Prozent aller Stimmen“.[386] Der Historiker Manfred Kittel schreibt: „Im evangelischen Franken konnte man bereits im Frühjahr 1932 den Eindruck gewinnen, das Dritte Reich sei angebrochen“.[387]

1933: Das “Gesetz zur Verhütung erbkranken Nachwuchses” basierte auf Forderungen der Anstaltsleiter der evangelischen Inneren Mission mit der Treysaer Erklärung von 1931. Direktor Karl Todt der evangelischen Heilerziehungs- und Pflegeanstalt und die Diakonie-Leiter meinten: “Wie freudig begrüßten wir die rassenpflegerischen Maßnahmen unseres Führers, die der Auftakt sind, die Übel von der Wurzel an zu bekämpfen. So stehen wir zum Dienste bereit, Handlanger zu sein am Bau des Reiches Gottes und am Bau des neuen, des Dritten Reiches”. Gemäß des Gesetzes werden Behinderte, Blinde, Taube, Stumme, Epileptiker, Alkoholiker, Homosexuelle, seelisch Kranke und politische Gegner als “schwachsinnig” eingesperrt, wie es schon Martin Luther gefordert hatte: “...dass man arme, blödsinnige und geistesgestörte Kinder, in denen man Teufelskinder zu erkennen glaubte, ertränken soll.” Die NSDAP wählte nicht Ertränken, sondern Tod durch Gas: Die Pfle-

---

384 Neue Züricher Zeitung, 12. 6. 1932.

385 Mensing, in: Nachrichten der Evangelisch-Lutherischen ‘Kirche’ in Bayern, 1998, S. 254.

386 Vollnhals, S. 124.

387 Manfred Kittel, Provinz zwischen Reich und Republik, München 2000, zit. nach Evangelisches Sonntagsblatt Nr. 15, 14. 3. 2008.

gerin P.K wählt in der evangelischen Euthanasieanstalt Schloss Grafeneck täglich 70 Behinderte zur Vergasung aus. Sie rechtfertigt sich als fromme Christin, weil der „Tod durch Gas nicht weh tut."[388]

1933: „Wir haben von Dr. Martin Luther gelernt, dass die Kirche der rechtmäßigen staatlichen Gewalt nicht in den Arm fallen darf, wenn sie tut, wozu sie berufen ist. Auch dann nicht, wenn sie hart und rücksichtslos schaltet." So Otto Dibelius, Generalsuperintendent der Kurmark in der Predigt im Rahmen der Eröffnung des Reichstags am 12.3.1933.

1933: Der spätere Hamburger Landesbischof Franz Tügel empfindet beim Anblick der Militärparade in Berlin anlässlich der Wahl Adolf Hitlers zum deutschen Reichskanzler ein Hochgefühl: „Mit klopfendem Herzen erlebte ich den Einzug der Männerbataillone durch das Brandenburger Tor und den Vorbeimarsch an dem greisen Reichspräsidenten und seinem jungen Kanzler unter dem endlosen Jubel der Menschenmassen ... Ein unbeschreibliches Hochgefühl, verbunden mit dem tiefsten Dank gegen den allmächtigen Herrn der Geschichte, erfüllte mein Herz ...".[389]

1933: Karl Barth behandelt im Heft 4 der „Theologische Existenz heute" das Thema „Lutherfeier 1933". Barth, damals bekannter Theologieprofessor an der Universität Bonn, distanziert sich von der Mode, sich bei Luther zu bedienen, wie es einem gerade passe. Das Barock habe Luther als geistlichen Herkules gefeiert, die Aufklärung sehe in Luther ein Vernunftlicht, der Liberalismus schätze an ihm die religiöse Persönlichkeit. „Heute dürfte aus naheliegenden Gründen vor allem Luther, der große Deutsche an der Reihe sein", spottet (?) Barth. In diese Bewertung Barths passt

[388] Siehe Focus, 29. 9. 2013, Rezension von Wendy Lower, Hitlers Furien, 2013.

[389] Barbara Beuys, Und wenn die Welt voll Teufel wär', Reinbek 1982, S. 522.

vielleicht auch die folgende Meldung aus der heutigen Zeit: Wie der „Evangelische Pressedienst“ berichtete, zog Margot Käßmann bei ihrer Amtseinführung als Botschafterin des Reformationsjubiläums 2017 eine Traditionslinie von der Reformation 1517 bis zur friedlichen Revolution 1989 in der DDR. „So wie vor 500 Jahren Ostdeutschland und Wittenberg das Zentrum der Welt waren, von wo aus die Idee der individuellen Menschenrechte und der Freiheit des Einzelgewissens formuliert wurden, so ging auch 1989 dieser Freiheitsgedanke von hier aus“,[390] meinte Käßmann. Gab es aber nicht die Zusammenarbeit im Geiste zwischen dem Regime der D’D‘R und der protestantischen ‘Kirche’ in der D’D‘R?

1933: Deutschlandweit läuten anlässlich der Wahl Hitlers die Glocken vieler evangelischer ‘Kirche’n.

1933: Die Freude über Hitlers Ernennung zum Reichskanzler am 30. Januar 1933 drückt sich im Pfälzischen Pfarrerblatt so aus: „Die Übermacht Roms mit seinen bedrohlichen Übergriffen ins Volksleben ist über Nacht gebrochen“.[391]

1933: Über die Wahl-Abschlusskundgebung der NSDAP am 4.3.1933 in Königsberg schreibt die Allgemeine Evangelisch-Lutherische Kirchenzeitung über Hitlers Rede: „Millionen deutscher Christen hörten mit und sangen das Lied ′Wir treten zum Beten an' mit, und als die Königsberger Glocken läuteten, stiegen in gleicher Stunde weithin Gebete zum Himmel auf, wie es wohl nie in der Geschichte Deutschlands geschah“.[392]

1933: Dibelius nimmt am 3.April im Deutschland Rundfunk ab 23 Uhr „gegen die Greuelpropaganda“ Stellung und will die Christenheit jenseits des Ozeans über die wahre Lage in Deutschland

---

[390] Zitiert nach Humanistischer Pressedienst, 2. 5. 2012.

[391] Pfälzisches Pfarrerblatt Nr. 3, 1933.

[392] Allgemeine Evangelisch-Lutherische Kirchenzeitung, 6. 3. 1933.

aufklären.
„An den Schauernachrichten über grausame und blutige Behandlung der Kommunisten in Deutschland ist kein wahres Wort. Auf Grund dieser falschen Nachrichten hat nun das Judentum in mehreren Ländern eine Agitation gegen Deutschland begonnen.
Um diesen Boykott zu brechen, haben die deutschen Nationalsozialisten nun ihrerseits eine Boykottbewegung gegen das Judentum in Deutschland eingeleitet. Dieser Boykott ist zunächst auf einen einzigen Tag beschränkt. Die Regierung will abwarten, was sich in diesen Tagen draußen in der Welt ereignet. Aus diesem Grunde bitte ich als ein Diener meiner Kirche die christlichen Freunde in Amerika herzlich und dringend, dass sie ihren Einfluss dafür einsetzen möchten, dass keine falschen Nachrichten über Deutschland mehr verbreitet und geglaubt werden. Haben Sie Vertrauen! Noch einmal: Haben Sie Vertrauen! Sie werden es erleben, dass das, was jetzt in Deutschland vor sich geht, zu einem Ziel führen wird, für das jeder dankbar sein kann, der deutsches Wesen liebt und ehrt! Und dass es nicht nur Deutschland, sondern der Welt zum Besten dienen wird."

1933: Adolf Hitler rechtfertigt in einem Gespräch mit Bischof Hermann Wilhelm Berning von Osnabrück die Judenverfolgung damit, „dass er gegen die Juden nichts anderes tue als das, was die 'Kirche' in 1500 Jahren gegen sie getan habe".[393]

1933: Der Leiter der Diakonie-Anstalt in Bad Kreuznach, Pastor Johannes Hanke, schreibt im Schwesternbrief: „So dürfen wir in dem gewaltigen Geschehen dieser letzten Wochen an ein Eingreifen Gottes zur Neugestaltung unseres nationalen Lebens glauben".[394]

---

[393] Zitiert nach Friedrich Heer, Gottes erste Liebe, Berlin 1981, S. 406.
[394] Zitiert nach Uwe Kaminsky, Zwangssterilisation und „Euthanasie" im Rheinland. Schriftenreihe des Vereins für Rheinische Kirchengeschichte, Band 116, Köln 1995, S. 108.

1933: Pastor Walter Jeep bekennt bei der Konferenz der Vorsteher evangelischer Anstalten: „Es ist die zweite Stunde der Reformation für die Deutschen Lande da".[395]

1933: Der Professor für Kirchengeschichte in Erlangen, Hans Preuß, veröffentlicht am 20. und 27. 10. 1933 in der angesehenen Allgemeinen Evangelischen-Lutherischen Kirchenzeitung einen Aufsatz unter dem Titel „Luther und Hitler". Beide seien deutsche Führer, beide zur Errettung des Volkes berufen, beiden geht der Schrei nach einem großen Manne der Rettung voraus, beide seien aus dem Bauernstand, sie treten in den 30iger Jahren ihres Lebens als gänzlich unbekannte Leute auf, beide lieben ihr Vaterland, die Frauen treten für beide aus der Öffentlichkeit zurück in die Häuslichkeit, beide lehnen den Parlamentarismus ab und kämpfen einen Zwei-Frontenkrieg und als leuchtende Schlussparallele: Luther und Hitler fühlen sich vor ihrem Volke tief mit Gott verbunden". Hitler kenne das Gebet. „Er denkt auch an den Heiland". „Man hat gesagt, das deutsche Volk habe dreimal geliebt: Karl den Großen, Luther und Friedrich den Großen. Wir dürfen nun getrost unseren Volkskanzler hinzufügen. Und das ist wohl die lieblichste Parallele zwischen Luther und Hitler." Bei der Festversammlung des Martin-Luther-Bundes in Coburg hält Hans Preuß am 31. 10. 1933 in Anwesenheit des Coburger Herzogpaares, von Kultusminister Schemm und Landesbischof Meiser den Hauptvortrag und „legt die überraschende Ähnlichkeit Luthers mit dem Adolf Hitlers dar".[396]

1933: Im Pfälzischen Pfarrerblatt meint Pfarrer Wilhelm Gruber aus Breitfurt, dass in der Vereinbarung von Nationalsozialismus und Christentum die konsequente Fortentwicklung der Reforma-

---

[395] Zitiert nach Ernst Klee, „Euthanasie" im Dritten Reich, Frankfurt 1983, S. 38.

[396] Allgemeine Evangelischen-Lutherischen 'Kirche'nzeitung, Oktober 1933.

tion Luthers zu sehen wäre, denn sie wäre die Überwindung des römischen Christentums aus dem deutschen Geist".[397]

1933: In einer Artikelserie in der NSZ-Rheinfront schreibt Pfarrer Philipp Schmidt, dass Hitler „ein Wunder der Schöpfung sei..."[398]

1933: Aussage des Arztes Viktor von Weizsäcker im Sommersemester 1933 an der Universität Heidelberg: „Es wäre illusionär, ja es wäre nicht einmal fair, wenn der... Arzt seinen verantwortlichen Anteil an der notgeborenen Vernichtungspolitik... an der Vernichtung unwerten Lebens... oder unwerter Zeugungsfähigkeit... an der Ausschaltung des Unwerten durch Internierung... glaubt nicht beitragen zu müssen".[399]
Hier soll ein ganz persönlicher Exkurs über die protestantische Familie von Weizsäcker[400], eingeschoben werden, da über diese eines der größten Tabus der Republik besteht. Zwar gibt es eine Fülle von apologetischen Büchern, Biographien und Zeitungsartikeln, doch seltsamerweise gelingt es immer wieder, dass die vielen skandalumwitterten Handlungen und Aussagen der Familienangehörigen kaum berichtet werden und deshalb nicht die öffentliche Meinung erregen. Bei jeder anderen Familie hätte niemand „Karriere" machen können, so oft waren viele aus dieser Familie in dunkle Machenschaften verstrickt.[401]

---

[397] Pfälzisches Pfarrerblatt Nr. 6, 1933.

[398] NSZ-Rheinfront, 29.7.1930. Seine anderen Beiträge sind erschienen in den Ausgaben vom 25./26./27.7. 1933.

[399] Ernst Klee, Dokumente zur „Euthanasie", 1985, S. 61.

[400] So war z.B. Richard von Weizsäcker Präsident des Evangelischen Kirchentages von 1964-1970,1979-1981; Mitglied der Synode und des Rates der E'K'D von 1967-1984.

[401] Im Meinungsmagazin des Westdeutschen Rundfunks am 12.1.2012 war z.B. zu hören: „Richard v. Weizsäcker war in den 60er Jahren Hauptverantwortlicher bei der Geschäftsführung des deutschen Chemieunternehmens Boehringer, das damals mit dem amerikanischen Konzern Dow Chemical zusammen ‚Agent Orange' produzierte. Dieses dioxinhaltige, hochgradig krebserregende Entlaubungsmittel versprühten die USA über

Meine erste Begegnung mit dem Namen Weizsäcker erfolgte im Rahmen meines Studiums des Faches Geschichte an der Universität Heidelberg. Peter Moraw[402], damals Assistent am Historischen Seminar, vermittelte uns Erstsemestrigen in einem „Proseminar zur Geschichte des Mittelalters: Heinrich II.“ die Grundlagen der Genealogie. Obligatorisch war es, die „Einführung in das Studium der Geschichte“, vom Heidelberger Professor Ahasver von Brandt geschrieben, damals noch (!) fast auswendig zu lernen: „Werkzeug des Historikers“.[403] Im Kapitel Genealogie war eine Verwandtschaftstafel abgebildet, die die „Begabungshäufigkeit und Verwandtschaftszusammenhänge in vier Familien der bürgerlichen Oberschicht“ in Deutschland seit dem 19. Jahrhundert darstellt.[404] Damals hatte ich den ersten Eindruck erhalten, wie über familiäre Verbindungen Karrieren, d.h. beruflicher Aufstieg ermöglicht wurde. Moraw sprach auch über Ernst Robert Curtius, Autor des Buches „Europäische Literatur und lateinisches Mittelalters“[405], dessen Schwester Olympia mit dem Mediziner Victor von Weizsäcker verheiratet war. Im Proseminar musste ich mich dann auch noch mit dem Historiker Julius Ludwig Friedrich Weizsäcker auseinandersetzen, dem noch nicht geadelten Herausgeber der Deutschen

ihrem Kriegsgegner in Vietnam. Hunderttausende starben qualvoll. Etliche deutsche Boehringer-Arbeiter (Werk Hamburg z.B.) wurden beim Kontakt mit dem Supergift Dioxin sterbenskrank. Der „Spiegel“ hatte schon 1991 aufgedeckt, dass man bei Boehringer von den furchtbaren Schäden gewusst hatte. Dass von Weizsäcker es bis heute ablehnt, sich mit seinen Verstrickungen, seiner Verantwortung auseinanderzusetzen, ist bedrückend.“Man könnte auch sagen: typisch lutherisch!

402 1935-2013. von 1973-2013 Professor an der Justus-Liebig Universität Giesen. Vgl. Wer ist wer? Das deutsche Who’s Who.XLVII. Ausgabe 2008/2009, S. 875.

403 Ahasver von Brandt, Werkzeug des Historikers, Stuttgart 1966.

404 Brandt, S. 57. Es handelt sich dabei um die Familien Schlözer, Curtius, Lepsius, Weizsäcker.

405 Ernst Robert Curtius, Europäische Literatur und lateinisches Mittelalter, 1961.

Reichstagsakten.[406]
Die zweite bewusste Begegnung mit dem Namen Weizsäcker erfolgte fast zehn Jahre später. Meine erste berufliche Anstellung fand ich im Kultusministerium von Rheinland-Pfalz. Kultusminister Dr. Bernhard Vogel - bei meinem Studienanfang noch Assistent von Professor Dolf Sternberger, ich hatte ihn damals in meinem ersten Studiensemester im Proseminar Politische Wissenschaft kennengelernt - hatte mich, gerade bei Professor Werner Conze, Heidelberg, promoviert[407], als Referent für die Hochschulabteilung in das Ministerium geholt. Es war die Zeit der Debatten in der Bundesrepublik Deutschland über Grundsätze in Politik und Gesellschaft, über Werte und Maßstäbe des politischen Handelns.[408]
Alle Parteien fühlten sich herausgefordert, ihre Positionen nach der aufbruchsstarken Diskussion der 60er Jahre zu überdenken und neu zu beschreiben. Nach der Bundestagswahl 1976 ging der bisherige Ministerpräsident von Rheinland-Pfalz, Dr. Helmut Kohl, als Oppositionsführer nach Bonn, und Kultusminister Dr. Vogel zog in die Staatskanzlei am Deutschhausplatz in Mainz ein. Die bisherige Staatssekretärin im Kultusministerium, Dr. Hanna Renate Laurien, übernahm das Ressort und entschied, dass ich neuer Grundsatzreferent für Fragen der Bildungs- und Kulturpolitik wurde. Grundsatzreferent hieß auch im Klartext: Ich war - zunehmend immer mehr - zuständig für die Vorbereitung von Reden von Frau Dr. Laurien. So war es selbstverständlich, dass ich mit der Diskussion über das neue Grundsatzprogramm der CDU vertraut wurde, das maßgebend von Richard von Weizsäcker, einem Enkel des

---

[406] Julius Friedrich Ludwig Weizsäcker, (Hg.) Deutsche Reichstagsakten, Bd. 1. Deutsche Reichstagsakten unter König Wenzel, 1. Abteilung 1376-1387, München 1867; siehe Martin Wein, Die Weizsäckers. Geschichte einer deutschen Familie, Stuttgart 1988, S. 180-143.

[407] Der Separatismus in der Pfalz nach dem Ende des 2. Weltkriegs. 1945-1947. Masch.Diss, Heidelberg 1974.

[408] Aus der Fülle der Literatur Alexander Schwan, Grundwerte der Demokratie. Orientierungsversuche im Pluralismus, München 1978 und Otto Kimminich, Was sind Grundwerte?, Düsseldorf 1977.

Neffen[409] von Julius Ludwig Friedrich Weizsäcker, geprägt wurde.[410] Sein Vater war der frühere Staatssekretär im Außenministerium der Regierung des nationalen Sozialismus, Ernst von Weizsäcker, der von den Alliierten im Kriegsverbrecherprozess von Nürnberg zu mehreren Jahren Zuchthaus verurteilt, dann aber auf wunderbare Weise mit Hilfe der protestantischen ‚Kirche' recht bald entlassen wurde.
Damals war ich fasziniert von seinen Formulierungen, sei es in den Entwürfen, sei es bei seinen wenigen, aber wichtigen Reden als Abgeordneter des Wahlkreises Worms im Deutschen Bundestag. Seine Äußerungen waren nicht nur anregend, sie faszinierten mich auch deshalb, weil ich hier Grundsatzpositionen wiederfand, die ich während des Studiums im Oberseminar der Professoren C. J. Friedrich und H. J. Arndt „Über den Beruf des Politikers" zum Beispiel anhand der Schrift Max Webers „Über Politik als Beruf" (1916), behandeln musste.
Nun lernte ich mit Richard von Weizsäcker einen Politiker kennen, der die Weberschen Maximen von Gesinnungs- und Verantwortungsethik nicht nur im Bundestag als Abgeordneter während einer Debatte im März 1975 einbrachte[411] und der grundsatztreu Maßstäbe und Wertungen für die Politik formulierte, die ich selbst suchte und nun fand. Denn eine solche Orientierungslosigkeit wie in den sechziger Jahren, die mich geprägt hatte: Große Koalition, Arbeitslosigkeit, Aufstieg der NPD, Notstandsverfassung usw. sollte nicht wieder entstehen, wenn man vernünftige Politik machte - so meine Meinung. Und da sog ich gerade die Ideen und die wertorientierte Grundlegung von Politik durch die programmatischen Äußerungen Richard von Weizsäckers in mich auf. Es ist

---

409 Karl Hugo von Weizsäcker, 1853-1926, Ministerpräsident von Württemberg; siehe Wein, S. 143-204.

410 Siehe Richard von Weizsäcker, CDU-Grundsatzdiskussion., Bonn 1977; ders. Selbstverantwortung und Mitverantwortung, Bonn 1978.

411 Siehe Detlef Kritschil, „Ich als aktiver Politiker", in: Werner Filmer / Heribert Schwan, Richard von Weizsäcker. Profil eines Mannes, Düsseldorf 1984, S. 272.

deshalb nicht verwunderlich, wenn in meine Redevorlagen immer mehr und immer wieder seine Anregungen einflossen. Doch Grundsatztreue und wertorientiertes Handeln sind gut für Programmatik und Reden, für die Gestaltung von Politik aufgrund der Zwänge des Alltags aber nicht selten ohne Belang. Als sich die Möglichkeit ergab, eine Stelle in der Wissenschaft zu übernehmen, griff ich deshalb zu.[412]

Die neue Tätigkeit an der Universität Landau führte mich dann zu einer unmittelbaren Begegnung mit Richard von Weizsäcker. Bei einer Exkursion nach Berlin mit Studentinnen und Studenten der Universität Landau ergab sich die Gelegenheit, meine frühere Chefin, Frau Dr. Laurien, die 1981 in den von dem ehemaligen Bundestagsabgeordneten und inzwischen zum Regierenden Bürgermeister von Berlin gewählten Richard von Weizsäcker gebildeten Senat als Schulsenatorin berufen worden war, am Rande einer Sitzung des Abgeordneten-Hauses zu besuchen. Frau Dr. Laurien verspätete sich aufgrund einer vorher nicht zu erwartenden längeren Debatte, die sich bis in die Abendstunden hinzog, so dass ich im Casino des Schöneberger Rathauses auf sie warten musste. Die Zeit wurde mir nicht lang, weil plötzlich der Regierende Bürgermeister von Berlin erschien, am Nachbartisch Platz nahm und sich ein Mineralwasser und ein Frankfurter Würstchen bestellte.

Zum ersten Mal sah ich ihn aus der Nähe und stellte fest, dass mein „Vorbild“ ein ganz normaler Mensch war, der entgegen aller in Zeitungen beschriebenen Vornehmheit sein Würstchen mit den Fingern aß und auf die Benutzung des Besteckes verzichtete. Ich bin mir nicht sicher, ob ich mich wegen dieser Normalität gefreut habe oder enttäuscht worden bin. Auf jeden Fall erhoffte ich mir von der wenige Wochen später erfolgten Wahl des Regierenden Bürgermeisters von Berlin zum Bundespräsidenten der Bundesrepublik Deutschland einen entscheidenden Impuls zur moralischen Erneuerung unserer Republik, schließlich war auch sein Partei-

---

[412] Ich war von 1982-2012 Akademischer Direktor am Historischen Seminar der Universität Landau/Pfalz.

freund Helmut Kohl mit dem Anspruch der „geistig-moralischen Wende“ 1982 als Bundeskanzler angetreten, und ich hatte bisher davon recht wenig verspürt. Von heute aus gesehen, muss sich feststellen, dass ich mich grandios in dem Mann von Adel getäuscht habe.[413]

Meine vierte Begegnung mit dem Namen Weizsäcker war dann aber ausschlaggebend für mein näheres Befassen mit dieser Familie, machte mich nachdenklich und führte zur Beschäftigung mit dem Verständnis des Denkens und Handelns einer Familie, die wie kaum eine andere in den letzten hundert Jahren in die politische Gestaltung Deutschlands eingegriffen hatte.

Anlässlich eines Vortragsaufenthaltes im Jahr 1992 an der State University of Buffalo, New York, hatte ich auch Gelegenheit, das Museum of the Franklin D. Roosevelt Library, Hyde Park, New York, im Tal des Hudson River zu besuchen. Mein Rundgang führte mich in der Presidential Gallery zu einer Vitrine, in der ein Brief von Albert Einstein aus dem Jahr 1941 ausgelegt ist. Darin machte er den amerikanischen Präsidenten Franklin Delano Roosevelt auf einen jungen deutschen Physiker aufmerksam, der zur Zeit des Zweiten Weltkrieges dabei war, mit anderen deutschen Physikern die Entwicklung einer Atombombe voranzubringen. Einstein nannte den Namen: Carl-Friedrich von Weizsäcker.[414] Bis 1992 war mir

---

[413] Siehe meine Analyse der Rede Richards von Weizsäcker zum Tag der Deutschen Einheit 3. 10. 1990: „Eine verpasste Chance“, in: Inge Pohl (Hg.) Texte über Texte – Interdisziplinäre Zugänge, Landau 1998, S. 337-361 u. 617-620.

[414] Siehe Wein, S. 411 - 469. Nachdenklich stimmen die Ausführungen C.-F. Weizsäckers, die kaum beachtet und in vielen biographischen Skizzen aus welchen Gründen auch immer selten zitiert oder gar verschwiegen werden: „Dies war der Hintergrund meiner Hoffnung, durch die Uranarbeiten einen Zugriff zur Macht zu erhalten. Der Traum, einem Manne wie Hitler verständlich zu machen, was mich faszinierte, war, damit an einen Schalthebel politischen Einflusses zu kommen. Eine neue Welt kommt, es wird eine kleine Auswahl von Menschen geben, die diese Welt hervorbringen. Und zu dieser Auswahl zu gehören, ist das einzig Sinnvolle... Ich dachte, vielleicht hat er, Hitler, doch irgendwo den Schlüssel für das, was

C.-F. Weizsäcker als entschiedener Gegner der Atomrüstung, als engagierter Streiter für den Frieden bekannt gewesen. Aufgefallen war er mir auch als Kandidat der SPD und FDP für das Bundespräsidentenamt im Jahr 1979.[415] Doch jetzt wollte ich meine Kenntnisse vervollständigen. Ich stellte fest, dass es in der Familie v. Weizsäcker möglich war, in jedem politischen System, das in den letzten hundert Jahren Deutschland geprägt hatte, eine mehr oder weniger verantwortliche Rolle zu spielen:[416]ob Monarchie wie bei dem Württembergischen Ministerpräsident Karl Hugo von Weizsäcker, ob nationalsozialistische, verbrecherische Diktatur wie bei seinem Sohn Ernst Heinrich von Weizsäcker[417], der unter dem Regime von Adolf Hitler Staatssekretär im Außenministerium war, oder ob im demokratisch freiheitlichen System der Bundesrepublik Deutschland wie bei Richard von Weizsäcker als Bundespräsident.

---

kommen soll", C. F. von Weizsäcker, Bewusstseinswandel, 1988, S. 365. Siehe dazu die abschwächende Interpretation von Martin Wein, Carl-Friedrich und Richard von Weizsäcker, in: Deutsche Brüder. Zwölf Doppelporträts, Berlin 1994, S. 366-394, S.386. Doch schreibt S. 383 Wein auch, dass „Carl-Friedrich vom Nationalsozialismus zunächst begeistert" war, und S.384 wird C.-F. Weizsäcker zitiert: „Hinter ... den Ekstasen des Führers meinte ich eine noch unenthüllte Möglichkeit eines höheren Inhalts zu spüren", was er später als seinen „wohl größten politischen Irrtum" bezeichnete, so Wein.

415 Doch Weizsäcker lehnte nach zwei Tagen Bedenkzeit ab. Schon 1964 war er Kandidat der FDP für das höchste Staatsamt gewesen. Siehe Günther Scholz, Die Bundespräsidenten, Heidelberg 1992, S. 339.

416 Vgl. auch die bemerkenswerte Feststellung von Klaus Bölling, Fähig zur Zivilcourage, in: Filmer/Schwan, S. 151: „Bei solchen Begegnungen war unschwer zu ahnen, dass einige unter diesen DDR-Protestanten Weizsäcker auch als Mitglied einer evangelischen Familie erlebten, die mit der Geschichte der Deutschen zu tun hat. Sie sahen in ihm kaum einen 'Westdeutschen'. "

417 Wein, Ernst Heinrich von Weizsäcker, S.204-340, und Leonidas E. Hill, Die Weizsäcker-Papiere 1933-1950, Frankfurt, 1974. Darin S. 433 die bisher kaum beachtete zeitgenössische Meinung des Außenministers: „Die eigene Niederlage wünschen, einen Gegner ins Land holen, um Hitler loszuwerden, die Katastrophe herbeiführen, das wäre nicht einfacher Vaterlandsverrat gewesen, sondern Verrat an Europa."

Welches Bewusstsein vermittelte immer die Überzeugung, unbeschadet in allen Systemen sich immer an vorderster Front zu beteiligen? Hatte Schicksal oder Zufall verhindert, dass ein Vertreter dieser Familie im System des real existierenden Sozialismus der D'D'R Karriere machte,[418] wohl um dort auch „das Schlimmste" zu verhindern, wie dies dem Staatssekretär unter Hitler apologetisch nachgesagt wird?[419] Warum hatte sich auch niemand aus dieser Familie beim Widerstand gegen Hitler beteiligt? Gab es keine Grundüberzeugungen, die das ständige Mittun verhindert hätten? Wozu die hehren Reden, wenn man in allen politischen Systemen tätig sein kann, was immer wieder beschönigend als „Dienen" interpretiert wird? Kommt es nicht darauf an, wem und wozu man dient? Ist es nicht erschütternd zu lesen, dass - so der Weizsäcker Biograph Wein - „Staatsidee und Pflicht zum Dienst am Gemein-

---

[418] Auch wenn es vielleicht anders gemeint war, doch warum sollte es sich nicht auch auf seine Familie beziehen, was Richard von Weizsäcker anlässlich der Verleihung des Heinrich-Heine-Preises im Düsseldorfer Rathaus 1991 geäußert hat: "Wichtig genug wäre schon die Einsicht der Westdeutschen, dass sie sich unter den Bedingungen eines SED-Staates wohl nicht anders verhalten hätten..." zitiert nach Scholz, S. 442. Ist es in diesem Zusammenhang wirklich belanglos - honny soit qui mal y pense - wenn daran erinnert wird, dass ein Sohn Richard von Weizsäckers sich sehr stark in der „grünen", ökologischen Bewegung orientiert und profiliert hat, so dass er auf der Umweltschutzkonferenz von Rio de Janeiro im Jahr 1992 als gefragter Interviewpartner in den Nachrichtensendungen auftauchte? Siehe auch seine Arbeiten, Ernst Ulrich von Weizsäcker, Erdpolitik. Ökologische Realpolitik als Antwort auf die Globalisierung, Darmstadt 1997. Dürften damit nicht die Voraussetzung für politisches Wirken bei einer Übernahme von Regierungsverantwortung durch die „Grüne Bewegung" geschaffen sein? Gewiss, alle genannten politischen Aktivitäten sind legitim, doch bleibt nicht ein Unbehagen übrig? Sollte diese legitime Art politischen Handelns nicht auch in die Vermittlung von Politischer Bildung Einfluss nehmen, um endlich dem vordergründigen und immer wieder in sogenannten Sonntagsreden genannten altruistischen Einsatz der Politiker für die Allgemeinheit abzuschwören? Vielleicht könnte damit auch ein wenig Politikverdrossenheit abgebaut und die Jugend eher mit der politischen Wirklichkeit schon in der Schule konfrontiert werden.

[419] Dazu siehe Wein, S. 265 ff.

wesen für einen Weizsäcker höher standen als das Regierungssystem"?[420] Welche Bedeutung haben eigentlich Grundsatzformulierungen in der Politik?
Unter diesem Eindruck meldete ich mich im Jahr 2010 auch auf der Internetseite www. Walthari.com anlässlich der Veröffentlichung des Buches „Das Auswärtige Amt"[421] zu der Rolle seines Staatssekretärs Ernst von Weizsäcker im Dritten Reich.

„Doppeltes Verschweigen. Das Auswärtige Amt und die Weizsäckers.

Von Dr. H.-J. Wünschel
Zum Bericht der Historikerkommission über die Verstrickungen des Auswärtigen Amtes bei der Judenverfolgung (bis 1945) und über die bruchlose Karrieren von deutschen Diplomaten (nach 1945) nimmt der Historiker an der Universität in Landau wie folgt Stellung. E.D.
Die Veröffentlichung über das Auswärtige Amt ist keine Überraschung. Überrascht kann nur der sein, der die seit Jahrzehnten bekannten Untersuchungen nicht zur Kenntnis genommen hat. Nun stürzen sich alle Gazetten darauf, als sei sensationell, was seit drei Jahrzehnten bekannt ist. Political mainstream und Tabus verhindern nur allzu oft die öffentliche Beschäftigung mit den Forschungen der Historiker. Die Untersuchung bricht z. B. auch mit Tabus über die Familie Ernst von Weizsäckers, Staatsekretär im Auswärtigen Amt im 3. Reich. Nun ist nachzulesen, wie antisemitisch seine Haltung war, wie sehr er die Eroberung des Ostens gewünscht, wie faszinierend er Hitlers Lebensraumideologie unterstützt hat: „Hitler loszuwerden ist Verrat an Europa!" Doch hat er gleichzeitig – so ganz typisch für die Haltung seiner Familie - auch das Gegen-

[420] Wein, S. 194.
[421] Eckhart Conze, Norbert Frei, Peter Hayes, Moshe Zimmermann, Das Amt und die Vergangenheit. Deutsche Diplomaten im Dritten Reich und in der Bundesrepublik, München 2010.

teil aufgeschrieben, für den Fall, dass sich die Zeiten ändern und er dann alles abstreiten kann. So flieht der Protestant nach der Katastrophe von Stalingrad 1943, die Anfang vom Ende des 3. Reiches war, als Botschafter in den Vatikan und erlebt dort das Ende des Krieges. Merke: Großkopfete halten immer zusammen, unabhängig von Religion und Partei. Die neue „sensationelle“ Untersuchung ist aber auch für die anderen Familienmitglieder derer v. Weizsäcker in anderem längst erforschtem, aber bisher nicht zur Kenntnis genommenen Zusammenhang interessant: Sein Onkel Viktor v. Weizsäcker, Medizinprofessor in Heidelberg, war der führende Kopf des Euthanasieprogrammes unter Hitler: „Es wäre illusionär, ja es wäre nicht einmal fair, wenn der... Arzt seinen verantwortlichen Anteil an der notgeborenen Vernichtungspolitik... an der Vernichtung unwerten Lebens...oder unwerter Zeugungsfähigkeit. .an der Ausschaltung des Unwerten durch Internierung... glaubt, nicht beitragen zu müssen“.

Ein Urenkel des Ministerpräsidenten von Württemberg ist heute bei den Grünen engagiert. Was lernen wir daraus? Überall aktiv sein, dann kann man alle Demokratien und Diktaturen an vorderster Front überstehen. Und immer zweideutig reden. (Ich verweise auf meinen Aufsatz: Eine verpasste Chance. Die Rede R. v. Weizsäckers ...‹, in: I. Pohl, Hg., Texte über Texte, 1998). Warum Guido Knopp, der Vorzeigehistoriker des ZDF, mit Orden und Prof.-Titel geschmückt, diese Tatsachen nie dem TV-Publikum nahegebracht hat, hängt halt mit Haltung des Gutmenschen zusammen, die dem mainstream und den Tabus verpflichtet war und ist. Übrigens wäre die Untersuchung über das Auswärtige Amt auch Ansporn für die Landesregierung von Rheinland-Pfalz, einmal Politiker/innen aufzuspüren, die nach 1945 als „demokratische Vorbilder“ mit Orden geschmückt wurden, im 3. Reich aber aktiv, ja sogar im KZ tätig waren.[422]

---

[422] Z. B. Fräulein L. H. war beschäftigt - beim Reichsführer der SS, KZ-Dachau. Im NS-Führerverlag als Schriftleiterin, bei weiteren 5 Zeitungen usw. “In einem ihrer Artikel zum 25. Jahrestag des NS-Programms schrieb L.H., Die

©Dr. Hans-Jürgen Wünschel, Universität in Landau, Aus: WALTHARI®, www. Walthari. com[423]

1933: Über die Gustav-Adolf- Jahreshauptversammlung in Ludwigshafen schreibt die NSZ-Rheinfront: „Nach einem schneidigen Marsch der Kapelle der 10. SS-Standarte ... versicherte der Bürgermeister Förster, dass in Zukunft die Interessen der evangelischen Bevölkerung besser vertreten werden, als dies bisher der Fall war....Oberkirchenrat D. Stichter schließt die Versammlung mit dem ‚Horst-Wesse'-Lied.[424]

1933: Evangelische Kirchenführer mobilisierten ihre Schäfchen zum Kirchenkampf „Gegen eine entartete Kunstrichtung". Das Organ des Deutschen Evangelischen Kirchenbundes: "Der Verband der evangelischen Arbeiter- und Volksvereine in Groß-Berlin erhebt den schärfsten Einspruch gegen die Verhöhnung der christlichen Religion durch eine entartete Kunstrichtung ... die mit der Kunst nichts mehr zu tun hat, sondern dann ist das eine bewusste Verhöhnung der christlichen Glaubensgüter. Der Verband appelliert an das evangelisch-christliche Bewusstsein, sich diese Verhöhnung der heiligsten Güterunseres Glaubens nicht länger gefallen zu lassen und fordert die evangelisch-christliche Bevölkerung ... auf zu einer machtvollen Protestbewegung gegen die Verletzung der religiösen Gefühle durch den entarteten Zeitgeist".[425]

1933: Im Juli 1933 übernimmt die Diakonie von der SA sogar die

---

Weihestunde öffnet mal wieder die Sicht in die Weite unseres Daseins und unseres Kampfes... sie hat uns viel geschenkt, den Glauben gestärkt und neu entfacht, so wie es sein muss. Wollen wir tapferen Herzens dem Sieg entgegenreifen. „Auf dieser Seite steht zu lesen u.a. „Vorstöße der Amerikaner im Raum Saarbrücken...". Hakenkreuzbanner 26.2.1945. Später natürlich SPD-Mitglied. MdL, MdB, MdEu, Bundesverdienstkreuze usw.

423 Www. Walthari. com., 31. 10. 2010. Verantw. Prof. Dauenhauer.

424 NSZ-Rheinfront, 20. 7. 1933.

425 Der Reichsbote, 21. 4. 1929.

Leitung eines KZ. Sehr brutal führen die Protestanten dieses Lager: „Auf kirchlichem Boden ... werden Gegner des Nationalsozialismus gequält und geschunden. Sie werden mit Gewehrkolben zur Arbeit getrieben, manche mit Gummiknüppeln bewusstlos geschlagen. Alle dort beschäftigten SA-Männer gelten als kirchliche Mitarbeiter und erhalten ihren Lohn von der Inneren Mission. Im Oktober werden die Insassen in größere KZs überführt. Auch im KZ-Papenburg arbeiten von 1933-1939 Diakone des evangelischen Stephansstifts Hannover. Sie „stehen und warten, dass man einmal auf einen Menschen schießen darf".[426] Sicher haben diese protestantischen SA-Männer auch das „beliebte" SA-Lied gesungen: „Ihr Sturmkolonnen jung und alt, nehmt die Waffen in die Hand; denn die Juden hausen fürchterlich im deutschen Vaterland. Wenn der Sturmsoldat ins Feuer geht, ja, dann ist er frohen Mut, denn wenn das Judenblut vom Messer spritzt, dann geht's noch mal so gut."[427]

Warum sich die merkwürdige kommerzielle Aktion „Stolpersteine" nicht dieser Fälle annimmt, kann nur vermutet werden.

1933: Überall in Deutschland werden Schilder angebracht: „Die Juden sind unser Unglück".[428] Auch die Stadt Ansbach wendet sich an alle deutschen Geschäftsinhaber und ordnet an, dass die Schilder ‚Die Juden sind unser Unglück' deutlich sichtbar in den Schaufenstern aufgestellt werden müssen. Ein Verzeichnis jüdischer Geschäfte der Stadt wird angefertigt und kostenlos an Fabriken, Geschäfte und Behörden verteilt. Es wird zur Auflage gemacht, dass jeder Bürger ein solches Verzeichnis haben müsse. Auf dem Verzeichnis steht: „Wer bei nachstehenden, im Kreis Ansbach-

---

426 Klee, Die SA Jesu Christi, S. 61-71.

427 Zitiert nach Goldhagen, S. 582.

428 Die Losung "die Juden sind unser Unglück" findet sich bei Luther: "Ein solch verzweifeltes, durchböstes, durchgiftetes, durchteufeltes Ding ist's um diese Juden, so diese 1400 Jahre unsere Plage, Pestilenz und alles Unglück gewesen sind und noch sind. Summa, wir haben rechte Teufel an ihnen." Siehe Amor Ben Hameda, Verfeindete Brüder, Norderstedt 2007, S. 25.

Feuchtwangen wohnhaften Juden kauft, ist ein Volksverräter".[429]

1933: Der Lutherische Generalsuperintendent Knolle aus Lübeck feiert Martin Luther: „Ewigkeit und Deutschtum begegnen sich in seiner Gestalt. In dieser Ewigkeitsverbundenheit seines Erdenauftrags erwächst er zum Propheten der Deutschen, als den er sich - wenn auch zögernd - bezeichnet hat ...Luther muss Prophet und Wegbereiter auch für die neue weltgeschichtliche Zeit des Dritten deutschen Reiches sein ...Lutherisches Christentum ist und bleibt die höchste Offenbarung Gottes in deutscher Sprache".[430]

1933: Nach Pfarrer Schmidt ist „Luther in völkischer Beziehung der geniale Vorkämpfer und artgleiche Bruder des Befreiers und Erweckers der deutschen Seele in unserer Jetztzeit, Adolf Hitler".[431]

1933: Radio-Rede des evangelischen Generalsuperintendenten Otto Dibelius: „Kirche kann und darf den Staat nicht daran hindern, mit harten Maßnahmen Ordnung zu schaffen ... Sie werden es erleben, dass das, was jetzt in Deutschland vor sich geht, zu einem Ziele führen wird, für das jeder dankbar sein kann, der deutsches Wesen liebt und ehrt".[432]

1933: Adolf Hitler meint „dass er gegen die Juden nichts anderes

---

429 Diana Fitz, Ansbach unterm Hakenkreuz, Ansbach 1994, S. 88.

430 Vierteljahresschrift der Luthergesellschaft, München 1933, S. 121f.

431 Evangelisch-Protestantisches Gemeindeblatt für Neustadt Nr. 1 November 1933. U.a. schrieb Schmidt in seinem Buch, Gottestum und Volkstum in der deutschen Zeitenwende, S.160: „Der Weimarer Staat... war Abfall von der Schöpfungsordnung und damit sündig ... er war kein deutscher Staat, sondern eine staatliche Judenfirma." S.11. Unter Berufung auf die Bibel, meinte er: „Mit dieser heiligen Rücksichtslosigkeit muss alles darangesetzt werden, dass alles verschwindet, was die wahre, volle Lebensgemeinschaft mit Christus stört, die Einheit des Glaubens in der neuen Kirche unterwühlt und die lebendige Gemeinschaft mit dem Volke unterbindet."

432 Beuys, S. 533 f.

tue als das, was die Kirchen in 1500 Jahren gegen sie getan haben".[433]

1933: Auf Anweisung des Landeskirchenrats der Evangelisch-Lutherischen Kirche in Bayern müssen die evangelischen Pfarrer Münchens mit Hakenkreuzbinde an der Nazi-Massenkundgebung auf der Theresienwiese teilnehmen.[434]

1933: Der protestantische Pfarrer von Frankenthal, Eugen Willmann, wird aufgrund seiner nationalsozialistischen Gedanken oft in der NS-Zeitung der Pfalz zitiert: „Einer deutschen Kirche können nur deutsche Christen angehören... Die Erfahrungen gerade der deutschen Mission können uns hier die wichtigste Erkenntnis lehren: Halte deine Rasse rein wie deinen Körper."[435]

1933: Im Evangelischen Sonntagsblatt aus Bayern weist unter dem Titel „Eine volkstümliche Ausgabe von Luthers Judenschriften" der Ansbacher Pfarrer und „angesehene Lutherforscher" Dr. Hermann Steinlein nach, dass die evangelische Kirche Luthers Antisemitismus stets hochgehalten habe und zitiert dabei den Lutherforscher Hans Preuß in der Allgemeinen Evangelisch-Lutherischen Kirchenzeitung: „Man hat gesagt, das deutsche Volk habe drei Mal geliebt: Karl den Großen, Luther und Friedrich den Großen. Wir dürfen nun getrost unseren Volkskanzler hinzufügen. Und das ist wohl die lieblichste Parallele zwischen Martin Luther und Adolf Hitler."[436]

1933: Das Evangelisches Sonntagsblatt aus Bayern schreibt über Hitler: "Wir sehen in ihm ein Werkzeug der göttlichen Vorsehung

---

433 Friedrich Heer, Gottes erste Liebe, Berlin 1981, S. 10.
434 Vollnhals, S. 126.
435 NSZ-Rheinfront, 29.7.1933. Zu Willmann siehe Thomas Fandel, Konfessionund Nationalsozialismus. Evangelische und katholische Pfarrer in der Pfalz. 1930-1939, Paderborn 1997, S. 370.
436 Evangelisches Sonntagsblatt aus Bayern, 30. 1. 1933.

...Möchte er das, was er kraftvoll begann, vollenden dürfen zum Segen unseres Volkes und unserer evangelischen Kirche“.[437]

1933: Der Evangelischer Presseverband für Württemberg schreibt rückblickend über den Boykott gegen die jüdischen Geschäfte: Der Boykott am 1. April und das fernere Vorgehen gegen die Juden hat in manchen christlichen Kreisen eine Gewissensnot verursacht, mit der sie nicht fertig werden können. Diese Not mag davon herrühren, dass sie überhaupt kaum noch etwas von den schweren Gefahren aller Art wussten, die unserem Volk von jüdischer Seite drohen ... die ‚Gräuelpropaganda‘ ... von Juden verursacht, genährt und geleitet ... führte zur Aufwiegelung der Völker gegen Deutschland ... Sich mit allen brauchbaren Mitteln zu erwehren, war das gute Recht des deutschen Volkes. Dabei mitzuhelfen war die Pflicht auch des Christen...Wer sein Volk in der Gefahr im Stich lässt, der ist nicht nur ein Feigling, sondern er vergeht sich gegen Gottes Willen! Der Boykott und andere Maßnahmen gegen den jüdischen Einfluss waren ‚kriegerische‘ Handlungen, entsprungen aus der Notwehr... Auch die Bibel weiß von dieser Schicksalsgemeinschaft, die Schuldige und Unschuldige gleichermaßen umfasst. Man denke etwa an die Erzählung von den ägyptischen Plagen ... Wir wollen daraus lernen, nicht verweichlicht zu denken. Es gehört auch zur Aufgabe des christlichen Glaubens, die Welt in ihrer ganzen Nüchternheit und u. U. Brutalität zu begreifen und sich in das Verhängnis der Schuldzusammenhänge hineinzustellen, anstatt voreilig daraus zu fliehen ... Volkfremdes, weltbürgerliches Denken ist nicht christlich, weil es die Schöpfungsordnung verleugnet ... Der Kampf gegen die jüdische Gefahr ist nicht gelöst durch Boykott und Entlassungen, sondern dazu bedarf es einer seelischen Neuwerdung des Deutschen ... dass diese verheißungsvolle Bewegung ihre Kräfte aus den letzten Tiefen hole und dass die nationale Revolution weiterführe zu einer Reformation des deutschen Menschen, das ist die größte und verantwortungsvollste

---

437 Evangelisches Sonntagsblatt aus Bayern, 20. 4.1933.

Aufgabe, die dem deutschen Christen heute gestellt ist.[438]

1933: Grußwort des Landesbischofs an die evangelische Jugend: „... Ich weiß und erkenne dankbar an, dass die einzelnen Verbände jeder in seiner Art in den vergangenen Jahren der Kirche und darüber hinaus dem ganzen deutschen Volke dadurch wertvolle Dienste erwiesen haben, dass sie treu im evangelischen Glauben sich als Damm gegen die Volkszersetzung des Bolschewismus und des Freidenkertums bewährt haben. Der Gottlosigkeit sind heute unter den neuen Verhältnissen manche Kanäle abgegraben; ... So tue, evangelische Jugend, dein Werk und der Herr der Kirche wolle es in Gnaden fördern! München, den 23. Juni 1933 - Der Landesbischof der Evang.-Luth. Kirche in Bayern r. d. Rhs; D. Meiser".[439]

1933: Viktor von Weizsäcker in einem Vortrag an der Heidelberger Universität: „Es wäre illusionär, ja es wäre nicht einmal fair, wenn der… Arzt seinen verantwortlichen Anteil an der notgeborenen Vernichtungspolitik…an der Vernichtung unwerten Lebens…oder unwerter Zeugungsfähigkeit. .an der Ausschaltung des Unwerten durch Internierung… glaubt, nicht beitragen zu müssen".[440]

1933: Reichsverband evangelischer Taubstummen-Seelsorger Deutschlands: „Ein Wort an die erbkranken evangelischen Taubstummen. Die Obrigkeit hat befohlen: Wer erbkrank ist, soll in Zukunft keine Kinder mehr bekommen. Denn unser deutsches Vaterland braucht gesunde und tüchtige Menschen. Viele Menschen haben von Geburt an ein schweres Gebrechen oder Leiden. Die einen haben keine gesunden Hände, Arme, Füße...andere sind am Geiste so schwach...wieder andere sind blind und Du selbst, lieber

---

[438] Stuttgarter Evangelisches Sonntagsblatt, 18. 6. 1933.

[439] Amtsblatt der Evang.-Luth. Kirche in Bayern, 29. 6. 1933.

[440] Zitiert nach Tobias Freimüller, Alexander Mitscherlich, Gesellschaftsdiagnosen und Psychoanalyse nach Hitler, Göttingen 2007, S. 152.

Freund, leidest an Taubheit... Es gibt taubstumme Kinder, deren Vater oder Mutter auch taubstumm ist... Sie haben das Gebrechen geerbt. Sie sind erbkrank. Zu diesen Menschen sagt die Obrigkeit: Du darfst Dein Gebrechen nicht noch weiter...vererben; Du musst ohne Kinder bleiben. Wenn Du an ererbter Taubheit leidest, bekommst Du wohl eine Vorladung vor das Erbgesundheitsgericht... Du wirst die Wahrheit sagen, wenn Du gefragt wirst. Denn so will es Gott von Dir... Vielleicht bestimmt das Erbgesundheitsgericht: Du sollst durch eine Operation unfruchtbar gemacht werden... Sieh, da will die Obrigkeit Dir helfen. Sie will Dich bewahren vor der Vererbung Deines Gebrechens... Die Obrigkeit hat befohlen: Niemand darf über die Unfruchtbarmachung sprechen. Du selbst auch nicht. Merke wohl: Du darfst zu keinem Menschen darüber sprechen! Auch Deine Angehörigen nicht! Und der Arzt, der Richter, sie alle müssen schweigen! Gehorche der Obrigkeit!... Denke an die Zukunft Deines Volkes und bringe ihr dieses Opfer... Vertraue auf Gott und vergiss nicht das Bibelwort: Wir wissen, dass denen, die Gott lieben, alle Dinge zum Besten dienen.“[441]

1933: Das Evangelische Deutschland. Kirchliche Rundschau für das Gesamtgebiet der Deutschen Evangelischen ‘Kirche’ (Auflage 20.000), freut sich über das Verbot der Zeugen Jehovas: „Die Kirche wird dankbar anerkennen, dass durch dieses Verbot eine Entartungserscheinung des Glaubens beseitigt worden ist ... Damit ist jedoch noch keine vollständige Bereinigung der Sekten erreicht. Erwähnt seien nur die Neuapostolischen.“[442] Schriftleiter des Evangelischen Deutschland ist der Direktor des Evangelischen Pressedienstes, Professor August Hinderer.

1933: Der evangelische Generalsuperintendent Otto Dibelius meint: “Die Kirche kann und darf den Staat nicht daran hindern,

[441] Die Innere Mission, 14. 7. 1933.

[442] Evangelisches Deutschland, Kirchliche Rundschau für das Gesamtgebiet der Deutschen Evangelischen Kirche, 10. 9. 1933. Siehe auch Garbe, S. 10.

mit harten Maßnahmen Ordnung zu schaffen. Sie werden es erleben, dass das, was jetzt in Deutschland vor sich geht, zu einem Ziele führen wird, für das jeder dankbar sein kann, der deutsches Wesen liebt und ehrt."

1933: Zur Vorbereitung des Luthertages gibt das Amtsblatt Nr. 28 der Ev. - Luth. Kirche in Bayern einige Hinweise: „Unsere Kirche feiert in diesem Jahre mit besonderer Dankbarkeit den Geburtstag des Reformators Dr. Martin Luther. Sie weiß, dass sie Volk und Staat dann am besten dient, wenn sie das Evangelium so verkündigt, wie sie von ihm gelehrt wurde. Recht und Würde der Obrigkeit ist in der deutschen Geschichte von keinem Staatsmann und von keinem Philosophen mit solcher Kraft und aus solch tiefer Begründung erhoben worden, wie von Dr. Martin Luther. Wenn er sagt: ‚Wir sind nicht schuldig, der Obrigkeit um ihretwillen gehorsam zu sein, sondern um Gottes willen, dessen Kinder wir sind', rechtfertigt er die Hoheit der weltlichen Gewalt, die das Schwert aus Gottes Hand empfangen hat. In größeren Pfarreien ist die gesamte evangelische Jugend - kirchliche Verbände, Hitlerjugend und nichtorganisierte Jugend - in besonders feierlichen Gottesdiensten zu sammeln ..."[443]

1933: Ab Dezember 1933 konnte man im Evangelischen Sonntagsblatt aus Bayern eine Artikelserie zum Thema: „So spricht Martin Luther" lesen.

1933: Kurt Frör, einflussreicher bayerischer Pfarrer und Inspektor des Nürnberger Predigerseminars, verlangte im Namen der evangelischen Volksmission den evangelischen „Kampf gegen andere Rasseangehörige... Es ist evangelisch, dazu mitzuhelfen, dass der rassisch erkrankte Volkskörper wieder gesundet und erstarkt. Das sei nicht möglich ‚ohne Kampf gegen andere Rasseangehörige', darum sei die ‚unchristliche Sentimentalität' abzulehnen, die Ras-

---

[443] Amtsblatt der Ev.-Luth. Kirche in Bayern, 10. 10. 1933.

segesundung nur deshalb verwirft, weil sie nicht ohne Kampf und Härte und Not abgeht".[444]

1934: Aus Landesbischof Schöffels Schrift: „Das deutsche Luthertum an der Wende der Zeit.... Das Luthertum weiß, was Volkstum ist, und hat es nie vergessen; dennoch hat es heute einen neuen Sinn, wenn wir vom Volkstum sprechen... Das ist groß und hoch erfreulich, gerade für einen Lutheraner; hat uns doch Luther einst zur Erkenntnis der Schöpfung und zur Freude an ihr gebracht. Schon hier spüren wir, dass wir an einem entscheidenden Punkte für das Luthertum stehen... Im Nationalsozialismus brach diese neue Wirklichkeit durch. Das Luthertum bejaht diesen Durchbruch mit derselben Freude, mit der sich einst Luther zur wiederentdeckten Schöpfung und seinem Volk bekannt hat. Als Deutsche, als Lutheraner haben wir darum zu ringen, dass das Volk, das jetzt gerufen ist, seinen Weg geht, der seine schöpferische Anlage verwirklichen soll. ... Indem der Glaube sich zum Volk bekennt, kann er nur dies Volk meinen, das politisch denkt und fühlt und einen bestimmten Weg geht. Dieser Weg aber ist für uns der Nationalsozialismus... Er ist für mich der bewusste, menschliche Vollstrecker des Gerichts im deutschen Volke. Wenn also der Nationalsozialismus mit sicherem Instinkt den Wahn des Liberalismus zerstört, die Sache der Bourgeoisie ablehnt, die Massen verwirft, den Klassenkampf hasst und offen anerkennt, dass diese Dinge gerichtsreif sind, dann hat er recht, und der Lutheraner wird und muss von hier aus mit ihm gehen. Was uns mit dem Nationalsozialismus verbindet, ist das Innerste, ist das Wissen um das Gericht, das sein muss... So möge auch die lutherische Kirche in dieser Zeit ihre Stunde erkennen... es ist uns eine neue Zeit gegeben und machen wir uns fertig zum Dienst am Reiche Gottes..."[445]

---

[444] Süddeutsche Zeitung, 21. 10. 2008.

[445] Luthertum 1934 Heft 1, S. 2ff., zitiert nach: Karl Kupisch, Quellen zur Geschichte des deutschen Protestantismus (1871-1945), Göttingen, 1960. Siehe dazu Rainer Hering: „Einer Antichristlichen Dämonie verfallen.." Die

1934: Landesbischof Hans Meiser legt den Eltern eine Erklärung vor zur Eingliederung des Evangelischen Jugendwerkes in die Hitlerjugend bzw. in den Bund Deutscher Mädel: Einverständnis-Erklärung der Eltern: „Ich erkläre hiermit mein Einverständnis, dass mein(e) Tochter/-Sohn ... Mitglied des ... Jungschar, Jungvolk im Verband des ... die Doppelmitgliedschaft in der Hitlerjugend eingeht. Ich habe davon Kenntnis genommen, dass er (sie) an den wöchentlichen Pflicht-Bibelabenden ... teilzunehmen hat ... Wir sind uns alle der Verantwortung bewusst, die wir an unserer Jugend vor Gott haben. Viel treue Arbeit ist in all den Jahrzehnten zum Besten unserer evangelischen Jugend geleistet worden. Das sei dankbar anerkannt. Wir wollen nun erst recht treu arbeiten, mit Hingabe und Freudigkeit die neuen Aufgaben in Angriff nehmen...Der Landesbischof D. Meiser“.[446]

1934: Konfirmandenprüfung in der Evangelischen Kirchengemeinde. Der Pfarrer fragt: „Wie hat unser Führer Adolf Hitler in seiner letzten Rede unseren Reformator Martin Luther bezeichnet?“ Der Konfirmand antwortet: „Einen großen Deutschen.“ Die Prüfung ist bestanden.[447]

1934: Die protestantischen, evangelische, lutherischen „Deutschen

---

evangelisch-lutherischen Kirchen nördlich der Elbe und die nationalsozialistische Vergangenheit. In: Bea Lundt (Hg.): Nordlichter. Geschichtsbewusstsein und Geschichtsmythen nördlich der Elbe, Köln 2004, S. 358f. Johann Simon Schöffel (1880 1959) 1933-1934, 1946-1954 Landesbischof der Evangelisch-Lutherischen Kirche Hamburg. Nach dem Krieg schützte er besonders belastete Geistliche. Sie wurden „aus Gesundheitsgründen“ in den Ruhestand versetzt, erhielten die höchstmögliche Pension, siehe Hering, S. 362. Wieso wieder die Entschuldigung „Dämonie verfallen“?

[446] Amtsblatt der Evang.-Luth. ‘Kirche’ in Bayern Nr. 4 vom 12. 2. 1934. Adolf Eichmann, einer der Verantwortlichen für die Vernichtung der Juden, war Mitglied im CVJM.

[447] Erzählung in meiner Gemeinde, in der ich aufgewachsen bin.

Christen“, beginnen, Religion und Politik gleichzuschalten. Das „verjudete“ Alte Testament soll abgeschafft und nur noch Arier sollen als Kirchenmitglieder zugelassen werden. Gleichzeitig soll Hitler de facto an die Stelle von Christus gesetzt werden. So erklärt der Pfarrer Hermann Grüner: “In Hitler ist die Zeit erfüllt für das deutsche Volk, denn durch Hitler ist Christus, Gott, der Helfer und Erlöser, unter uns mächtig geworden. Darum ist der Nationalsozialismus positives Christentum der Tat. Hitler ist jetzt der Weg des Geistes und Willens Gottes zur Christuskirche deutscher Nation.[448]

1934: Die Barmer Thesen der ‚Bekennenden Kirche’ kann sich auf eine Stellungnahme zu der Judenfrage nicht einigen. Sie verstecken sich bis heute hinterm christologischen Schwerpunkt, lassen die Judenfrage völlig aus.[449]

1934: Entschließung der protestantischen Synode der Pfalz. „Die Pfälzische Landessynode als Vertreter des pfälzischen Kirchenvolkes im deutschen Reich Adolf Hitlers zum ersten Mal in Speyer zusammengetreten, legt voller Einmütigkeit und Geschlossenheit folgendes Bekenntnis ab: Die Pfälzische Landessynode stellt heute die Vertretung des geeinigten protestantischen Kirchenvolkes der Pfalz am Rhein dar. Die kirchenpolitischen Parteien der Vergangenheit sind in der Gemeinschaft der deutschen Christen aufgegangen. Damit ist ein Werk der Befriedung geschaffen, das der Sehnsucht der Pfälzer Protestanten nach Frieden und Einigkeit entgegenkommt. Die Landessynode bekennt sich offen und freudig zur Deutschen Evangelischen Kirche und ihrem Führer, Reichsbischof Ludwig Müller. Sie wird mit aller Kraft protestantischen Glaubens und deutscher Zuversicht alles tun, um die große, starke

---

[448] Gerhard Niemöller, Die erste Bekenntnissynode der Deutschen Evangelischen Kirche zu Barmen, Göttingen 1959.

[449] Sie werden heute als wegweisendes Lehr- und Glaubenszeugnis angesehen und sind in vielen evangelischen Gesangbüchern abgedruckt.

evangelische Reichskirche zu schaffen und sie mit christlich deutschem Leben zu erfüllen. Die Landessynode bekennt sich ebenso offen und freudig zum Dritten Reich Adolf Hitlers. Sie fühlt sich dazu verpflichtet, mit allen Kräften die reichen Quellen des Nationalsozialismus für die protestantische Kirche zu erschließen und sie zur echten, christlichen Volkskirche zu gestalten. Eine innige Verbindung von Volk und Kirche soll hergestellt werden. Die Kirche darf an den Nöten und Leiden des Volkes nicht vorübergehen, sondern sie muss tatkräftig mithelfen, seelische und materielle Volksnot zu lindern. Deshalb stellt sich die Protestantische Landeskirche voll und ganz dem nationalsozialistischen Staat und seinen Hilfswerken zur Verfügung. Alle Angehörigen der Kirche, Geistliche und Weltliche, werden aufgerufen, in gemeinsamer tatkräftiger Arbeit sich rückhaltlos in echter Anwendung tiefster geistlicher Grundsätze in den Dienst des Volkes und des Staates zu stellen und die ewigen Kräfte des Evangeliums in das gesamte Volksleben strömen zu lassen. Die Landessynode erwartet von der gesamten protestantischen Geistlichkeit, dass sie die Forderungen der Zeit versteht und ihre seelsorgerliche Arbeit so gestaltet, dass sie vollkommen im Dritten Reiche verwurzelt und vom Vertrauen des Volkes getragen ist. So erwartet die Landessynode ein aufblühendes, starkes, christliches volksverbundenes Leben in der Protestantischen Kirche der Pfalz. Den Brüdern an der Saar entbietet die Landessynode herzliche Grüße. Wir wissen, dass sie ihre Schuldigkeit getan haben im Kampf um ihr Deutschtum und dass der Tag nicht mehr fern ist, an dem sie in das große deutsche Reich wieder zurückkehren.
Speyer, am 5. März 1934. Engel, Präsident der Synode. Vorstehende Entschließung der Landessynode geben wir hiermit bekannt mit der Anweisung, dass sie am nächsten Sonntag von der Kanzel verkündigt wird. Speyer, 7. März 1934. Der Prot. Landeskirchenrat. [450]

[450] Zitiert nach Friedhelm Borggrefe, Im Gleichschritt marsch. Evangelisch in Ludwigshafen. 1933 - 1945, Ludwigshafen 2015, S. 14f.

Dieses Bekenntnis zum Staat Adolf Hitlers bestätigt die Haltung pfälzischer Wähler, die sich schon recht früh der Bewegung des nationalen Sozialismus hingezogen fühlten.[451] 1818 war die Vereinigung der Reformierten und der Lutheraner erfolgt, die nun in den Deutschen Christen eine neue Heimat, angeblich alle bisherigen Gegensätze überbrückend, begrüßte.

1934: Walter Künneth, Leiter der Apologetischen Centrale, schreibt in seinem neuesten Buch: „Dem nationalen Staat ist grundsätzlich nicht bloß das Recht, die Judenfrage zu einem Problem staatspolitischer Neuordnung zu machen, zuzugestehen, sondern diese Selbstbesinnung auf die Eigenart des deutschen Volkstums ist von der Kirche entsprechend ihrem Ja zu den Ordnungen Gottes, als die Rasse und Volkstum begriffen werden müssen, zu begrüßen ... So erst recht im deutschen Volke. Die Kirche kann und will dem Staat in der Ausübung dieses Amtes nicht in den Arm fallen. Der jüdische Einfluss hat schon seit Jahrzehnten derartig überhandgenommen, dass die Gefahr der Überwucherung des deutschen Geisteslebens und der Überfremdung der deutschen Öffentlichkeit nicht mehr zu leugnen waren ... Die Kirche weiß, dass der Staat das Schwertamt zu führen hat. Dieses Amt bedeutet Härte... Die Kirche hat sich darum in ihrer vollen Autorität um des inneren und äußeren Ansehens des Staates willen dafür einzusetzen, dass die Ausschaltung des jüdischen Einflusses im Volksleben sich in einer Weise vollzieht, die dem christlichen Ethos, zu dem der Staat wiederholt ein freudiges Ja gesprochen hat, nicht widerspricht. Sie weiß sich in dieser Meinung mit dem Willen des Reichskanzlers (= Hitler) einig, der deutlich zum Ausdruck brachte, dass ein stolzer Sieger frei ist von Hassgefühlen und Racheinstinkten“.[452]

---

[451] Bei der Reichstagswahl 1930 lag die NSDAP im Wahlkreis Pfalz, einer von 35 Wahlkreisen, mit 22,8 % auf Platz fünf der abgegebenen Stimmen. Alfred Milatz, Wähler und Wahlen in der Weimarer Republik, Bonn 1968. S. 112.

[452] Künneth, Die Nation vor Gott, Berlin 1934, S. 119 f., 135. 1946 wird

1934: Wiederholung einer Bekanntmachung des Kultusministeriums in Bayern. „Der Lehrer tritt zu Beginn jeder Unterrichtsstunde vor die stehende Klasse und grüßt als erster, indem er den rechten Arm erhebt und dabei die Worte ‚Heil Hitler‘ spricht. Die Klasse erwidert den Gruß in der gleichen Weise. Am Schlusse der Schulstunde wiederholt der Lehrer den deutschen Gruß vor der stehenden Klasse. Diese antwortet in gleicher Weise.“ Wir weisen unsere Religionslehrer an, der Bekanntmachung des Kultusministeriums entsprechend zu verfahren.“ Evang.-Luth. Landeskirchenrat; D. Meiser“.[453]

1935: „Aus Anlass des 2. Jahrestages der Machtübernahme des Führers und Reichskanzlers am 30. Januar wird angeordnet, im Gottesdienst des vorgehenden Sonntags fürbittend des Führers zu gedenken. Das Fürbittegebet kann folgendermaßen lauten: ‚Am heutigen Tage gedenken wir in besonderer Weise des Führers und Kanzlers unseres Reiches. Wir danken Dir, Herr, für alles, was Du in Deiner Gnade ihm in diesen zwei Jahren zum Wohle unseres Volkes hast gelingen lassen. Wir bitten Dich, Du wollest ihn leiten durch Deinen heiligen Geist, ihm weise Gedanken, ein festes Herz und einen starken Arm verleihen, dass er in Deiner Furcht unser Volk regiere, und dass in allem Dein heiliger Wille geschehe.' D. Meiser.“[454]

1935: Am Reformationsfest 1935 hält Prof. Hermann Werdermann an der Hochschule für Lehrerfortbildung in Dortmund einen Vortrag über das Thema „Luther und Hitler“. Werdermann wiederholt die von Preuß bereits genannten Parallelen und fügt im Schlussteil

---

Künneth zum Honorarprofessor für Evangelische Theologie an der Universität Erlangen ernannt, 1953-1969 ordentlicher Professor. Die Evangelisch-Lutherische Kirche in Bayern verleiht ihm den Ehrentitel ‘Kirchenrat’. Süddeutsche Zeitung, 29. 7. 1997.

453 Amtsblatt der Evang.-Luth. Kirche in Bayern, 1934.

454 Amtsblatt der Evang.-Luth. Landeskirche in Bayern, 21. 1. 1935.

hinzu: „Luther und Hitler seien bedeutsame Beispiele für positives, praktisches und persönliches Christentum."

1935: Deutsche Christen in Thüringen montieren die Christuskreuze von den Kirchturmspitzen in Holstaleben, Westerengel, Gera-Thieschitz, Gera-Pforten, Frankenthal oder in Gerstungen. Sie werden durch Hakenkreuze ersetzt. Zum Erstaunen der Kirchenoberen sieht die Gestapo einen Verstoß gegen das Gesetz zum Schutz der nationalen Symbole vom I9. Mai 1933 und verlangt die Entfernung des Symbols des nationalen Sozialismus. dokumentiert diesen abenteuerlichen Vorgang. Die Deutschen Christen schrieben daraufhin an die Berliner Kanzlei der Deutschen Evangelischen Kirche und den Weimarer Gauleiter Fritz Sauckel: „... Die Kirchengemeinden haben ja gerade an der Stelle, die ihnen die würdigste war, das Hakenkreuz angebracht. Wir möchten aber den Herrn Gauleiter und Reichsstatthalter darum bitten, seinen Einfluß einzusetzen, dass die in bester Absicht in der Vergangenheit an Kirchen und kirchlichen Gebäuden angebrachten Hakenkreuze nicht wieder beseitigt zu werden brauchen. Wir müssen damit rechnen, dass die Kirchengemeinden nicht verstehen, warum sie rückgängig machen sollen, was sie getan haben, gerade um ihrer Begeisterung für den Nationalsozialismus Ausdruck zu geben. Die Beseitigung der angebrachten Hakenkreuze auf den Kirchtürmen verursacht aber den Kirchengemeinden auch ganz erhebliche Unkosten".[455]

1935: Flaggenverordnung der Evangelisch-Lutherischen Kirche von Bayern. „Soweit Kirchen mit der Reichs- und Nationalflagge (Hakenkreuzflagge) noch nicht versehen sein sollten, ist alsbald eine solche anzuschaffen. Die mitgeteilte Anordnung bezieht sich

[455] Prolingheuer, S. 65f. (Kunst). „Als die Nationalbank von Abu Dhabi Ende 2014 einen Sponsorenvertrag mit *Real Madrid* unterzeichnete, da änderte der spanische Fußballverein sein traditionelles Logo und strich das christliche Kreuz aus dem Emblem", Ulfkotte, S. 37.

auch auf Pfarrhäuser. Evang.-Luth. Landeskirchenrat. D. Meiser".[456]

1935: Das Evangelische Sonntagsblatt aus Bayern zitiert den Hofprediger Kaiser Wilhelm II, Adolf Stoecker: "Eine irreligiöse Macht ist das moderne Judentum allerdings; eine Macht, welche überall das Christentum bitter bekämpft, in den Völkern den christlichen Glauben ebenso wie das nationale Gefühl entwurzelt und als Ersatz nichts bietet als die abgöttische Verehrung des Judentums so, wie es ist, das keinen anderen Inhalt hat, als Schwärmerei für sich selbst".[457]

1936: Wilhelm Halfmann, Oberkonsistorialrat und leitender Pastor der ‚Bekennenden Kirche' in Schleswig-Holstein, verfasst „im Auftrag der ‚Bekennenden Kirche' eine Schrift zur Judenfrage ‚Die Kirche und der Jude'". Darin begrüßt er unter Berufung auf Martin Luther die Verfolgung der Juden durch den nationalsozialistischen Staat, da die Juden ... Feinde des Christentums und der christlichen Völker seien." „Die Kirche hat nicht die Aufgabe, in die Judengesetzgebung des Dritten Reiches einzugreifen. Vielmehr werden wir von der Kirche aus der bald zweitausendjährigen Erfahrung mit den Juden sagen müssen: der Staat hat recht".[458]

1936: „Der 7. März hat vollendet, was der 13. Januar 1935[459] begonnen: Er hat uns Deutschen in der Westmark des Reiches die volle nationale Freiheit und Selbständigkeit wiedergegeben. Wir, die wir die Jahre harter Knechtschaft und fremder Bedrückung

---

[456] Amtsblatt der Evang.-Luth. Kirche in Bayern Nr. 29, 19. 11. 1935.

[457] Evangelisches Sonntagsblatt aus Bayern, 31. 12.1935.

[458] Zitiert nach Schleswig-Holstein Zeitung, 13. 1. 2014. 1946 wurde er evangelisch-lutherischer Bischof für Holstein.

[459] Zwei Jahre nach Hitlers „Machtergreifung" stimmen am 13. 1. 1935 über 90 Prozent der Stimmberechtigten für die Rückkehr des Saarlandes zum Deutschen Reich ...Am 7. März 1936: Der vertragswidrige Einmarsch der deutschen Wehrmacht in das entmilitarisierte Rheinland.

erlebt haben, danken aus übervollem Herzen dem ewigen Gott, dass er dieses Wunder vor unseren Augen dem Führer hat gelingen lassen und bitten um seinen Segen auch weiterhin für Führer und Volk. Alle Glieder der protestantischen Kirche der Pfalz stehen wie bisher so auch am 29. März und in der Zukunft in unerschütterlicher Treue und Opferbereitschaft hinter dem Führer in der Gewissheit, damit Gottes Willen zu erfüllen".[460]

1936: Ein angebliches Gebet Hitlers: „Herr, du siehst, wir haben uns geändert. Das deutsche Volk ist nicht mehr das Volk der Ehrlosigkeit, der Schande, der Selbstzerfleischung, der Kleinmütigkeit und Kleingläubigkeit. Nein, Herr, das deutsche Volk ist wieder stark in seinem Willen, stark in seiner Beharrlichkeit, stark im Ertragen aller Opfer. Herr, wir lassen nicht von dir. Nun segne unseren Kampf um unsere Freiheit und damit unser deutsches Volk und Vaterland".[461]

1936: Die Deutsche Evangelische Kirche (DEK) meint, sie habe von 1918 bis 1933 gegen die marxistischen Machthaber und die Verfallserscheinungen auf dem Gebiet des Schrifttums des Theaters und des Films gekämpft.[462]

1936: Der leitende Arzt der evangelischen Neuendettelsauer Fürsorgeheime, der Lutheraner Dr. Rudolph Boekh, sagt über die Diskussion zur Vernichtung angeblich lebensunwerten Lebens: „Diese Verzerrung des menschlichen Antlitzes "sei" dem Schöpfer zurückzugeben"... „Die Entscheidung, ob ein Mensch vernichtet werden soll, steht allein dem Mann zu, der unter Berufung auf den Schöpfer die Gewalt in seiner Hand hat ... Das kann und darf allein

---

460 Evangelischer 'Kirche'nbote. Sonntagsblatt für die Pfalz, 29. 3. 1936.
461 Evangelisches Sonntagsblatt aus Bayern, S. 158.
462 Prolingheuer, (Kunst) Anmerkung 27, S. 281. Welche kommunistischen Machthaber könnte die DE'K' gemeint haben? SPD?

der Führer“.[463]

1936: Der evangelische Landesbischof und NSDAP-Genosse August Marahrens gelobt Hitler ewige Treue, selbst 1944 nach dem Attentat des Obersten Stauffenberg und den bekannten Juden-Morden: „Wir wiederholen es, dass wir unzählige Male seit dem Anbruch unseres nationalsozialistischen Staates öffentlich und feierlich erklärt haben: dass wir in Opferbereitschaft und Treue für diesen Staat einzutreten bereit sind. Es ist also bis auf diese Stunde die Verdächtigung politischer Unzuverlässigkeit unbegründet und, von wo aus sie auch versucht werden sollte, nachdrücklich und feierlich abzuweisen.“

1937: Der evangelische Theologieprofessor Werner Elert fordert die biologische Reinhaltung deutschen Blutes: „Es braucht kaum hinzugefügt werden, dass der Christ aus diesem Grunde, gerade weil er sich hier dem Schöpfer verpflichtet weiß, mit entschlossenem Ernst auch für die biologische Reinhaltung des deutschen Blutes einzusetzen hat, die heute durch unsere Gesetzgebung gefordert und gefördert wird“.[464]

1937: Die Pfarrer Otto Dibelius und Martin Niemöller fordern in ihrem Buch, „Wir rufen Deutschland zu Gott“, die „Reinhaltung des Blutes“.[465]

1937: Der evangelisch-lutherische Oberkirchenrat D. Otto Bezzel aus Bayreuth, ‚Bekennende Kirche‘, fordert in einer Predigt in der Erlöserkirche in Bamberg: „Die Juden sind die Zerstörer und gehö-

---

[463] Zit. nach Klee, Die SA Jesu Christi, Frankfurt 1989, S. 180.
[464] Mensing, 68.
[465] Otto Dibelius, Martin Niemöller, Wir rufen Deutschland zu Gott, S. 26. Dibelius war von 1949-1961 Ratsvorsitzender der E'K'D; Martin Niemöller war von 1947-1966 Präsident der Evangelischen ‘Kirche’ von Hessen-Nassau.

ren hinaus gepeitscht".[466]

1938: Der Landesbischof von Württemberg, Theophil Wurm[467], bejubelt den Anschluss Österreichs als „Befreiungstat des Führers".

1938: Protestantische Pfarrer, Räte und Bischöfe begrüßten das Niederbrennen der Synagogen am 9. November 1938. Der Landesbischof Martin Sasse Eisenach nimmt in seinem Buch „Martin Luther über die Juden - Weg mit ihnen!" darauf Bezug: „Am 10. November 1938, an Luthers Geburtstag, brennen in Deutschland die Synagogen. Vom deutschen Volke wird zur Sühne für die Ermordung des Gesandtschaftsrates von Rath[468] durch Judenhand die Macht der Juden auf wirtschaftlichem Gebiete im neuen Deutschland endgültig gebrochen und damit der gottgesegnete Kampf des Führers zur völligen Befreiung unseres Volkes gekrönt ... In dieser Stunde muss die Stimme des Mannes gehört werden, der als der Deutschen Prophet im 16. Jahrhundert einst als Freund der Juden begann, der getrieben von seinem Gewissen, getrieben von den

---

466 Zit. nach Evangelisches Sonntagsblatt in Bayern Nr. 42/1988, S. 15.

467 Geb. 1868-1953. Abgeordneter für die DNVP im Stuttgarter Landtag.

468 E. E. v. Rath (1909-1938), Sekretär an der dt. Botschaft in Paris wurde am 7.11.1938 von dem Juden Herschel Feibel Grynszpan (1921-1945?) in der Botschaft angeschossen und erlag am 9.11.1938 seinen Verletzungen. Dem Regime des nationalen Sozialismus war dieses Attentat Anlass für die Durchführung von Pogromen gegen die jüdische Bevölkerung am 9.11.1938. Der Täter wurde von der frz. Behörden verhaftet. Der Prozess kam aber wegen des Krieges des Deutschen Reiches mit Frankreich 1940 nicht zustande. Grynszpan verbrachte die nächsten Jahre im Zuchthaus Magdeburg. Seit 1942/43 gilt er als verschollen. Der Prozess wurde auf Befehl Hitlers nicht eröffnet, da die Regierung des nationalen Sozialismus befürchtete, die homosexuelle Verbindung zwischen v. Rat und Grynspan könnte bekannt werden. Sein Vater sagte im Eichmann-Prozess in Jerusalem aus. Armin Fuhrer, Herschel. Das Attentat des Herschel Grynszpan am 7. November 1938 und der Beginn des Holocaust, Berlin 2013. Merkwürdig ist, dass der „Künstler" der Stolpersteine für ermordete Juden auch in Hannover ein Stolperstein für H. Grynspan verlegt hat.

Erfahrungen und der Wirklichkeit, der größte Antisemit seiner Zeit geworden ist, der Warner seines Volkes wider die Juden ... ".[469]

1938: Protestantische Landes'kirchen' gründen in Eisenach ein Institut zur „Entjudung der Kirche".[470]

1938: Landesbischof Meiser erlässt ein Kirchengesetz über den Treue-Eid der Pfarrer auf Adolf Hitler: „Die Pfarrer der bayerischen Landeskirche haben als Träger eines öffentlichen Amtes folgenden Eid zu leisten: ‚Ich schwöre bei Gott dem Allmächtigen und Allwissenden: Ich werde dem Führer des Deutschen Reiches und Volkes, Adolf Hitler, treu und gehorsam sein, die Gesetze beachten und meine Amtspflichten gewissenhaft erfüllen, so wahr mir Gott helfe.' Das Gesetz tritt sofort in Kraft. Ev.- Luth. Landeskirchenrat; D. Meiser".[471]

1938: In der „Kristallnacht" in Deutschland werden 191 Synagogen in Brand gesteckt und weitere 76 demoliert. [472]

1938: Etwas mehr als zwei Wochen nach dem Anschlag auf alle Synagogen in Deutschland erlässt das Kirchliche Amtsblatt für Mecklenburg „Ein Mahnwort zur Judenfrage". Darin werden auch einige Sätze aus der Schrift Martin Luthers ‚Von den Juden und ihren Lügen' zitiert. Besonders wird auf sein Sieben-Punkte-

---

[469] Martin Sasse, Martin Luther über die Juden - Weg mit ihnen!, Freiburg 1938, S. 2.

[470] Siehe 1939.

[471] Zu Meiser siehe Wolfgang Sommer, Wilhelm Freiherr von Pechmann. Ein konservativer Lutheraner in der Weimarer Republik und im nationalsozialsitischen Deutschland, Göttingen 2011, besonders S. 180-218: „Das Leiden W.v.P an seiner lutherischen Kirche während der nationalsozialistischen Zeit."

[472] Bankier, Die öffentliche Meinung im Hitler-Staat, S. 120 erwähnt, dass Katholiken entsetzt gewesen wären, weil die brennenden Synagogen sie an die Angriffe der Hitlerbanden auf die Bischofsresidenzen in Rottenburg, Wien und München erinnert hätten.

Programm verwiesen, in dem er Anweisungen gab, wie mit Juden umzugehen wäre.

„Ein Mahnwort zur Judenfrage.

Seit einigen Tagen mehren sich beim Oberkirchenrat aus den Reihen des Kirchenvolks unserer Landeskirche Anfragen, die sich auf die letzten Maßnahmen des deutschen Volkes gegen das Judentum beziehen und vom christlichen und kirchlichen Standpunkt her eine klare Stellungnahme zur Judenfrage erwarten.

Wer sich der Seelenhaltung weiter Kreise des deutschen Volkes aus den letzten Jahren des Weltkrieges noch zu erinnern vermag, weiß, dass sich damals das deutsche Volk in seiner Beurteilung militärischer und politischer Vorgänge weithin von Erwägungen leiten ließ, die einseitig den Standpunkt der Einzelpersönlichkeit als Maßstab gelten ließen. Ohne den Dingen auf den Grund zu gehen, nahm man Vorkommnisse, die ganz gewiss menschlich bedauerlich waren, etwa den Untergang der ‚Lusitania'[473] oder das Ernährungselend in der Heimat mit seinen den Einzelnen schwer treffenden Folgen, als alleiniges Kriterium, nach dem man die Politik auszurichten wünschte. Unter dem Motto: ‚Nicht der Mörder, sondern der Ermordete ist schuldig' hat das Weltjudentum 1918 seinen Krieg gegen das Zweite Reich gewonnen, durch seine Gräuelpropaganda den Widerstandswillen der Nation untergraben und schließlich im deutschen Zusammenbruch alle politischen und kulturellen Kommandohöhen in Deutschland besetzt. Das an seiner Michelei zugrunde gegangene deutsche Volk aber wurde, weil es mit seinen Peinigern Mitleid gehabt hatte, mitleidlos erpresst und ausgesogen, bis es nach furchtbarsten Erfahrungen langer Jahre den Weg zu sich selber zurückfand. Es ist nötig, sich diese Tatsachen immer wieder vor Augen zu stellen.

---

[473] Ein britisches Passagierschiff, das mit Passagieren aus des USA und Soldaten und Kriegsmaterial aus Kanada beladen, von Churchill, Seelord der Regierung Großbritanniens, absichtlich in Gewässer der deutschen U-Boot geführt wurde, wo es Anfang Mai 1915 von diesen zerstört und versenkt wurde.

Nr. 17
Kirchliches Amtsblatt
für Mecklenburg
Jahrgang 1938

I. Bekanntmachungen.

Was ist nun von der Kirche D. Martin Luthers her angesichts der gegenwärtigen Situation zu sagen? Zunächst muss man Bezug nehmen auf die Ausführungen des deutschen Reformators aus den Jahren seiner Reife, die das Ergebnis der Erfahrungen seines Lebenskampfes darstellen. In D. Martin Luthers Schrift ‚Von den Jüden und ihren Lügen' vom Jahre 1543 heißt es unter anderem:
‚Was wollen wir Christen nun tun mit diesem verworfenen, verdammten Volk der Juden? Zu leiden ist's uns nicht, nachdem sie bei uns sind und wir solch Lügen, Lästern und Fluchen von ihnen wissen, damit wir uns nicht teilhaftig machen aller ihrer Lügen, Flüche und Lästerungen. So können wir das unauslöschliche Feuer göttlichen Zorns nicht löschen noch die Juden bekehren. Ich will meinen treuen Rat geben:
Erstlich, dass man ihre Synagogen und Schulen mit Feuer anstecke, und, was nicht verbrennen will, mit Erde überhäufe und beschütte, dass kein Mensch einen Stein oder Schlacke davon sehe ewiglich. Und solches soll man tun unserem Herrn und der Christenheit zu Ehren, damit Gott sehe, dass wir Christen seien und solch öffentlich Lügen, Fluchen und Lästern seines Sohnes und seiner Christen wissentlich nicht geduldet noch gebilligt haben.
Zum anderen, dass man auch ihre Häuser desgleichen zerbreche und zerstöre; denn sie treiben eben dasselbe darinnen, was sie in ihren Schulen treiben. Dafür mag man sie etwa unter ein Dach

oder Stall tun, wie die Zigeuner, auf dass sie wissen, sie seien nicht Herren in unserem Land, wie sie rühmen.
Zum dritten, dass man ihnen nehme all ihre Betbüchlein und Talmudisten, darin solche Abgötterei, Lügen, Fluch und Lästerung gelehrt wird.
Zum vierten, dass man ihren Rabbinern bei Leib und Leben verbiete, hinfort zu lehren; denn solch Amt haben sie mit allem Recht verloren.
Zum fünften, dass man den Juden das Geleit und Straße ganz und gar aufhebe; denn ihr sollt sie nicht schützen, es sei denn, ihr wolltet vor Gott aller ihrer Gräuel teilhaftig sein.
Zum sechsten, dass man ihnen den Wucher verbiete. Alles was sie haben, haben sie uns geraubt durch ihren Wucher.
Zum siebenten, dass man den jungen starken Juden und Jüdinnen in die Hand gebe Flegel, Axt, Karst, Spaten, Rocken, Spindel und lasse sie ihr Brot verdienen im Schweiß der Nasen, wie Adams Kindern auferlegt ist.
Was wollen wir armen Prediger indes tun? Wir wollen glauben, dass unser Herr Jesus Christus wahrhaftig sei, der von solchen Juden, die ihn nicht annahmen, sondern kreuzigten, ein solch Urteil spricht: Ihr seid Schlangengezücht und Teufelskinder! - Nun werden uns unsere Herrschaften und alle solche barmherzigen Heiligen, die den Juden wohlwollen, zum wenigsten den Raum lassen, dass wir glauben mögen Jesus Christus unserem Herrn, der freilich alle Herzen besser kennt als solche barmherzigen Heiligen, dass diese Juden müssen Schlangengezücht und Teufelskinder sein, die uns ebenso viel Gutes gönnen, wie ihr Vater, der Teufel. Wer nun Lust hat, solche giftigen Schlangen und Teufel, die ärgsten Feinde Christi und unser aller, zu beherbergen und zu ehren, der lasse sich diese Juden treulich befohlen sein und rühme sich danach, er sei barmherzig gewesen, habe den Teufel und seine jungen Teufel gestärkt, zu lästern unseren lieben Herrn. So ist er dann ein vollkommener Christ voller Werke der Barmherzigkeit, die ihm Christus belohnen wird am jüngsten Tage mit den Juden im ewigen höl-

lischen Feuer.‘
Und in der letzten Lutherpredigt vom 15. Februar 1546 sind folgende Ausführungen enthalten:
‚Nun ist's mit den Juden also getan, dass sie unseren Herrn Jesum Christum nur täglich lästern und schänden. Weil sie das tun und wir das wissen, so wollen wir es nicht leiden. Denn, wenn ich den bei mir leide, der den Herrn Christum schändet, lästert und verflucht, so mache ich mich fremder Sünden teilhaftig. So ich doch an meinen eigenen Sünden genug habe, darum sollt ihr Herren sie nicht leiden, sondern sie wegtreiben. - Anders wird nichts daraus, denn sie treiben es zu arg, sie sind unsere öffentlichen Feinde, hören nicht auf, unseren Herrn Jesum Christum zu lästern, heißen die Jungfrau Maria eine Hure, Christum ein Hurenkind. Uns heißen sie Wechselbälge und, wenn sie uns könnten alle töten, so täten sie es gerne. Darum seid unverworren mit ihnen als mit denen, die da nicht anders bei euch tun, denn dass sie unseren lieben Herrn Jesum Christum gräulich lästern, stehen uns nach Leib, Leben, Ehre und Gut.
Darum bitte ich, wollte euch fremder Sünde nicht teilhaftig machen. Ihr habt genügsam Gott zu bitten, dass er euch gnädig sei und euer Regiment erhalte.
Das habe ich als ein Landeskind euch zur Warnung wollen sagen zuletzt, dass ihr euch fremder Sünden nicht teilhaftig macht. Denn ich meine es ja gut und treulich mit euch allen.‘
Wir sehen, schon D. Martin Luther bekämpft, und zwar gerade aus christlichen Beweggründen, mit aller Entschiedenheit das heute hauptsächlich im Bereich der westeuropäischen Zivilisation verbreitete und im Grunde krankhafte Mitleidsgefühl, das auf Grund falsch verstandener pseudochristlicher Humanitätsvorstellungen sich darüber erregt, dass sich der Mörder beim Schächten seines Opfers in den Finger geschnitten hat und nun nach dem Arzt schreit. Luther dagegen wünscht, dass unser Mitleid dem Opfer gelten soll, und der Richtigkeit dieses Standpunktes kann sich niemand verschließen, der wirklich etwas vom Christentum weiß.

Kein im christlichen Glauben stehender Deutscher kann, ohne der guten und sauberen Sache des Freiheitskampfes der deutschen Nation gegen den jüdischen antichristlichen Weltbolschewismus untreu zu werden, die staatlichen Maßnahmen gegen die Juden im Reich, insbesondere die Einziehung jüdischer Vermögenswerte bejammern. Und den maßgebenden Vertretern von Kirche und Christentum im Ausland müssen wir ernstlich zu bedenken geben, dass der Weg zur jüdischen Weltherrschaft stets über grauenvolle Leichenfelder führt. Im Kleinen wie im Großen!

Angefangen von der jüdischen Wucherherrschaft, die ungezählte Bauern und Handwerker als letzten Ausweg zum Strick greifen ließ, über die Schande des Blutes an deutschen Mädchen, die um kargen Brotes willen von ihren jüdischen Arbeitgebern zur Preisgabe ihrer Ehre gezwungen wurden, bis zur Abschlachtung von Millionen christlicher Männer, Frauen und Kinder bei Errichtung der jüdischen Gewaltherrschaft über die christlichen Völker des Sowjetstaates!

Erst wenige Jahre sind vergangen seit der Zeit, wo die jüdischen Machthaber in Deutschland kaltherzig durch die von Walter Rathenau künstlich heraufgeführte Inflation das ehrliche deutsche Bürgertum enteignen und der Verelendung preisgeben ließen und den deutschen Bauer wie den deutschen Arbeiter durch immer erneute Wirtschaftskrisen in Hunger und Not jagten. An allen internationalen Konferenztischen, von Versailles angefangen, haben die Juden gesessen, immer bereit, das deutsche Volk an den Meistbietenden zu verkaufen.

Angesichts aller dieser Tatsachen und bitteren Erfahrungen kann nicht mehr zweifelhaft sein, dass unser christliches Mitgefühl denen, die unter die Räuber gefallen sind, zu gelten hat, den vom Judentum betrogenen und ausgebeuteten Völkern Europas, nie und nimmer aber ihren Ausbeutern und Henkern, den Juden. Darüber hinaus müssen wir aber auch das eine klar erkennen:

Der Kampf gegen das Judentum ist zugleich eine Lebensfrage für die deutsche Seele. Das jüdische Gift der Zersetzung muss aus dem deutschen Volke restlos ausgeschieden werden, wenn anders das Reich seine Sendung erfüllen soll. Noch wagt sich der jüdische Geist immer wieder hier und dort hervor. Hinter der Maske völkischer Unbedingtheit lebt er als antichristlicher ‚arteigener Glaube' weiter und trägt damit die jüdisch-völkischen Lebensnotwendigkeiten in den Lebensraum unseres blut- und bodengebundenen zu innerst christlichen Volkes hinein. Mit völkischen Vorzeichen versehen, bricht damit der vom echten volksbewussten Geiste deutscher Seelenhüter längst überwundene jüdische Materialismus in der Form der Gottes- und Christusfeindschaft wieder durch unter Anwendung der gleichen Mittel, gegen die das erwachte Deutschland schon vor 1933 zum Kampf auf Leben und Tod angetreten ist. Und leider gewahrt man gerade bei denen, die der Kirche den Vorwurf der Judenhörigkeit machen, oft eine erschreckende Verirrung in den jüdischen Geist der Ehrfurchtslosigkeit gegen alles, was unzähligen deutschen Menschen heilig war und ist. Wo die Gewissens- und Glaubensfreiheit auch nur im Geringsten gefährdet wird, herrscht nicht deutsche Frömmigkeit, sondern jüdische Unduldsamkeit. Im kirchlichen Raum wiederum erwächst uns die unabweisbare Pflicht, für die Entjudung des religiösen Erbes unseres Volkes alle Kräfte einzusetzen. Hier gilt es, gegenüber dem Unwesen eines judenchristlichen Dogmatismus die Kräfte der christlichen Liebe freizumachen. Und dieses Ziel ist nur zu erreichen, wenn es gelingt, zuvor die Schranken klerikaler, im Grunde jüdischer Intoleranz niederzureißen.

An die Herren Geistlichen der evangelisch-lutherischen Kirche Mecklenburgs aber ergeht hiermit die Aufforderung, unverzüglich in diesen entscheidungsvollen Tagen und in den vor uns liegenden Monaten, getreu dem Vermächtnis unseres Reformators D. Martin Luther, ihre Verkündigung in Predigt und Seelsorge so auszurichten, dass die deutsche Seele keinen Schaden leidet und den deutschen Menschen dazu verholfen wird, dass sie ohne falsche Gewissensbeschwerung getrost alles daran setzen, eine Wiederholung der Zersetzung des Reiches durch den jüdischen Ungeist von innen her für alle Zeiten unmöglich zu machen. Wie unser Herr Jesus Christus selbst ausdrücklich bestätigt hat, ist des Menschen Nächster der, der die Barmherzigkeit an ihm tat (Luk. 10, 29-37). An unserm deutschen Volk aber, mit dem wir als seine Glieder unlöslich verbunden sind, hat die Barmherzigkeit getan nicht der Jude, sondern Adolf Hitler. Dem Führer gilt daher unsere Liebe als unserem Nächsten, ihm unsere unverbrüchliche Gefolgschaft und Treue auch in dem deutschen Volke aufgetragenen Kampf gegen die Juden! Schwerin, den 16. November 1938. Der Oberkirchenrat. Schultz".[474]

1939: Das Attentat Georg Elsers auf Adolf Hitler am 8.11.1939 im Bürgerbräukeller in München scheitert. Daraufhin läuten in Deutschland die Glocken protestantischer Kirchen 'für die Bewahrung des Führers.'[475] Speziell die angeblich, so der Mythos nach 1945, in Opposition zu Hitler stehende „Bekennende 'Kirche'"[476] ist entsetzt über das Attentat. Ihre Zeitschrift verbreitet: „Der frevelhafte Anschlag auf das Leben des Führers in München hat alle

[474] Kirchliches Amtsblatt für Mecklenburg, Jg. 1938, 24. 11. 1938. Schultz wird als „glühender Nazi" beschrieben, Prolingheuer, (Kunst) Anm.249, S. 333.

[475] Evangelisches Sonntagsblatt Nr. 46, 15.11.2009. Nach 1945 verleumdete Pfarrer Martin Niemöller, Mitbegründer der Bekennenden 'Kirche' 1934, nach 1945 Kirchenpräsident von Hessen-Nassau, Elser als angeblichen "SS-Mann", der im Auftrag der NSDAP ein fingiertes Attentat durchgeführt hätte. Die Mutter Elsers, verzweifelt über das Schicksal ihres am 9. 4. 1945 im KZ-Dachau ermordeten Sohnes, bat am 20. 4. 1946 vergebens Niemöller um Hilfe. Dazu schrieb die „Zeit": "Gegen das Wort eines 'Kirche'npräsidenten kann sich eine einfache Handwerkerfamilie nur schwer wehren"(Nr. 2/2003).

[476] Darunter u.a. Martin Niemöller, Walter Künneth, Hanns Lilje, die „ihr freudiges Ja zum neuen deutschen Staat ausgesprochen haben", nach Matthias Schreiber, Martin Niemöller, Reinbeck 1997, S. 51. Siehe Protestantismus und Soziale Frage: Profile in der Zeit der Weimarer Republik Hg. von Traugott Jähnichen, Norbert Friedrich, Münster 2000, danach kann man Niemöller durchaus nationalsozialistisches, antidemokratisches Gedankengut unterstellen. Es ist deshalb selbstverständlich, dass M. Niemöller bei den Linken in der BRD großes Ansehen genoss.

Kreise des deutschen Volkes mit tiefem Entsetzen und Empörung erfüllt ... Im Interesse des ganzen deutschen Volkes und aller Aufrechtdenkenden in der Welt liegt es, dass die Urheber des Attentates gefunden und gerecht bestraft werden und dass es gelingt, die intellektuellen Anstifter nachzuweisen. Im Verfolg dieses Attentates hat sich das nationalsozialistische Deutschland noch fester und zum Siege entschlossen um seinen Führer geschart“. [477]

1939: beschloss der Landeskirchenrat der Thüringer evangelischen Kirche ein antijüdisches Gesetz, dessen § 1 lautet: 'Juden können nicht Mitglieder der Thüringer evangelischen Kirche werden.' Ein ähnliches antijüdisches Kirchengesetz wurde im Februar 1939 erlassen für die evangelisch-lutherische Kirche Mecklenburgs, Anhalts und Sachsens.

1939: Schreiben des Bischofs Theophil Wurm an Reichsjustizminister Gürtner: „Ich bestreite mit keinem Wort dem Staat das Recht, das Judentum als ein gefährliches Element zu bekämpfen. Ich habe von Jugend auf das Urteil von Männern wie Heinrich von Treitschke und Adolf Stoecker über die zersetzende Wirkung des Judentums auf religiösem, sittlichem, literarischem, wirtschaftlichem und politischem Gebiet für zutreffend gehalten.“.[478]

1939: In der Godesberger Erklärung der Nationalkirchlichen Einigung ‚Deutsche Christen‘ heißt es: „Indem der Nationalsozialismus jeden politischen Machtanspruch der Kirchen bekämpft und

---

[477] Junge ‘Kirche’, 12, 1938.

[478] Zitiert aus der Predigt des E’K’D-Ratsvorsitzenden Manfred Kock am 26.1.2003: „Zum Gedenken an D. Theophil Wurm anlässlich seines 50. Todestages in der Markuskirche zu Stuttgart". Wurm unterstützte nach 1945 die Arbeit der ‚Stillen Hilfe‘,die Flucht von gesuchten NS-Tätern über die Fluchtroute vor allem nach Südamerika. So konnten z. B. Adolf Eichmann, Johann von Leers, Walter Rauff und Josef Mengele nach Argentinien entkommen. Siehe Oliver Schröm, Andrea Röpke, Stille Hilfe für braune Kameraden, 2002.

die dem deutschen Volke artgemäße nationalsozialistische Weltanschauung für alle verbindlich macht, führt er das Werk Martin Luthers fort".[479]

1939: Grundsätze für eine den Erfordernissen der Gegenwart entsprechende Neuordnung der Evangelischen Kirche: „Die evangelische Kirche hat von Martin Luther gelernt, dass wahrer christlicher Glaube sich nur innerhalb des von Gott geschaffenen Volkstums kraftvoll entfalten kann... Die nationalsozialistische Weltanschauung bekämpft mit aller Unerbittlichkeit den politischen und geistigen Einfluss der jüdischen Rasse auf unser völkisches Leben. Im Gehorsam gegen die göttliche Schöpfungsordnung bejaht die evangelische 'Kirche' die Verantwortung für die Reinhaltung unseres Volkstums..."[480]

1939: „Die Junge Kirche", Zeitschrift der ‚Bekennenden Kirche', gratuliert Adolf Hitler zum 50. Geburtstag: „Es ist heute dem Letzten offenbar geworden, dass die Gestalt des Führers, mächtig sich durchkämpfend durch alle Welten, Neues mit innerem Auge schauend und seine Verwirklichung erzwingend, auf den wenigen Seiten der Weltgeschichte genannt ist, die den Anfängern einer neuen Zeit vorbehalten sind. Die deutsche Sendung in die Völkerwelt ist von einer mächtigen und festen Hand in die Waagschale der Geschichte geworfen ... Wir bitten Gott, den Führer zu segnen".[481]

1939: Elf evangelische Landesbischöfe gründen auf der Wartburg ein „Institut zur Entjudung des Christentums" gegen die „Verseuchung mit jüdischen Ideen" besonders im Alten Testament. 192

---

[479] Zitiert nach Kupisch, S. 297f.

[480] Zitiert nach Kupisch, S. 299.

[481] Junge 'Kirche', 8, 22. 4. 1939. Eine der irrigen Meinungen nach 1945 besagt, dass die „Bekennende Kirche" in Opposition zu Adolf Hitler gestanden hätte. So auch die falsche Mitteilung in fast allen Schulbüchern.

Bischöfe, Konsistorialräte, Professoren, Pastoren, Religionspädagogen, und Regierungsbeamte arbeiten mit. Hauptziel war die wissenschaftliche Beteiligung an der endgültigen Lösung der Judenfrage. „Der Jude muss als feindlicher und schädlicher Fremder betrachtet werden und von jeder Einflussnahme ausgeschaltet werden. In diesem notwendigen Prozess fällt der deutschen Geisteswissenschaft die Aufgabe zu, das geistige und religiöse Gesicht des Judentums zu erkennen".[482] Der christliche Glaube sei auf rassistische Einflüsse aus Palästina zu prüfen, jüdisch Minderwertiges ist aus den 'Kirche'n und Texten zu entfernen.

1939: Der evangelische Theologe D. Hans Lauerer, Rektor der evangelisch-lutherischen Behinderteneinrichtungen in Neuendettelsau, gibt seine theologische Zustimmung für den bevorstehenden Massenmord an Behinderten: „... darum können wir Lutheraner nicht anders als grundsätzlich bejahend zum Staat, zu unserem Staat stehen. Von diesem Standpunkt aus haben wir kein Recht, es zu beanstanden, wenn der Staat ... die Tatsache minderwertigen Lebens konstatiert und auf Grund dieser Konstatierung dann auch handelt".[483]

1939: Der Landeskirchenrat von Bayern gibt Hinweise für die

---

[482] Fritz-Bauer-Institut (Hg.):„Beseitigung des jüdischen Einflusses ..." Antisemitische Forschung, Eliten und Karrieren im Nationalsozialismus, in; Jahrbuch 1998/99 zur Geschichte und Wirkung des Holocaust; Darmstadt 1999, 158. Nach dem Krieg erhielten die Leiter des Instituts Verwendung in der Lutherischen Thüringer Kirche Walter Grundmann als Leiter des Katechetischen Seminars in Eisenach. Heinz Erich Eisenhuth als Lehrstuhlinhaber für Systematische Theologie in Jena, dann Superintendent in Eisenach, Leiter der Evangelischen Akademie, siehe Hans Prolingheuer, Der Lutherisch-Deutsch-Christliche Weg. Am Beispiel des Eisenacher Entjudungsinstituts; in: Christian Staffa (Hg.), Vom protestantischen Antijudaismus und seinen Lügen in: Tagungstexte der Evangelischen Akademie Sachsen-Anhalt, Bd. 1, Wittenberg: 1997, S. 57-92.

[483] Hans Lauerer, Das Menschenleben in der Wertung Gottes, 1939; zit. nach Klee, Die SA Jesu Christi, Frankfurt 1990, S. 180.

Predigt im Krieg vor, u.a.: „...Wir spüren hinter dieser ernsten Wirklichkeit Gottes gewaltige Hand ... Wir haben den einzelnen wie die Gemeinde vor allem stark zu machen, dass sie wirklich tun können, was ihre Pflicht und Schuldigkeit ist, dass sie tapfer und treu sein können in dem Stande, in den sie der Herr berufen hat".[484]

1939: Hitler: „In grenzenloser Liebe lese ich als Christ und Mensch die Stelle durch, die uns verkündet, wie der Herr sich endlich aufraffte und zur Peitsche griff, um die Wucherer, das Nattern- und Ottergezücht hinauszutreiben aus dem Tempel. Seinen ungeheuren Kampf aber für diese Welt, gegen das jüdische Gift, den erkenne ich heute, nach zweitausend Jahren, in tiefster Ergriffenheit am gewaltigsten an der Tatsache, dass er dafür am Kreuz verbluten musste".[485]

1940: Bekanntmachung der Evangelisch-Lutherischen Kirche in Bayern zum Führergeburtstag am 20.4.1940: „Das ganze deutsche Volk fühlt sich an diesem Tage in besonderer Weise mit dem Manne verbunden, der das Geschick des Großdeutschen Reiches mit starken Händen durch die Fährnisse des Krieges steuert. Die Gemeinden unserer Landeskirche gedenken seiner in freudigem Dank und ernster Fürbitte. Sie geloben aufs Neue, den Dienst, zu dem sie der Herr berufen hat, mit ganzer Treue auszuführen. Sie sehen darin ihren Beitrag zum Werke des Führers, dass sie durch die Botschaft von Jesus Christus den deutschen Menschen hinführen zu den Quellen aller Kraft, ihn stark machen für den Kampf, ihn freudig machen zu allem Opfer ... Ev.-Luth. Landeskirchenrat; D. Meiser".[486]

1940: Landesbischof Meiser hält die Festpredigt zum 50jährigen

---

[484] Amtsblatt der Evang.-Luth. Landeskirche in Bayern, 30. 10. 1939.
[485] Zitiert nach Fest, Hitler, S. 221.
[486] Amtsblatt 15. 4. 1940.

Jubiläum der Rummelsberger Diakonie. Darin nimmt der Landesbischof zu den Überfällen Deutschlands auf Frankreich, Belgien und die Niederlande Stellung und zu der Besetzung Dänemarks und Norwegens: „Auf den Schlachtfeldern Flanderns, wo so oft schon Völker um ihr Schicksal gerungen haben, haben unsere Heere einen Sieg errungen, wie er ähnlich in der Geschichte der Völker nicht gefunden wird. ... Wir beugen uns vor der Größe dieser Stunde; wir stehen anbetend vor unserem Gott, der die Geschicke der Völker so majestätisch lenkt. Wir gedenken voll Ehrfurcht derer, die so Großes so kühn planten, und derer, die es so tapfer und wagemutig vollbrachten“.[487]

1940: Einer der leitenden Verantwortlichen der ‚Bekennenden Kirche', Landesbischof August Marahrens, NSDAP-Mitglied, aus Hannover, gibt in einem Telegramm an Hitler der Hoffnung Ausdruck, dass „in ganz Europa unter Ihrer Führung eine neue Ordnung entstehe“.[488]

1940: Landesbischof Meiser und der evangelische Landeskirchenrat rufen die Gemeinden dazu auf: „Adolf Hitler, dem Schöpfer und obersten Befehlshaber der sieggekrönten Wehrmacht“, zu danken und für einen „baldigen Endsieg zu beten“.[489]

1941: Veröffentlichung der nationalkirchlichen evangelischen Kirchenführer über die kirchliche Stellung evangelischer Juden: „Die nationalsozialistische deutsche Führung hat mit zahlreichen Dokumenten unwiderleglich bewiesen, dass dieser Krieg in seinen weltweiten Ausmaßen von den Juden angezettelt worden ist. Sie hat deshalb im Inneren wie nach außen die zur Sicherung des deutschen Lebens notwendigen Entscheidungen und Maßnahmen gegen das Judentum getroffen. Als Glieder der deutschen Volks-

---

487 Gerhard Wehr, Gutes tun und nicht müde werden, München 1989, S. 175.
488 Vollnhals, S. 24.
489 Amtsblatt für die Evang.-Luth. Kirche in Bayern, 26. 6. 1944.

gemeinschaft stehen die unterzeichneten deutschen Evangelischen Landeskirchen und Kirchenleiter in der Front dieses historischen Abwehrkampfes, der u. a. die Reichspolizeiverordnung über die Kennzeichnung der Juden als der geborenen Welt- und Reichsfeinde notwendig gemacht hat, wie schon Dr. Martin Luther nach bitteren Erfahrungen die Forderung erhob, schärfste Maßnahmen gegen die Juden zu ergreifen und sie aus deutschen Landen auszuweisen. Von der Kreuzigung Christi bis zum heutigen Tage haben die Juden das Christentum bekämpft oder zur Erreichung ihrer eigennützigen Ziele missbraucht oder verfälscht. Durch die christliche Taufe wird an der rassischen Eigenart eines Juden, seiner Volkszugehörigkeit und seinem biologischen Sein nichts geändert. Eine deutsche Evangelische Kirche hat das religiöse Leben deutscher Volksgenossen zu pflegen und zu fördern. Rassejüdische Christen haben in ihr keinen Raum und kein Recht. Die unterzeichneten deutschen Evangelischen Kirchen und Kirchenleiter haben deshalb jegliche Gemeinschaft mit Judenchristen aufgehoben. Sie sind entschlossen, keinerlei Einflüsse jüdischen Geistes auf das deutsche religiöse und kirchliche Leben zu dulden.“ Diese Bekanntmachung unterschrieben die Landesbischöfe bzw. Landeskirchenpräsidenten von Sachsen, Hessen, Mecklenburg, Schleswig-Holstein, Anhalt, Thüringen und der Vorsitzende der evangelisch-lutherischen Kirche von Lübeck.[490]

1941: Der protestantische Bischof Theophil Wurm fordert in einem Brief an die Reichsregierung „schärfste Maßnahmen gegen die Juden“, sie seien „aus deutschen Landen auszuweisen“.[491]

1941: Die protestantischen, evangelischen und lutherischen Landeskirchen Sachsen, Hessen-Nassau, Schleswig-Holstein, Anhalt, Thüringen und Lübeck stimmten der Kennzeichnungspflicht mit dem ‚Judenstern‘ zu, da „Martin Luther selbst schärfste Maßnah-

[490] Siehe www.uwelehnert.de.
[491] Goldhagen, S. 143.

men gegen die Juden ergriffen hat".[492]

1944: Hugo Rönck, Bischof der Thüringer Evangelischen Kirche, spricht zur Jahreswende: „Über Jahrhunderte hinweg mahnt uns das Vermächtnis Martin Luthers: ‚Solch wunderliche Zeiten sind jetzt, dass ein Volk den Himmel eher mit Blutvergießen gewinnen kann, denn anders sonst mit Beten' ... Heil Hitler".[493]

1944: Sieben Monate später vergleicht er Luther und Hitler: „Kaum wüsste man neben dem Thüringer Bauernsohn Martin Luther noch einen anderen Deutschen zu nennen, der so wie Adolf Hitler in begnadeter, schöpferischer Vollmacht berufen war, seiner Zeit und kommenden Jahrhunderten den Stempel seines wahrhaft revolutionären Wesens aufzuprägen".[494]

1944: Die Deutsche Evangelische Kirchenkanzlei und der Geistliche Vertrauensrat der Evangelischen Kirche bekunden, dass sich das deutsche Volk „mit Empörung und Abscheu" von der Tat des 20. Juli 1944 abwendet, und sie huldigen dem Führer Adolf Hitler mit Treue-Telegrammen. Wörtlich heißt es: „Aus tiefem Herzen danken wir dem Allmächtigen für die Errettung des Führers und bitten ihn, er möge ihn weiterhin in seinen Schutz nehmen. Mit dieser Bitte soll sich das Gelöbnis neuer Treue und der Entschluss verbinden, uns ernster noch als zuvor der unerbittlichen Forderung der Zeit zu unterwerfen, für die der Führer rastlos sein Alles einsetzt. Die Deutsche Evangelische Kirchenkanzlei und der Geistliche Vertrauensrat der Deutschen Evangelischen Kirche haben nach dem Anschlag auf das Leben des Führers in Treuetelegrammen an ihn den Dank gegen Gott für die gnädige Bewahrung Ausdruck verliehen".[495]

---

[492] Kaufmann, S. 167. (Juden)
[493] Thüringer Kirchenblatt Nr. 1, 1944.
[494] Thüringer Kirchenblatt Nr. 15, 1944.
[495] Das Evangelische Deutschland, 30. 7. 1944.

Soweit einige Äußerungen von 1921-1944 aus der Welt des deutschen Protestantismus. Man könnte direkt den Eindruck haben, dass eine gewisse Hysterie - wie bei den Hexenverfolgungen zu Beginn der Neuzeit - protestantische Obere gepackt hatte, in einem Wettlauf zu beweisen, wer sich enger und eindringlicher dem unmenschlichen Zeitgeist, dem Vorbild ihres Lehrers brav folgend, anbieten konnte. Schließlich wollten sie nur folgsame Schüler ihres Religionsschöpfers sein. Nicht die Funktionäre des nationalen Sozialismus haben Luther benutzt, sondern umgekehrt die protestantischen, evangelischen und lutherischen Theologen usw. haben mit Verweis auf Luthers Antisemitismus sich dem verbrecherischen System des nationalen Sozialismus angedient. Luther ist kein Opfer, sondern ein Täter – wenn auch nur intellektuell.
Warum haben Protestanten, Evangelische und Lutheraner den Judenhass und ihre Ansichten zur „Euthanasie" der Nazis übernommen? Weil sie die Anweisungen des so geliebten Reformators befolgen wollten? Waren diese nach Aufklärung und der Diskussion von Menschen- und Naturrecht „zeitgemäß"? Luthers Autorität wurde immer noch unangetastet, weshalb die Bezüge auf ihn im Hinblick auf seine antijüdischen Schriften besonders schlimm sind. Ist es nicht notwendig, sich immer wieder an diese Grundsatzhaltung führender Protestanten, Evangelischen und Lutheraner und ihres intellektuellen Anstifters zu erinnern? Gab es eigentlich von der E'K'D die Aufarbeitung über ihr Verhalten in der Zeit des nationalen Sozialismus? Kann deshalb Luther heute noch Vorbild für ein christliches (!) Bekenntnis sein? Selbstverständlich ist das unbequem, deckt Tabus auf, will man sich nicht daran erinnern lassen. Papst Franziskus sprach in diesen Tagen: „Eine Person, die daran denkt, Mauern anstatt Brücken zu bauen, ist nicht christlich".[496] Luther und all die Genannten haben mehr als nur Mauern gebaut. Dennoch begreifen sie sich immer noch christlich. Haben Begriffe keine Bedeutung mehr?

[496] „Die Rheinpfalz", 20. 2. 2016.

Erschreckend an all diesen Äußerungen muss die Tatsache sein, dass die zitierten Personen Amtsträger der protestantischen, evangelischen und, lutherischen 'Kirche' waren. Warum ist bei denen die Entwicklung und Diskussion seit der Aufklärung so unbeeindruckt vorübergegangen? War Lessings „Nathan der Weiße" auf dem Index gestanden? Kann dies sein, dass Menschenrechte und Naturrechte, die sich seit der amerikanischen und der französischen Revolution ausgebreitet hatten, die lutherische 'Kirche' nicht beeinflusst hatten? Wenn ja, war es dann wirklich im Sinne Luthers, die Welt außer Acht zu lassen, den Menschen also nicht in der Welt zu begleiten, sondern seinem Schicksal zu überlassen? Hatte man nicht mitbekommen, dass gerade im sich so stark veränderten 19. Jahrhundert Frauen und Männer enormen Neuerungen in Wirtschaft und Gesellschaft, ja auch in Politik ausgeliefert waren, die gerade deshalb eine sehr enge Begleitung durch die lutherische 'Kirche' notwendig gemacht hätte? Doch diese ließ sie allein! Auch noch so viele Rechtfertigungsschriften können Luthers wahre Gedanken nicht für die Gegenwart umwerten. Hatte diese ‚Kirche'im Hinblick auf die Modernisierung, den Fortschritt, alles neue Vokabeln des 19. Jahrhunderts, die Entwicklung verschlafen? Was nützte denn eine lutherische 'Kirche', die nicht von dieser Welt gewesen war und ist? Von welcher Welt sonst? Ihre enge Verbindung zum antisemitischen reaktionären preußischen Königshaus hatte es zudem vermocht, dass sie sich sehr gemütlich einrichte konnte, anstelle ihr Ansehen und ihre Macht zu nutzen und auch zu betonen und kritisch zu beschreiben, was in der Vergangenheit falsch gewesen war und in der Gegenwart ist. Wo blieb dabei die Verantwortung vor Gott und für den Menschen? Darf die protestantische 'Kirche' sich überhaupt in der Welt bequem einrichten? Wie sie es heute wieder macht! Selbstverständlich wird ihr Fehlverhalten erklärbar, weil die 'Kirche' in der Zeit der Weimarer Republik und des Dritten Reiches nicht den Mut, die Gelegenheit oder die Chance gefunden hatte, ihre „Schäfchen" über Bildung sei es in Schule, auf Universitäten, in Sonntagszeitungen, in der Predigt mit Luthers Originalschriften aufzuklären und vielmehr weiterhin die Tradition der immer wieder geschönten, veränderten Lutheraussagen pflegte. Welcher Luther wird in der heutigen Ausbildung vermittelt? Der „wahre“ oder der seit dem 18.Jahrhundert geschönte? Ist eine solche Charakterisierung Martin Luthers wenige Jahre nach dem Ende des Dritten Reiches entschuldbar, die in einem Schulbuch noch 1967 sicher mit Billigung der ‘Kirche‘noberen steht: „Martin Luther verkörperte die Eigenart deutschen Wesens wie kaum eine andere hervorragende Gestalt der deutschen Geschichte; durch seine Gemütstiefe, seine kindliche Fröhlichkeit und natürliche Lebensbejahung, seine volkstümliche, gelegentliche sogar derbe Redeweise, seine unerbittliche Wahrheitsliebe, seinen unerschütterlichen Mannesmut, der in seiner Glaubensgewissheit ruhte, und durch seine völlige Hingabe an die Sache bis zur Selbstaufopferung. Mit seinem Tode verschwand die beherrschende Persönlichkeit aus dem evangelischen Lager.“[497] Informieren Sie sich, verehrter Leser, über Inhalte von Schulbüchern. Es ist z. T. abenteuerlich, was in manchen Unterrichtswerken steht.

Joachim Fest zitiert in seiner vorzüglichen Hitler-Biographie einen Augenzeugen Hitlers: „Augenblicklich waren meine kritischen Fähigkeiten ausgeschaltet … Ich weiß nicht, wie ich die Gefühle beschreiben soll, die mich überkamen, als ich diesen Mann hörte. Seine Worte waren wie Peitschenschläge. Wenn er von der Schande Deutschlands sprach, fühlte ich mich imstande, jeden Gegner anzuspringen. Sein Appell an die deutsche Mannesehre war wie ein Ruf zu den Waffen, die Lehre, die er predigte, eine Offenbarung. Er erschien mir wie ein zweiter Luther. Ich vergaß alles über diesem Mann. Als ich mich umschaute, sah ich, dass seine Suggestivkraft die Tausende in Bann hielt wie einen Einzigen. Natürlich

[497] Grundriss der Geschichte für die Oberstufe der Höheren Schulen Ausgabe B. Vom späten Mittelalter bis zur Mitte des 19. Jahrhunderts, Klett-Verlag, Stuttgart 1967, S. 63.

war ich reif für dieses Erlebnis. Ich war ein Mann von 32, der Enttäuschungen und des Unbehagens müde, auf der Suche nach einem Lebensinhalt; ein Patriot, der kein Betätigungsfeld fand, der sich für das Heldische begeisterte, aber keinen Helden hatte. Die Willenskraft dieses Mannes, die Leidenschaft seiner ehrlichen Überzeugung schienen auf mich überzuströmen. Ich hatte ein Erlebnis, das sich nur mit einer religiösen Bekehrung vergleichen ließ".[498]

Wie kommt es, dass diesem Augenzeugen Adolf Hitler wie Luther vorgekommen ist? Wie ist ihm Luther in der Schule, in der 'Kirche' vermittelt worden? So, dass Wendebourg sagen konnte: „... er forderte die Untertanen auf, den Gehorsam zu versagen, wenn ihnen befohlen wurde, Unrecht zu tun, oder zu desertieren, wenn sie erkannten, dass sie in einem unrechtmäßigen Krieg eingesetzt wurden. D.h. in einem autoritären Staat konnte man mit Luther leben, in einem Unrechtsstaat nicht."[499] Wenn das stimmte, warum konnte ich dann - willkürlich gesucht - all die Aussagen von protestantischen, evangelischen, lutherischen Führungspersonen aus den Jahren 1921-1944 ermitteln? Ist Wendebourgs Aussage nicht enorm beschönigend, apologetisch, verharmlosend, ja falsch, zumal die Professorin sich nicht in einem akademischen Kreis geäußert, sondern in einer ganz normalen Tageszeitung dem Volk gegenüber geurteilt hat. Warum umgeht sie die Tatsache, dass sich viele ihrer Glaubensgenossinnen und -genossen im Staat Hitlers und im „Staat" der D'D'R so gut eingerichtet hatten? Warum verweigerten dann nicht alle Lutheraner, Protestanten und Evangelischen den Gehorsam gegenüber dem nationalen Sozialismus bzw. dem kommunistischen Sozialismus?

---

[498] Joachim Fest, Hitler. Eine Biographie, Frankfurt 1973, S. 223.
[499] Wendebourg, Thüringische Allgemeine, 28. 6. 2014.

Ein Interview im Jahr 2014

Über die Schwierigkeit, heute die Begeisterung der protestantischen 'Kirche'noberen für die Politik des nationalen Sozialismus zu begreifen, äußerte sich der schon erwähnte Dekan i.R. Friedrich Borggrefe, Ludwigshafen, in einem Interview im Juli 2014, aus dem ich zitiere. Die Fragen stellte der Redakteur Michael Schmid von der in Ludwigshafen erscheinenden Tageszeitung „Die Rheinpfalz":

„Gab es eine Art Schweigespirale?
Ja. Ich kann das an meiner Familie festmachen: Mein Vater war Parteigenosse und mein Onkel war bei der SS...
Nach Ihren Recherchen kommen Sie zu dem Schluss, dass starke Kräfte in der evangelischen Kirche der Stadt den Nationalsozialismus wollten und die Einführung der Diktatur bejubelt haben. Wie ist das zu erklären?
1933 haben sehr viele gejubelt. Viele Tausend sind im Gleichschritt marschiert. Unser Volk war gedemütigt, wirtschaftlich schwach und man hatte die Hoffnung, dass mit den Nazi die Zukunft gewonnen werden könnte. Und man hat an Hitler seine Träume von Arbeit, Ordnung und soziale Gerechtigkeit festgemacht. Die Kirche hat das positiv wahrgenommen. Hitler war für unsere Kirche ein großer Verführer.
Das klingt nach Sehnsucht nach einem Erlöser....
Um es noch mal an meiner Familie festzumachen: Mein Vater war arbeitsloser Diplomvolkswirt, bekam 1933 Arbeit - wir Kinder hatten dafür gebetet...
Dabei war die Arbeiterstadt Ludwigshafen doch eher sozíaldemokratisch geprägt und keine Nazi-Hochburg.
Das stimmt... Deswegen haben sich viele Protestanten an den Nationalsozialismus geklammert und wollten sich damit profilieren... Alle Presbyterien hatten eine nationalsozialistische Mehrheit. Die ganze evangelische Kirche der Pfalz war gleichgeschaltet."

War die katholische Kirche aufgrund ihrer Struktur weniger anfällig für die NS-Ideologie?
Die katholische Kirche hatte in der Zentrumspartei ihre politische Heimat. Außerdem gab es ein starkes katholisches Vereinsleben. Das war nicht so einfach für die NSDAP zu schlucken. Die katholische Kirche war daher widerständig. Das fehlte dem Protestantismus vollkommen.
Warum gab es in Ludwigshafen keinen Widerstand?
Wir hatten keinen Bonhoeffer in der Pfalz. Und in Ludwigshafen schon gar nicht. Hier galt für viele die Losung: Ohne Juda, ohne Rom - bauen wir den deutschen Dom! Das wurde von Parteirednern in Sondergottesdiensten geäußert. Luther wurde als der große Deutsche gefeiert. Hier gab es keinen Widerstand. Wir waren angepasst... Es gab eine Landessynode in Speyer, die das neue System begrüßte und dem „Führer" Adolf Hitler ihr Vertrauen ausgesprochen hat...
Selbst die Ausschreitungen gegen jüdische Mitbürger und das Abfackeln der Synagoge bei der Pogromnacht 1938 wurden schweigend angenommen?
Es wurde nichts dazu gesagt...
Warum nicht?
Es gab eine aktive Linie in der evangelischen Theologie, die antijüdisch war...
Die „Arisierung", also die faktische Enteignung der jüdischen Mitbürger, war kein Thema?
Nein.
Auch als die Synagoge in der Kaiser-Wilhelm-Straße angezündet wurde, gab es keinen Kommentar?
Ich habe nichts gefunden. Kein Wort.
Und die Deportationen der Ludwigshafener Juden in das Lager Gurs Anfang der 1940er Jahre?
Es findet sich in den Jahresberichten der Kirche keine Notiz darüber in den Akten. Null.
Was sagt uns das über die Kirche: War sie blind, taub und stumm

gegenüber den Geschehnissen?
Ja... Neben der Judenverfolgung wurde auch die „Euthanasie“ - Tötung Behinderter - nicht thematisiert.
Würden Sie sagen, dass die evangelische ‘Kirche’ in der NS-Zeit gesellschaftlich versagt hat?
Wir Alten müssen uns sagen: Vor Gott haben wir versagt. Ganz bestimmt. Wir sind als Christen dem Anspruch des Evangeliums nicht gerecht geworden. Die Pfälzische Kirche hat... ihre Tradition verraten... Die alten Kräfte in der Kirche haben sich arrangiert mit den neuen Begebenheiten. Früher hatten sie Kompromisse mit dem NS-Staat gemacht, dann mit den neuen Herrschenden... ...Ich habe damals einen Rabbi eingeladen... dann traten einige Presbyter deswegen aus dem Presbyterium aus, weil ich mit einem Juden Gottesdienst halten wollte...
Heute gibt es viel Stolpersteine für die Opfer des NS-Regimes...
Das ist auch eine Kommerzialisierung der Erinnerungsarbeit. Das stört mich. Denn für jeden Stolpersteine muss bezahlt werden.
Erinnerungsarbeit ist also keine einfache Sache?
Die Judenfrage ist eine Frage, an der wir unsere Geschichtsaufarbeitung sowie unsere Toleranzfähigkeit und Solidarität messen können. Wir können die Gegenwart nur meistern, wenn wir uns aktiv mit der Vergangenheit auseinandersetzen.[500]

Im Hinblick auf Medien, Schulbücher und Lehrpläne sollte ergänzt werden: Bei dieser Erinnerungsarbeit sollte geschichtliche Überlieferung nicht wie bei der „Aktion Stolpersteine“ oder so mancher TV-Sendung als Steinbruch vermittelt werden, aus dem die weithin bestimmenden und uns kontrollierenden Gutmenschen nur herausnehmen, was ihnen passt und dem Volk vorschreiben.

Dekan Borggrefe bewertet die abscheuliche Stolpersteinaktion richtig. Seit vielen Jahren erleben wir einen Tsunami an sogenannten Bündnissen gegen Rechts, die von Gutmenschen und Ideolo-

[500] „Die Rheinpfalz“, 22. 7. 2014.

gen gesteuert, die Gräueltaten der Nazis instrumentalisieren. Sie verdienen sehr gut, werden reich. Es ist das alte Lied: Sich in Jad Waschem zu verbeugen wird für deutsche Geschäftemacher inzwischen zur Routine, die von Israelis inzwischen mit Abscheu quittiert wird. Ich selbst würde es nie fertig bringen, auf einen Stolperstein = Jude! zu treten. Dafür ist meine Achtung vor dieser Person und dem Leid des Volkes zu groß. Nicht umsonst hat der Zentralrat der Juden sich von dieser Aktion des "Künstlers“ distanziert. Es ist abscheulich, schon wieder werden Juden getreten und schon wieder wird mit ihnen Geld verdient. Der „Künstler“ inszeniert ein Brimborium mit feierlicher Miene und versenkt dann auf dem Bürgersteig sein gestanztes Etwas mit dem eingravierten Namen eines ermordeten Juden in den Boden, umringt von den in der Regel sozialistischen und, kommunistischen Gutmenschen, die mit einstudierter, betretener Miene dabei stehen und vielleicht anschließend gute Häppchen essen und Sekt schlürfen. Ein Intendant, der noch Haltung und Achtung vor den Juden hat, lehnte so etwas ab mit den Worte: „Auschwitz auf der Bühne hier Straße und dann in der Pause Würstchen essen“!
Ein Steinchen kostet etwa 120 Euro, zig-tausende Steinchen sind schon verlegt worden. Warum werden vom Künstler nicht auch all die anderen ermordeten und verfolgten Personen mitbedacht? Weil man damit das schlechte Gewissen und das Mitleid nicht so leicht mobilisieren kann? Mit dieser kleveren Geschäftsidee, auf die fast alle darauf reinfallen, scheffelt inzwischen der „Künstler“ Millionen. Warum gibt es nicht ein kleines Kind, das die „neuen Kleider des Kaisers“ entlarvt? Vielleicht ist es dazu noch zu früh. Ich befürchte, es ist schon zu spät. Wenn es dem „ Künstler“ wirklich um das Leid der Verfolgten und Ermordeten ginge, hätte er den größten Teil des eingenommen Geldes – Steuergelder zumal gespendet. Warum dem vorsätzlichen Mörder Herschel Grünszpan auch ein Stolperstein gelegt wurde, ist nicht verständlich. Weil er Jude war?

Zwischenergebnis

Fassen wir einmal zusammen, was der heute immer noch geschätzte Kirchenspalter die Menschen gelehrt hat. Sein „Parteiprogramm“:

Juden ermorden
ihre Häuser anstecken
behinderte Kinder ersäufen
Frauen als Hexen verbrennen
konkurrierende Religionen ausrotten
Machthaber auffordern, Krieg zu führen
wegen Hunger protestierende Bauern tot zu knüppeln.

Noch einmal: Luther müsste heute der Prozess gemacht werden mit folgenden Anklagepunkten: Volksverhetzung (§130 StGB), Anstiftung zum Mord (§§26, 211), Aufruf zum Landfriedensbruch (§§26, 125) und zu schwerer Brandstiftung (§§26, 306). Dennoch schwören auch heute noch von seinen Jüngern Irregeleitete auf ihn. Manche entschuldigen, indem sie den semantischen Trick benutzen und zwischen Antijudaismus und Antisemitismus unterscheiden. Die Terminologie sollte uninteressant sein. Einem Juden kann es schlicht gesagt, egal sein, aus welchem Grund er beschimpft oder getötet wird. Hillerbrand meint, dass christlicher Antijudaismus weithin auch antisemitisch war und ist[501], denn Luther schreibt, dass das „jüdische Blut wässerig und wild sei“ und damit den heutigen Leser an den rassistischen Antisemitismus der Nazis denken lässt.[502]

„Die Behauptung, Luther habe den mittelalterlichen (Vulgär-) antisemitismus ... niemals vertreten ist angesichts der Fülle von be-

[501] Hans-Joachim Hillerbrand, Brennpunkte der Reformation, Göttingen 1967, S. 68.

[502] Schilling, S. 569.

kräftigenden Bezugnahmen völlig unverständlich",[503] so Osten-Sacken, der damit mit vielen anderen eine Korrektur im Lutherbild andeutet. Schilling meint, die Schrift „Von den Juden und ihren Lügen" „sei heilsgeschichtlich geschrieben und eben nicht rassistisch im Sinne von verderbten, biologisch unreinem Blut zu verstehen".[504] Professor Reinhard Schramm meint, „Die Unterscheidung von Antisemitismus und Antijudaismus könnte schlimmerweise zu einer unangemessenen Relativierung des Judenhasses benutzt werden".[505] Manche Apologeten beurteilen die Schrift Luthers unter psychologischem Aspekt und verweisen auf einen gewissen Altersstarrsinn Luthers.[506] Was gibt es für Entschuldigungen! Warum? Wäre es nicht einfacher, endlich Luther zu beurteilen was er ist: Intellektueller Schreibtischtäter, Krimineller und sich deshalb endlich nach 500 Jahren von ihm loszusagen!

Die Schrift Adolf Hitlers „Mein Kampf" stand lange Zeit auf dem Index. Seit einigen Wochen ist wieder erlaubt zu lesen, was Adolf Hitler auch als intellektueller Schreibtischtäter gedacht hatte. Werden Martin Luthers schlimme Schriften deshalb nicht verbreitet, in den Schulen und Universitäten nicht behandelt, weil er zu Verbrechen gegen die Menschlichkeit aufruft? Wie würden sich die protestantischen, evangelischen, lutherischen „Schäfchen" verhalten, würden sie über die Ansichten des wahren Martin Luther aufgeklärt werden? Was soll man von diesem Menschen halten, der sein ‚Ewiges Gelübde' gebrochen hat, nur um seine Sexualität mit seiner auch meineidig gewordenen Nonne Katharina von Bora auszuleben? Welche Anmaßung ist es, sich auf den friedfertigen Jesus Christus zu berufen? Kramt Luther nicht bis zum Exzess im Alten Testament herum - „Auge um Auge, Zahn um Zahn"? Lebt er Toleranz und Mitmenschlichkeit Jesu Christi? Wo bleibt die Abbitte

---

[503] Osten-Sacken, S. 134.

[504] Schilling, S. 569.

[505] Reinhard Schramm, Thüringische Allgemeine, 28. 6. 2014.

[506] Siehe dagegen Walther Bienert, Martin Luther und die Juden. Frankfurt 1982, S. 130.

der lutherischen, evangelischen und protestantischen Obrigkeiten, die ihre Schäfchen jahrhundertelang in die Irre geführt haben? Kann man diesen aber Schuld vorwerfen, nicht über den „wahren" Luther aufgeklärt zu haben, ist doch jeder „Gläubige" der lutherischen „Religion" selbst Priester. Was ist aber die Aufgabe dieser Art Priester? Hat nicht selbst Luther die Latte sehr hoch gelegt bei den Forderungen nach Qualifikationen eines Priesters? Er schreibt: „Die Heilige Schrift glaube aber niemand genug geschmeckt zu haben, der nicht hundert Jahre mit dem Propheten die Gemeinde geleitet hat." Er fordert also Erfahrung! Hält man sich heute daran? Warum lässt es sich die christliche Religion gefallen, von der protestantischen, evangelischen und lutherischen List der ökumenischen Verschleierungstaktik vereinnahmt zu werden, anstelle mit Jesus Christus diese Unmenschen wegen Hochstapelei aus dem christlichen Tempel zu jagen? Sie predigten eben nicht Christi Programm der Toleranz, der Freiheit, des Friedens und der Barmherzigkeit.

Kann man den Wählerinnen und Wählern einen Vorwurf machen (Kollektivschuld), die auf das menschenverachtende Partei-Programm der nationalen Sozialisten und Luthers hereingefallen sind? Warum hat es bis heute keine überzeugende Diskussion über Luthers und seiner späteren Helfer braune Flecken und rechtsextreme Ansichten gegeben?

Reichstagswahlen in der Weimarer Republik

Wenn in einer parlamentarischen Demokratie Männer und Frauen wählen dürfen, stellt sich die Frage nach längerfristigen Grundüberzeugungen, die das Abstimmungsverhalten prägen. In der deutschen Geschichte spielte die Konfessionszugehörigkeit seit dem Ende des 30jährigen Krieges eine besonders große Rolle. Die deutschen Länder waren konfessionell gemäß der Devise „cuius regio eius religio" gespalten. Das hat z.B. in der Pfalz seit der Reformation zu folgender kurioser Situation geführt. Das kleine Dorf Darstein gehört zum protestantischen Leiningen, das nächstliegende Dorf Hauenstein zum Bistum Speyer. Bei der Wahl 1930 wählten die protestantischen Darsteiner zu 100 Prozent NSDAP, die Hauensteiner zu 96 Prozent Zentrum/Bayerische Volkspartei. Darstein wurde als ganzes Dorf Ehrenmitglied der Partei des nationalen Sozialismus.[507] Nach 1945 sieht man im immer noch protestantischen Darstein die SPD vorne, in den 60 Jahren selbstverständlich zur Hälfte die NPD, dann wieder die SPD.[508] In Hauenstein herrschte Pfarrer Georg Sommer, ein Mensch wie Don Camillo. Wenn die Parteimitglieder des nationalen Sozialismus in Hauenstein einmarschierten, läutete der Pfarrer die Kirchenglocken bis diese wieder verschwunden waren. Wo hat die Deutsche Bischofskonferenz einen solchen Don Camillo bzw. Georg Sommer versteckt?

---

507 Aus diesem Grund wurde der vormalige Postlandweg im Ortsteil Berlin-Müggelheim am 13. 6. 1936 in Darsteiner Weg umbenannt. Berliner Zeitung, 24. 2. 2016.

508 Siehe Theo Schwarzmüller, Hauenstein gegen Hitler, Die Geschichte einer konfessionellen Lebenswelt, Kaiserslautern 2007. Über Pfarrer Sommer sollte Helmut Kohl einmal gesagt haben, dass dieser in seiner „Machtausübung gleich hinter dem Papst käme." Die Welt, 5. 11. 2007. Der Autor der „Welt" gehört offenbar auch zu der Kategorie der immer weiter um sich greifenden „Lügenpresse". Er versteift sich zu der Bemerkung von der „schwarzen Pfalz". Die Pfalz war und ist mehrheitlich „rot" bzw. „braun", was kaum ein Unterschied ist.

Dem weitgehend protestantischem Norden und Osten standen der katholische Süden und Westen entgegen. Zwischen Protestanten und Katholiken bestand ein tiefer nahezu unüberwindlicher Graben. Im preußisch-deutschen Reich 1871-1918 stellten die Katholiken, nachdem Preußen in Krieg die Katholiken Österreichs 1866 aus dem Deutschen Bund hinausgeworfen hatte, nur noch etwa ein Drittel der Bevölkerung. Für Preußen gab es Deutsche nur, wenn sie protestantisch waren. Das Bündnis von Thron und Altar auf Reichsebene und der von Protestanten ausgelöste kaiserlich-preußische Kulturkampf gegen die Katholiken bedrohte die Christen, benachteiligte sie in allen ökonomischen, gesellschaftlichen und kulturellen Bereichen. Sie wehrten sich durch die Gründung der „Zentrums-Partei“ vieler katholischer Vereine. Partei und Vereine bildeten so über Jahrzehnte eine fasst uneinnehmbare „Festung“ gegenüber Lutheranern, Protestanten und Evangelischen und nationalen Sozialisten. Revolutionär war die Tatsache, dass die neue Partei ohne Beachtung von reich oder arm, von Berufszugehörigkeit und gesellschaftlicher Stellung alle sozialen Schichten in sich sammelte. Das Zentrum wurde die erste deutsche Volkspartei. Im preußisch-deutschen Kaiserreich wählte das protestantische Bürgertum, der Adel und der Kaiserhof liberale und konservative Parteien, die protestantische Arbeiterschaft immer mehr SPD, protestantische Intellektuelle die linksliberale Partei.[509]

Wahlen zum Reichstag 1871-1912
Ergebnisse in v.H. der abgegebenen gültigen Stimmen

Wahljahr	Konservative Parteien	Nationalliberale Partei	Linksliberale Parteien	Zentrum	SPD
1871	30,1	30,2	9,4	18,7	8,5
1874	15,1	29,7	9,0	27,9	6,8
1890	19,2	16,7	18,2	18,6	19,7
1912	12,7	13,6	12,3	16,4	34,8

[509] Wahlergebnisse nach Alfred Milatz, Wähler und Wahlen in der Weimarer Republik, Bonn 1968, S. 20.

Auffällig ist, dass die „staatstragenden" Parteien - Konservative, Nationalliberale - bei der ersten nach einem absoluten Mehrheitswahlrecht durchgeführten Stimmabgabe zum Parlament des Kaiserreiches zusammen über 60% der Stimmen erhielten. Bei der letzten Wahl vor dem Ersten Weltkrieg schrumpften sie auf 26,3%, während die SPD mit 34,8 % die weitaus stärkste Partei wurde. Sie konnte innerhalb von 40 Jahren ihren Stimmenanteil um das Elffache steigern. Zusammen mit den linksliberalen Parteien zählten sie sogar 47,1% der Stimmen.
Nach dem Ende des Ersten Weltkrieges und dem Verlust des Kaiserreiches spaltete sich der bisher dominierende politische Liberalismus in verschiedene Parteien: Deutsche Volkspartei-DVP, Deutsche Demokratische Partei-DDP und Deutschnationale Volkspartei-DNVP. Der neuen Partei des nationalen Sozialismus- NSDAP strömten erst nach der Selbstaufgabe der SPD 1930 am Ende der Weimarer Republik in Scharen die protestantischen Arbeiter zu. Während 1919 bei der Wahl zur Nationalversammlung die SPD noch 37,9%[510] auf sich vereinen konnte, stimmten 1933 nur noch 18,3%[511] für die protestantische Arbeiterpartei. Innerhalb von 14 Jahren hatte die SPD die Hälfte ihrer Wähler verloren, was dem Aufstieg der NSDAP zugutegekommen ist.

1919 Wahl zur Nationalversammlung
Ergebnisse in v.H. der abgegebenen gültigen Stimmen

SPD	USPD	DVP	DNVP	DDP	CVP/Zentrum
37,9	7,6	4,4	10,3	18,5	19,7

Die protestantischen Parteien DVP, DDP, DNVP, die 1919 noch 33,0 % der Stimmen erhalten haben, verbuchten 1933 nur noch 10,0 %. Beider Verluste belaufen sich auf 42,5 %, was erstaunli-

---

510 Huber, Bd. 5, S. 1069.
511 Milatz, S. 90.

cherweise nahe an das Ergebnis der NSDAP von 43,9 % kommt.

Bei der Wahl zur Nationalversammlung im Januar 1919, mitten in der Zeit der gesellschaftlichen Umbrüche im Deutschen Reich. erhielten Liberale - DDP, DVP, der politische Katholizismus - Zentrum – und die Partei der demokratisch gesinnten Arbeiterschaft - SPD - über 81% der abgegebenen gültigen Stimmen, mehr als eine dreiviertel Mehrheit für eine freiheitliche, demokratische und parlamentarische politische Ordnung nach westlichem Vorbild. Das war eine überaus große Zustimmung, die Hoffnung im deutschen Volk nach einer gedeihlichen Zukunft weckte.

1933 Wahl zum Reichstag
Ergebnisse in v.H. der abgegebenen gültigen Stimmen

SPD	KPD	DVP	DNVP	DDP	Zent-/BP	NSDAP
18,3	12,3	1,1	8,0	0,9	12,9	43,9

Vierzehn Jahre später konnten diese Parteien nur noch 34,2% der Stimmen auf sich vereinigen. Katastrophal brach die DDP von 18,6% auf 0,9% ein, die DVP sank von 4,1 auf 1,1% und die bisher stärkste Partei -SPD - auch am Ende des Kaiserreiches - 1912 mit 34,8% - erreichte nur noch 18,3%. Die Verluste dieser Parteien gingen zum großen Teil auf das Haben-Konto der protestantischen NSDAP. Signifikant ist die fast vollständige Auflösung des traditionellen protestantischen Liberalismus von 1871 bis 1933 von 30,2% auf 2,0%, der fast geschlossen den Ersatzkaiser Adolf Hitler wählte.

Eine solche Veränderung muss mit längerfristigen Überzeugungen in der Wählerschaft einhergehen, ist sicher nicht nur von tagesaktuellen Entwicklungen wie Arbeitslosigkeit geprägt, wie apologetisch seit 1945 verkündet wird.
Wie haben nun die deutschen Frauen und Männer in der Zeit der

Weimarer Republik gewählt? Ließen sie sich von Luthers Anweisungen leiten, wie man sich gegen Juden verhalten soll, d.h. haben sie Parteien gewählt, die in ihren Aussagen antisemitisch einzuschätzen waren? Spielte dabei eine Rolle, wie die protestantische 'Kirche' sich schon in der Zeit des Kaiserreiches dazu erklärt hatte? Dabei gab der Hofprediger des Kaisers Anstöße oder der im protestantischen Preußen so sehr geschätzte Historiker Heinrich von Treitschke, der seine viel gekaufte „Deutsche Geschichte" veröffentlicht und Luthers Aussage „Die Juden sind unser Unglück" populär verbreitet hatte. Zentrumswähler lehnten in hohem Maß den preußischen Antisemitismus, der sich im nationalen Sozialismus wiederfand, ab, während die Protestanten doppelt so anfällig für ihn waren. Die NSDAP war eine protestantische Partei. Jürgen Falter zieht folgendes Fazit: „Alle Beobachter waren sich darüber einig, dass die NSDAP nach 1928 in protestantischen Gebieten deutlich bessere Wahlergebnisse erzielen konnte als in katholischen Regionen... Sämtliche ernstzunehmenden empirischen Untersuchungen der nationalsozialistischen Wählerschaft belegen einen negativen statistischen Zusammenhang zwischen dem Katholikenanteil und den NSDAP-Wahlerfolgen. Dieser Zusammenhang erweist sich stets als der stärkste und wichtigste Bedingungsfaktor des nationalsozialistischen Abschneidens überhaupt."[512] So habe die NSDAP bei der Reichstagswahl 1932 in protestantischen Gebieten etwa 43 %, in katholische Landschaften nur 23% erzielt. Für die Reichstagswahl 1930 ergeben sich folgende Ergebnisse: 21% : 12%. Bei der letzten halbwegs freien Wahl 1933 wählten protestantische Kreise zu 48%, gegenüber 35 % in katholisch geprägten Regionen. Falter stellt abschließend fest, dass das protestantische Deutschland recht „schwache Resistenz"[513] gegenüber der nationalsozialistischen Bewegung zeigte.[514] Je höher der Ka-

---

[512] Jürgen Falter, Wähler der NSDAP 1928-1933, in: Wolfgang Michalka (Hg.), Die nationalsozialistische Machtergreifung, Paderborn 1984, S. 47-60, S. 52.

[513] Ebenda, S. 53.

[514] Ebenda, S. 53.

tholikenanteil im Land, desto besser die Zentrums- und desto schlechter die NSDAP-Ergebnisse.[515] Jürgen Falter stellt fest: „Kein anderes Sozialmerkmal hat die nationalsozialistischen Wahlerfolge so stark beeinflusst wie die Konfession."[516] Selbst der Staatssicherheitsdienst machte 1938 auf diese konfessionell geprägte Haltung zur Politik der Reichsregierung aufmerksam: „Die Maßnahmen gegen das Judentum - 9.11.1938 Reichspogromnacht - erfuhren weitaus stärkere Zurückweisung im Süden und dem Westen des Reichs - katholisch - als im Norden – protestantisch".[517]

Dennoch geistert seit Jahrzehnten als Ursache für den Aufstieg Hitlers die Arbeitslosigkeit herum. Sämtliche katholophoben Medien können es eben nicht mit ihrer politischen Glauben vereinbaren, dass die Katholiken im Deutschen Reich eben nicht für den Aufstieg des nationalen Sozialismus verantwortlich waren. Eben wie die früheren Zentrumsanhänger auch nach 1945 sich mannhaft gegen die verschiedenen Spielarten des immer menschenverachtenden Sozialismus wehrten, auch wenn er sich meist hinter dem Wort Sozialdemokratie versteckte.

1968 hatte Alfred Milatz Wahlkarten veröffentlicht, die sehr deutlich zeigen, wie Wahlkreise mit großenteils protestantischer Bevölkerung als erste und immer mehr von ihrer ursprünglichen Präferenz zu liberalen und sozialdemokratischen Parteien hin zur NSDAP übergeschwenkt sind. Am Ende der noch halbwegs freien Wahlen am 5. März 1933 war das Deutsche Reich braun mit Ausnahme einiger katholischen Gebiete Bayerns und des Rheinlandes. Leider wurden die Ergebnisse von Milatz bisher kaum beachtet. Erschreckend ist, dass die NSDAP schon im Juli 1932 die

---

[515] Jürgen Falter, Hitlers Wähler, München 1991, S. 397.

[516] Falter, Hitlers Wähler, S. 177.

[517] Zitiert nach Martin Greschat, Evangelische Kirche und Judenverfolgung, in: Ursula Büttner, Die Deutschen und die Judenverfolgung im Dritten Reich, Frankfurt 2003, S. 320-242, S. 345.

absolute Mehrheit der Reichstagsmandate gewonnen hätte, wenn in Deutschland nur Anhänger Luthers gelebt hätten. Hätte es nur katholische Wähler gegeben, wäre es nie zu einer (legalen) Machtübernahme Hitlers gekommen.[518] Deutschland, Europa und der Welt wäre Schreckliches erspart geblieben. Wann erfolgt die jährliche Sühne der evangelischen, protestantischen und lutherischen ‚Kirchen'?

[518] Falter, Hitlers Wähler, S. 179.

Ergebnisse der Reichstagswahl in ausgewählten Wahlkreisen1928-1933.[519]

Von der Wohnbevölkerung des Jahres 1925 sind etwa zwei Drittel protestantisch, ein Drittel katholisch. Die Konfessionsverteilung zeigt seit Beginn der Reformation als protestantische, lutherische, evangelische Länder Sachsen, Hessen, Württemberg, Pommern, Preußen, dagegen Bayern, Kurbrandenburg, geistliche Territorien (Köln, Würzburg, Mainz, Trier, Ermland) katholisch gebliebene Länder. Im Deutschen Reich gab es 35 Großwahlkreise, in denen nach dem Verhältniswahlsystem ausgezählt wurde. Es ist deutlich die Korrelation zwischen Konfession und Anteil der NSDAP-Wähler festzustellen.

Für unsere Zwecke ist evident wie die demokratische Substanz zwischen der Wahl von 1928 und 1930 abgenommen hat. Ursächlich ist das Verhalten der SPD im März 1930, sie hat den eigenen Reichskanzler gestürzt und entschieden, sich nicht mehr bei weiteren Regierungsbildungen zu beteiligen.

519 Nach Milatz. SPD - Sozialdemokratische Partei Deutschlands; DVP – Deutsche Volkspartei; NSDAP - Nationalsozialistische Deutsche Arbeiterpartei; DDP – Deutsche Demokratische Partei; KPD – Kommunistische Partei Deutschlands; DNVP – Deutschnationale Volkspartei; BP – Bayernpartei.

Wahlkreis	Konfessionsanteil		Reichstagswahlen	Ergebnisse in v. Hd. der abgegebenen gültigen Simmen						
	prot.	kath.		NSDAP	KPD	SPD	DVP	DDP	DNVP	Zentrum/BVP
			1928	1,5	6,1	30,2	5,5	4,1	41,5	1,1
			1930	24,5	8,8	24,7	3,3	2,5	24,8	1,1
Pommern	95,6	?	1932	48,0	10,8	21,0	0,9	0,8	15,8	1,5
			1932	43,1	12,1	19,8	1,1	0,6	20,7	1,2
			1933	56,3	7,6	16,2	0,7	0,5	17,1	1,1

Wahlkreis	Konfessionsanteil		Reichstagswahlen	Ergebnisse in v. Hd. der abgegebenen gültigen Stimmen						
	prot.	kath.		NSDAP	KPD	SPD	DVP	DDP	DNVP	Zentrum/BVP
			1928	3,7	12,4	33,3	11,2	3,9	8,2	4,1
			1930	19,3	15,2	28,9	5,4	3,3	4,3	4,2
Thüringen	95,2	?	1932	43,4	16,8	22,1	1,7	1,0	4,7	4,7
			1932	37,1	19,5	21,5	2,8	0,8	7,2	4,4
			1933	47,2	15,2	19,2	1,5	0,7	11,5	4,1

Wahlkreis	Konfessionsanteil		Reichstagswahlen	Ergebnisse in v. Hd. der abgegebenen gültigen Stimmen						
	prot.	kath.		NSDAP	KPD	SPD	DVP	DDP	DNVP	Zentrum/BVP
			1928	2,6	16,8	36,8	13,8	11,6	12,8	1,5
			1930	19,2	18,1	32,1	9,2	8,5	4,2	1,5
Hamburg	86,0	5,2	1932	33,7	17,7	31,7	2,1	6,1	5,2	2,1
			1932	39,1	21,9	28,6	3,3	5,4	9,3	1,8
			1933	38,9	17,6	26,9	2,4	3,5	8,1	1,9

Wahlkreis	Konfessionsanteil		Reichstagswahlen	Ergebnisse in v. Hd. der abgegebenen gültigen Stimmen						
	prot.	kath.		NSDAP	KPD	SPD	DVP	DDP	DNVP	Zentrum/BVP
			1928	0,8	9,5	26,8	9,8	3,8	31,4	7,4
			1930	22,5	11,8	21,1	5,4	2,5	19,6	7,9
Ostpreußen	83,8	?	1932	47,1	12,9	19,7	0,8	0,6	9,5	7,7
			1932	39,1	13,9	19,9	1,4	0,5	14,4	7,5
			1933	56,5	8,7	14,6	0,7	0,4	11,3	6,5

Wahlkreis	Konfessionsanteil		Reichstagswahlen	Ergebnisse in v. Hd. der abgegebenen gültigen Simmen						
	prot.	kath.		NSDAP	KPD	SPD	DVP	DDP	DNVP	Zentrum/ BVP
			1928	1,4	29,6	34,1	4,3	6,6	15,7	3,4
			1930	12,8	33,1	28,1	2,2	4,3	11,7	3,6
Berlin	76,6	10,0	1932	24,6	33,4	27,9	0,4	1,2	6,7	4,6
			1932	22,5	37,1	23,8	0,6	1,1	8,8	4,2
			1933	31,3	30,1	22,5	0,5	1,3	9,1	4,1

Wahlkreis	Konfessionsanteil		Reichstagswahlen	Ergebnisse in v. Hd. der abgegebenen gültigen Stimmen						
	prot.	kath.		NSDAP	KPD	SPD	DVP	DDP	DNVP	Zentrum /BVP
			1928	1,6	11,9	32,2	10,2	5,7	10,1	14,8
			1930	20,8	17,0	25,8	5,6	4,1	3,3	14,1
Hes.-Nass.	68,1	28,1	1932	43,6	20,6	22,4	1,6	0,7	4,1	15,1
			1932	41,2	23,2	20,2	2,9	0,9	5,1	14,1
			1933	49,4	16,8	18,7	1,7	1,1	4,9	13,9

Wahlkreis	Konfessionsanteil		Reichstagswahlen	Ergebnisse in v. Hd. der abgegebenen gültigen Simmen						
	prot.	kath.		NSDAP	KPD	SPD	DVP	DDP	DNVP	Zentrum/ BVP
			1928	1,9	7,5	23,6	5,5	9,5	6,2	20,4
			1930	9,4	9,4	20,1		9,7	3,9	21,6
Württ.berg	68,0	30,9	1932	30,3	11,1	17,6	0,9	2,4	3,8	21,8
			1932	26,2	14,5	15,2	1,5	3,0	5,3	20,5
			1933	42,0	9,2	14,7	0,7	2,1	5,1	17,7

Wahlkreis	Konfessionsanteil		Reichstagswahlen	Ergebnisse in v. Hd. der abgegebenen gültigen Stimmen						
	prot.	kath.		NSDAP	KPD	SPD	DVP	DDP	DNVP	Zentrum /BVP
			1928	5,6	7,1	29,1	14,7	3,9	2,8	26,4
			1930	20,4	10,5	22,4	6,6	2,3	0,8	24,9
Pfalz	55,8	42,3	1932	43.7	10,7	17,6	1,4	0,5	1,1	23,8
			1932	42,6	12,9	16,1	2,1	0,6	1,8	22,5
			1933	46,5	9,1	16,8	1,2	0,6	2,5	22,7

Wahlkreis	Konfessions-anteil		Reichstags-wahlen	Ergebnisse in v. Hd. der abgegebenen gültigen Stimmen						
	prot.	kath.		NSDAP	KPD	SPD	DVP	DDP	DNVP	Zentrum/ BVP
			1928	1,9	7,4	22,5	9,5	7,1	8,1	32,8
			1930	9,4	9,6	17,9	=	9,7	2,8	29,9
Baden	39,4	58,4	1932	30,3	11,2	13,6	1,2	2,2	3,1	29,1
			1932	26,2	14,3	13,0	2,1	2,3	4,1	27,8
			1933	42,0	9,8	11,9	1,2	1,5	4,6	25,4

Wahlkreis	Konfessions-anteil		Reichstags-wahlen	Ergebnisse in v. Hd. der abgegebenen gültigen Stimmen						
	prot.	kath.		NSDAP	KPD	SPD	DVP	DDP	DNVP	Zentrum/ BVP
			1928	4,8	3,3	19,1	3,3	2,2	4,9	38,1
			1930	14,1	5,4	16,1	1,2	1,4	1,9	38,6
Bayern	24,9	74,0	1932	23,8	8,5	13,3	2,1	0,4	2,5	42,4
			1932	21,6	10,6	12,7	0,8	0,3	3,4	41,3
			1933	40,1	6,1	11,7	0,4	0,2	3,2	33,8

Das Deutsche Reich wird braun

Der folgende Blick auf die von Alfred Milatz[520] erstellten Wahlkarten zeigt die Entsprechung zwischen der Konfessionsverteilung und den Wahlergebnissen und wie sprunghaft in den Wahlkreisen mit mehr als 60% Lutheranern der Anstieg der NSDAP von 1928-1930 gewesen ist.

Farbe der Konfessionskarte.
violett – katholische Bevölkerung

Farben der Wahlkarten.
violett - Zentrum/BVP
grün - Liberale Parteien
gelb - SPD
rot - KPD
brau - NSDAP

520 Milatz, Anhang.

Konfessionskarte

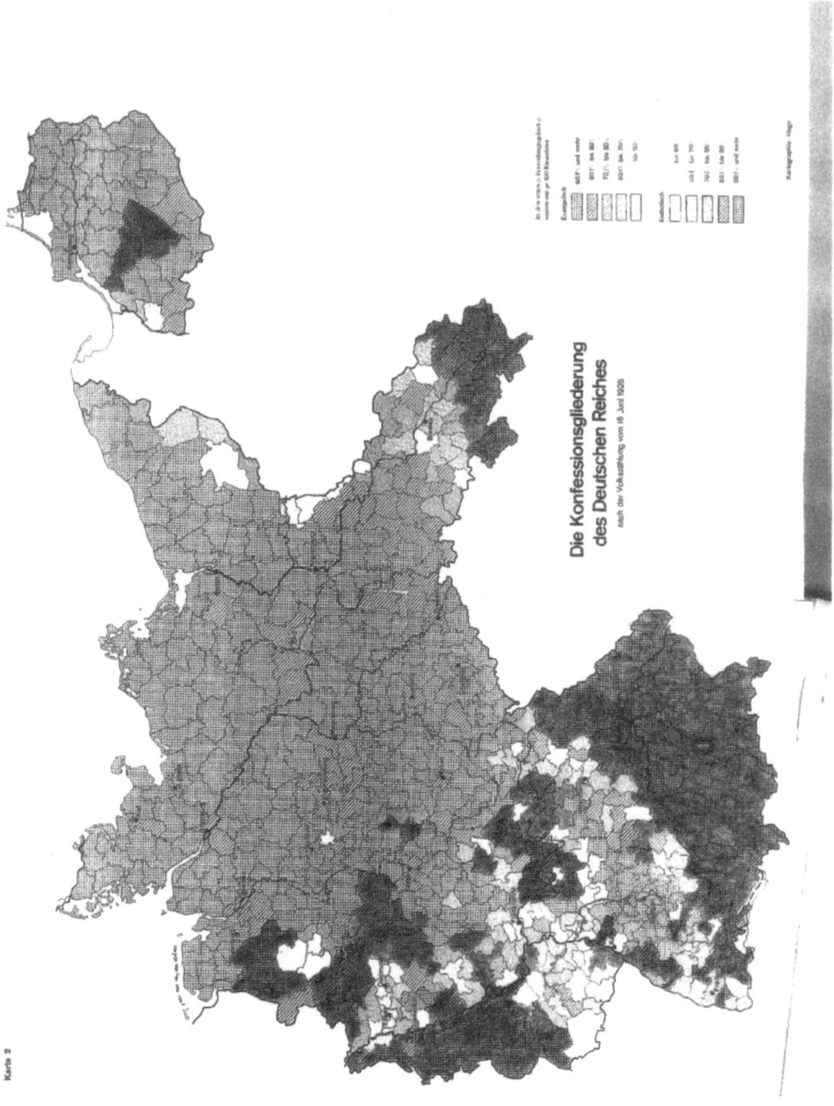

Reichstagswahl 1924

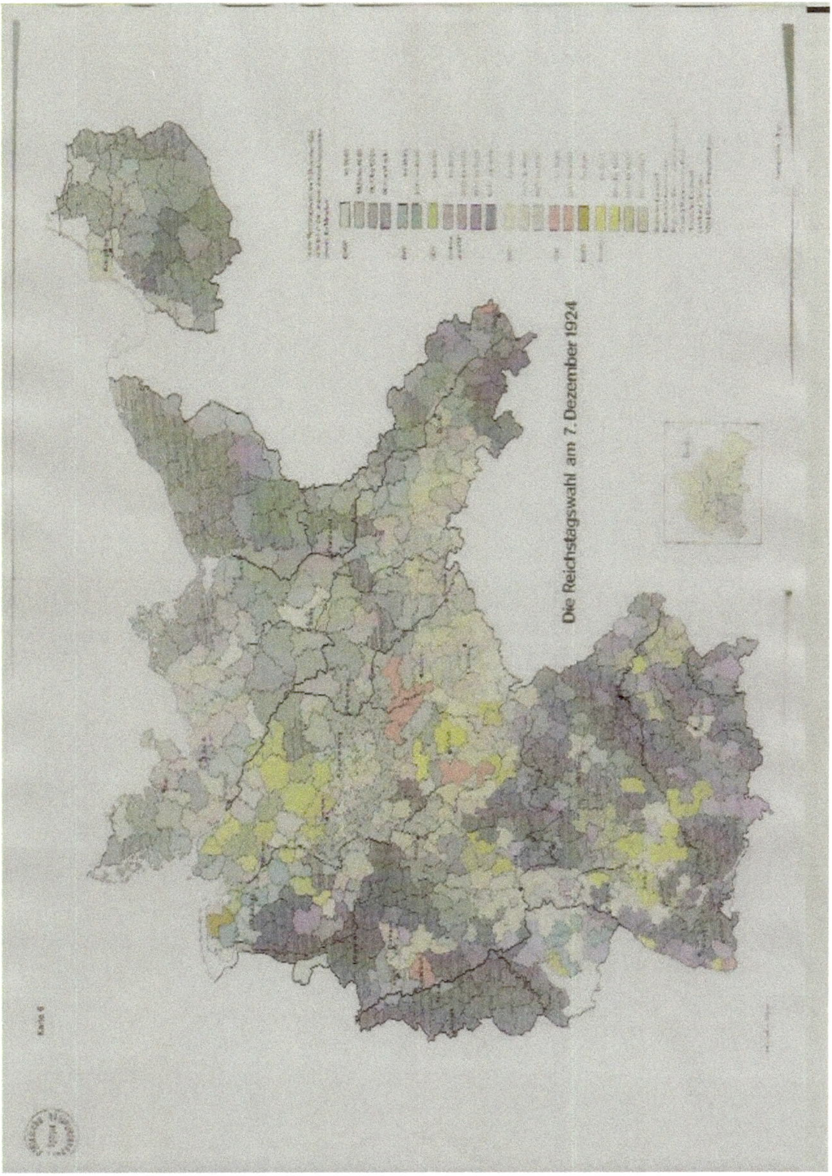

Reichstagswahl 1928

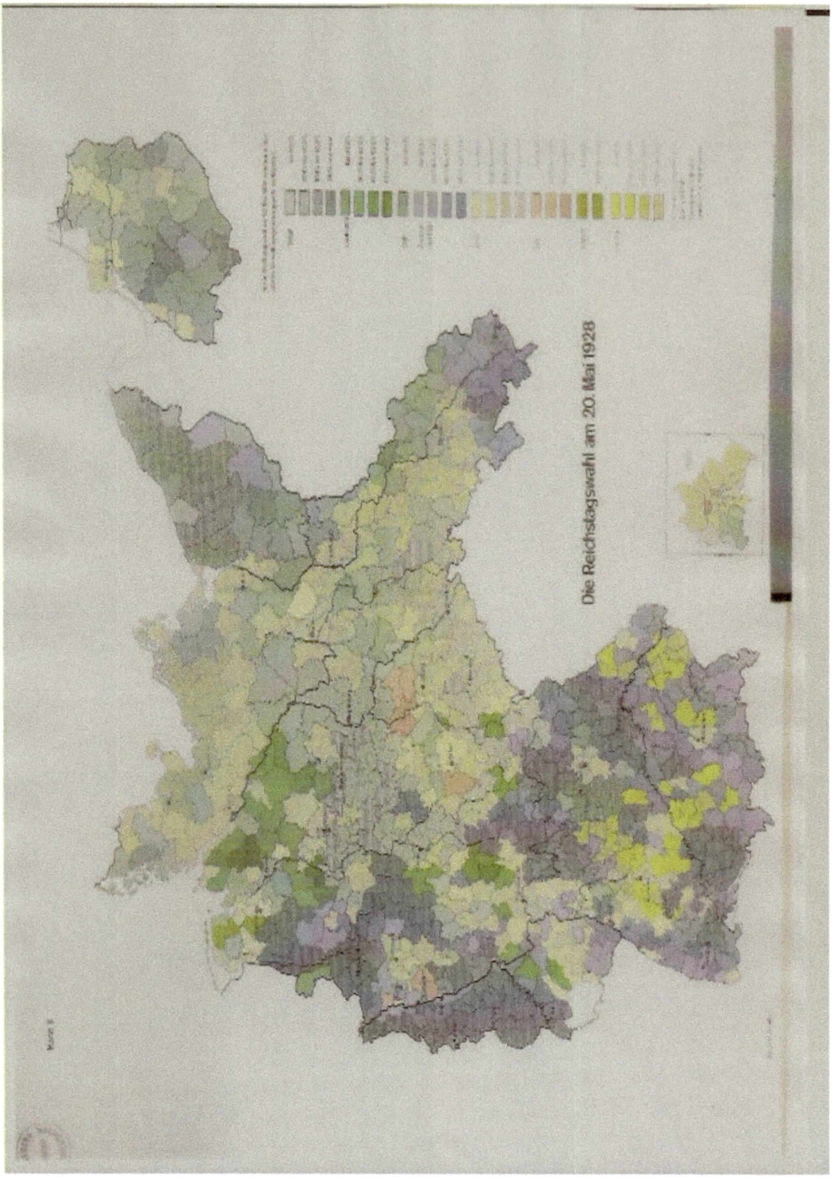

Reichstagswahl 1930

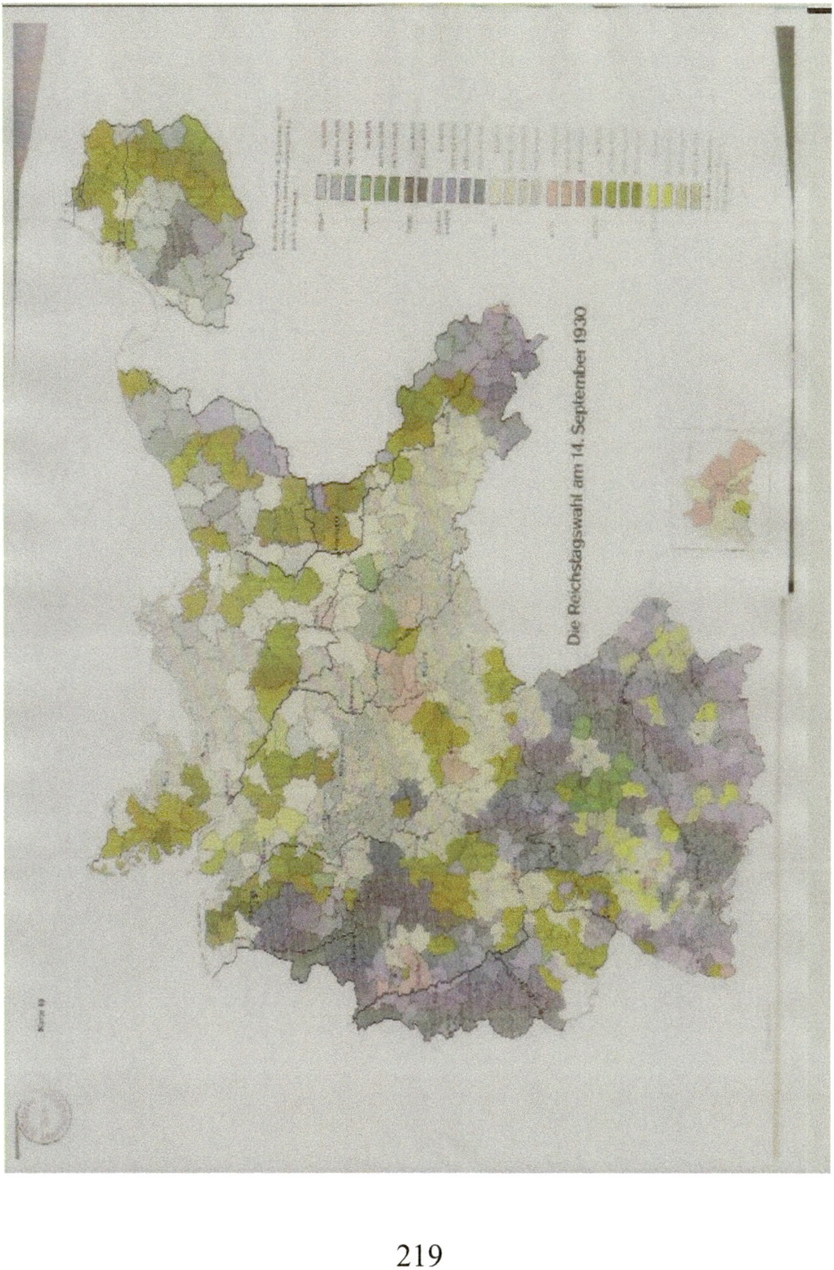

Reichstagswahl Juli 1932

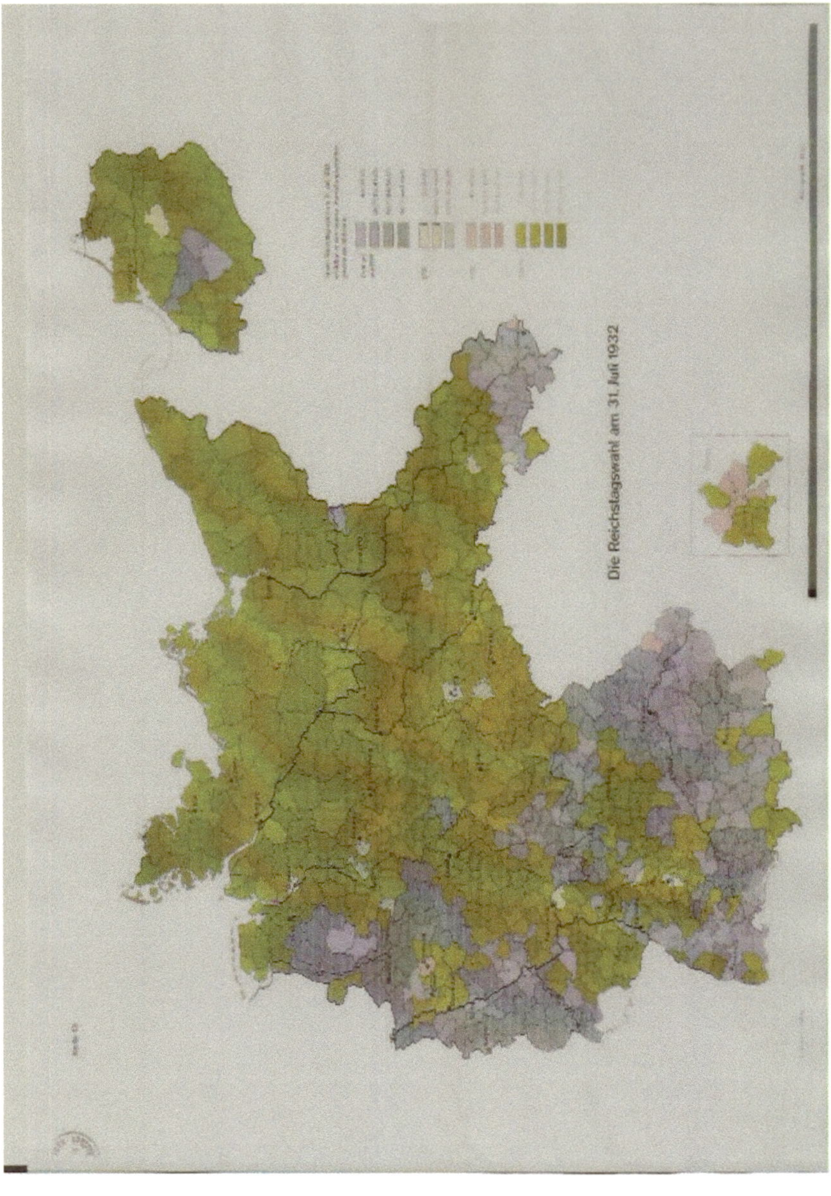

Reichstagswahl März 1933

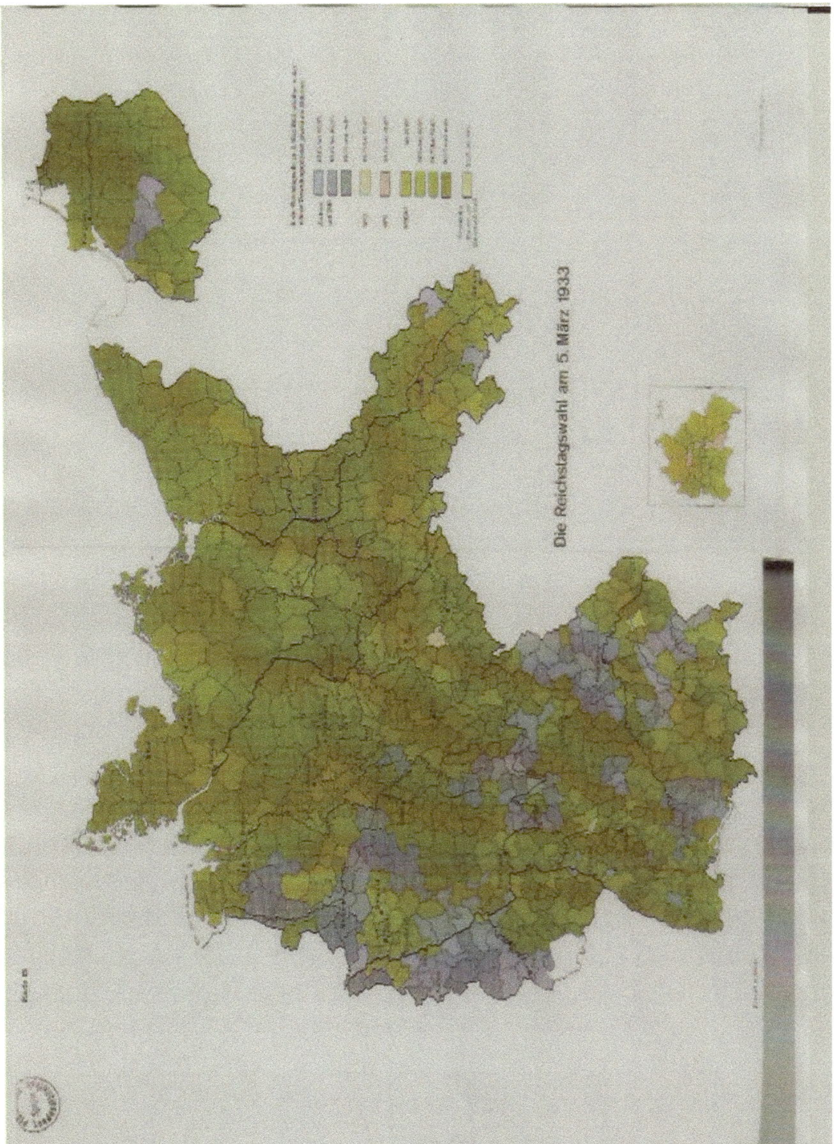

Stimmenverluste der SPD und der liberalen Parteien

1919 Wahl zur Nationalversammlung

SPD	USPD	DVP	DNVP	DDP	CVP/Z.	
37,9	7,6	4,4	10,3	18,5	19,7	
						NSDAP
18,3	12,3	1,1	8,0	0,9	12,9	43,9

1933 Wahl zum Reichstag
Ergebnisse in v.H. der abgegebenen gültigen Stimmen

SPD verliert über 50%, die Liberalen über 70% der Wähler, Zentrum etwa 30% der Wähler.
Die Verluste von SPD, DVP, DNVP und DDP ergeben 43,0 %. Die NSDAP erziehlt 43,9 %.

Was selten geleistet wurde, und ich weiß, dass es methodische Einwände dafür gibt, ist ganz schlicht einmal die Frage zu stellen, wie sind denn die Überzeugungen Luthers in den Verlauf der Geschichte eingeflossen, wie weit also können Vorgaben und Äußerungen des Kirchenspalters auch das Handeln der Politiker und die wählenden Menschen beeinflusst haben, direkt oder indirekt? Aber nicht nur die Ideen der Handelnden, sondern auch der Wahlbürger. Hat Luther etwa Orientierung geboten, wenn es darum ging, demokratische oder antidemokratische, antisemitische Parteien zu wählen? Eine solche direkte Verbindung herzustellen, ist natürlich schwierig, doch bietet der Antisemit und Lutheraner Martin Niemöller ein gutes Vorbild. Im Luther-Gedenkjahr 1983 antwortete er bei einem Interview während der laufenden Nachrichtensendung mit Barbara Dickmann vom ZDF auf die Frage, was er denn am 5. März 1933 gewählt habe: „Selbstverständlich die Nationalsozialistische Partei. National war klar, sozial auch, brüderlich, Hilfe, Solidarität. Das war für mich selbstverständlich“.

Wenn nun der Pastor der ‘Kirche’ngemeinde Berlin-Dahlem und nach 1945 ‘Kirche’npräsident von Hessen-Nassau sich für die Partei des gerade ins Amt gekommenen Kanzlers und Führer des nationalen Sozialismus, Adolf Hitler, ausgesprochen hat, obwohl schon viele kommunistische und sozialdemokratische Männer und Frauen in „Schutzhaft“ gewesen sind, was der Pastor hatte wissen müssen, ist es dann einem „Normalbürger“ protestantischer Herkunft zu verübeln, dass er mit seiner Stimmabgabe in der Zeit von 1928 bis 1933 dafür gesorgt hatte, dass die NSDAP zur stärksten Partei im Deutschen Reich angewachsen ist, zumal sich die protestantische Arbeiterpartei SPD seit 1930 verweigerte, politische Verantwortung zu übernehmen? Die nationalen Sozialisten wurden ab 1930 so stark, dass gegen sie keine Mehrheit mehr im Reichstag hätte gebildet werden können. SPD hatte sich selbst seit März 1930 unverantwortlich ins Aus gespielt und weigerte sich in Zukunft selbst als größte Partei im Reichstag Regierungsverantwortung zu übernehmen.

Darüber zu berichten, berührt ein weiteres großes Tabu des Establishments Deutschlands. Weder in Schulbüchern noch in Parteiengeschichten wird diese Selbstzerfleischung und Verantwortungslosigkeit der SPD erzählt. Vielleicht schämen sich die Gutmenschen darüber so sehr, dass man diesen Vorgang am liebsten der Zensur überantwortet hatte oder ihr weiterhin zuführen würde. Aber Geschichte lässt sich nur für kurze Zeit ungeschehen machen und unterdrücken. Noch gibt es Verlage und Medien, die Mut haben, Tabus zu brechen.

Bevor wir mit unserer Erzählung über Luther fortfahren, soll deshalb das verantwortungslose und unpolitische Verhalten der SPD im März 1930 beschrieben werden. Ohne diese sozialistische Unvernunft der mehrheitlich protestantischen Sozialdemokraten, die womöglich die Vernunft wie Luther auch als Hure begriffen und begreifen, und ihren protestantischen Wählern wäre Deutschland, Europa und der Welt Adolf Hitler und der nationale Sozialismus erspart geblieben. Die SPD trifft daneben noch eine andere Schuld. Obwohl sie in ihrem Reichsvorstand Juden in ihren Reihen hatte, unternahmen sie nichts gegen den Antisemitismus in der

Weimarer Republik und nach 1933, ja sie schloss sogar im Gefolge des lutherischen Antisemitismus Juden aus ihrem Vorstand aus![521]

---

[521] Vgl. Goldhagen, S. 579.

Der 27. März 1930 und die Folgen

Wer widerlegt Mythen? Wissenschaftler? Politiker? Theologen? Was ist aber, wenn Mythen notwendig sind, um ein politisches System zu legitimieren bzw. zu stabilisieren? Wie dies seit dem Ende der ersten, aber auch nach dem Ende der zweiten Diktatur geschah und geschieht.

Fast unausrottbar ist die Meinung, dass die Weimarer Republik an der hohen Zahl der Arbeitslosen, an der Agitation der Linken und Rechten zugrunde gegangen wäre. Das mag wohl für ihr letztes Jahr 1932 gegolten haben, doch da war die Republik kaum noch zu retten, das „Kind schon in den Brunnen“ gefallen. Ist das Experiment in Demokratie - Weimarer Republik - nicht schon Jahre vorher zerstört worden? Haben nicht die vielen Intellektuellen die Substanz von Weimar zerstört? Ganz gleich ob wir an Thomas Mann oder Kurt Tucholsky denken, Weimar hatte keine oder kaum Verteidiger, sondern nur Zerstörer, ob von rechts oder links, ob von Intellektuellen oder von Militärs. Hat nicht Thomas Mann das System der Demokratie mit solchen Worten geschmäht: „Aber wozu die Politisierung, Verwestlichung, Entdeutschung und Verflachung, die seit 50 Jahren im Gange ist. Wenn nicht einmal Macht herauskommen soll“?[522] Die nationalen Sozialisten hätten nicht besser argumentieren können! War Mann ein Rechtspopulist? Er ist eine typisch deutsche Figur des Einerseits-Andererseits - wie Martin Luther oder die bekannte Weizsäcker-Familie. Auf allen Schultern Wasser tragend, ein Strohhalm im mainstream.

Merkwürdig ist die Tatsache, dass sehr viele Geschichts- und Schulbücher die Tatsache ignorieren, dass die komfortable Mehrheit, die die Regierung des Sozialdemokraten Hermann Müller, seit 1928 im Amt, von der größten Regierungspartei zunichte gemacht wurde und Müller, von seiner eigenen sozialdemokratischen Fraktion gezwungen, im März 1930 seinen Rücktritt einreichen

---

[522] Siehe das antidemokratische, antiliberale, nationalistische Buch von Thomas Mann, Betrachtungen eines Unpolitischen, Berlin 1918.

musste.[523] Nicht die nationalen oder kommunistischen Sozialisten haben der Weimarer Republik den Todesstoß versetzt, sondern die Sozialdemokraten. Dass es die die Arbeitslosen gewesen wären, ist lange als Legende gepflegt worden, konnte doch der Wiederaufbau nach 1945 nicht mit einer Partei begonnen werden, die maßgeblich dazu beigetragen hat, die erste Demokratie in Deutschland aus fundamentalistischen Gründen zu zerstören. Merkwürdig mutet es an, wenn wir lesen, warum die SPD-Fraktion des Reichstages vor 80 Jahren ihrem Kanzler die Gefolgschaft verweigert: „Wir können ein imaginäres Staatsinteresse nicht über das proletarische Klasseninteresse stellen“.[524]

Betrachten wir nur die Fakten. Sie richten genug. Die Weimarer Republik begann mit Blick auf die Demokratien des Westens als parlamentarisches System. Dies bedeutet, die Regierung muss von der Mehrheit des Vertrauens der Abgeordneten des Reichstages getragen werden. Schwindet diese, muss das Parlament eine neue Mehrheit für eine neue Regierung finden oder in Neuwahlen eine neue Zusammensetzung des Parlaments herstellen. Nun hat die Weimarer Verfassung aber auch mit den Artikeln 48 und 25 die Möglichkeit besessen, die besagte, dass auch der Reichspräsident ein Kabinett berufen durfte, wenn das Parlament sich nicht auf die Bildung einer Regierung einigen konnte. Dies war als Ausnahme gedacht, um politische Entscheidung, d.h. das Regieren zu gewährleisten.

Schauen wir uns nun einmal die Zusammensetzung des Parlamentes an, wie sie sich nach der Reichstagswahl von 1928 ergeben hat: SPD 153, Zentrum 61, DVP 45, DNVP 73, DDP 25, BVP 17, KPD 45, NSDAP 12 Abgeordnete. Die von Hermann Müller gebildete Koalition konnte sich auf eine solide Mehrheit von Abgeordneten

---

[523] Siehe Ernst Rudolf Huber, Deutsche Verfassungsgeschichte, Stuttgart 1984, Bd. 7, S. 718-731, dort auch die Ergebnisse der Abstimmungen im Reichstag; Heinrich August Winkler, Der lange Weg nach Westen, Bonn 2002, S. 481-488; Hagen Schulze, Weimar. Deutschland 1917-1933, Berlin 1982.

[524] Lehmann, Die Weimarer Republik, 1968.

stützen. Die republikfeindlichen Parteien - NSDAP und KPD - spielten keine Rolle. Nachdenkenswert ist aber schon die zunächst theoretische Frage, was machen die Parteien in dem Fall, wenn die stärkste Fraktion - SPD - einmal nicht mehr zur Regierungsbildung bereit steht?

Das Wahlergebnis aus dem Jahr 1928 hatte der SPD einen großen Sieg gebracht. Sie konnte ihre Mandate um 22 Abgeordnete vermehren, während die anderen Parteien mit Ausnahme der KPD mehr oder weniger beträchtlich Stimmen verloren. Bei einer Gesamtzahl von 491 Sitzen wurden zur Regierungsbildung 246 Abgeordnete benötigt.

Fassen wir die Zahl der Abgeordneten zusammen, die weder der SPD noch der KPD und der NSDAP zuzurechnen sind, dann erhalten wir 221 Abgeordnete der DVP, DNVP, BVP, DDP und des Zentrums. Zur Kanzlermehrheit - 246 Stimmen - wurden aber mindestens 25 Abgeordnete zusätzlich gebraucht. Bei einer Regierungsbildung sich auf die 60 Abgeordneten der vielen Splitterparteien zu stützen hieße, sich in Abhängigkeit der Launen und Interessen von Individualisten zu begeben, was bisher kein verantwortungsvoller Politiker getan hat und jetzt auch nicht tun wollte. Unter diesen Umständen gab es nur eine Möglichkeit der Regierungsbildung, nämlich mit der SPD.

Das neue Reichskabinett, das am 29. Juni 1928 gebildet wurde, verfügte denn auch über 301 von 491 Mandaten. Die Regierung Müller konnte also auf eine komfortable Mehrheit der sie tragenden Parteien SPD, Zentrum, DVP und BVP bauen. Klar war aber auch, dass bei einem Ausscheiden entweder der SPD oder des Zentrums oder der DVP diese Mehrheit verloren war. Andererseits konnte jede dieser drei Parteien auch einmal überlegen, die Durchsetzung eigener politischer Programmpunkte mit der Drohung des Ausscheidens zu verbinden. Die Regierung Müller war also von Anfang an der politischen Erpressung ausgesetzt.

Im Winterhalbjahr 1929/30 zählte man wie heute etwa drei Millionen Arbeitslose. Doch die Kassen zur Unterstützung dieser Per-

sonen waren leer. Wie sollten sie gefüllt werden? Eine ordnungspolitische Grundsatzentscheidung stand an: entweder durch Erhöhung der Beiträge zur Arbeitslosenversicherung um ein halbes Prozent - eine Erhöhung also von einem Viertel Prozent je der Arbeitgeber und Arbeitnehmer, oder durch Mittel aus dem Reichshaushalt, also durch das Steueraufkommen. Zentrumspartei, Deutsche Volkspartei und Demokratische Partei schlugen die Festschreibung der Beiträge zur Arbeitslosenversicherung auf 3 1/2 Prozent und die Entnahme eines Betrages von 150 Millionen Reichsmark aus dem Reichshaushalt vor, was auch von Reichskanzler Müller (SPD), Innenminister Severing (SPD) und Wirtschaftsminister Schmidt (SPD) befürwortet wurde. Ernst Rudolf Huber schreibt dazu: „Übereinstimmend erklärte die Mehrheit der Reichstagsfraktion (SPD) den Parteien-Kompromiss für unannehmbar... Indem die SPD dem letzten von ihr gestellten Reichskanzler mit überwältigender Mehrheit die Gefolgschaft verweigerte, erzwang sie nicht nur den Wechsel des Kabinetts, sondern den Übergang zu einem Regierungssystem, das seinen Rückhalt statt an einer parlamentarischen Mehrheit in den verfassungsmäßigen Vollmachten des Reichspräsident suchen musste“.[525]
Noch am Abend des 27. März 1930 nahm Reichspräsident Hindenburg den Rücktritt des Kabinetts Müller an. Aufgrund der Tatsache, dass in den folgenden Wochen und Monaten die SPD sich strikt weigerte, erneut Regierungsverantwortung zu übernehmen, konnte keine Regierung mehr gebildet werden, die das Vertrauen der Mehrheit der im Parlament versammelten Parteien hatte. Das Dilemma war gegeben: Der Reichspräsident musste nach der Weimarer Verfassung in Zukunft Präsidialkabinette berufen, an dessen Ende das Kabinett Hitler stand. Am 30. März 1930 wurde der Zentrumspolitiker Heinrich Brüning als Chef des 1. Präsidialkabinetts der Weimarer Republik ernannt.
Die Frankfurter Zeitung kommentierte am 28. März 1930 unter der Überschrift "Eine unheilvolle Entscheidung" die Haltung der SPD

[525] Huber, S. 725.

und meinte, dass der Gegenstand des Streites mit seiner Kleinheit in einem grotesken Missverhältnis zu den verhängnisvollen Folgen stehe, die daraus erwachsen könnten. Sie schrieb weiter: „Es gibt ein Maß von Einsichtslosigkeit, das zur Schuld wird. Diese Schuld einer wirklich unerlaubt großen Einsichtslosigkeit hat gestern die Mehrheit der sozialdemokratischen Reichstagsfraktion auf sich geladen. Denn auch wenn man, wie wir, durchaus in Rechnung stellt, was der Sozialdemokratie in den ganzen eindreiviertel Jahren des Bestandes der Großen Koalition das Zusammenarbeiten mit der Deutschen Volkspartei wirklich nicht leicht gemacht hat, wenn man die Intransigenz der Deutschen Volkspartei jetzt bei der Frage in der Arbeitslosenversicherung als dem letzten Streitobjekt schon in Anbetracht der Kleinheit dieses Objektes nichts weniger als großartig findet – so bleibt unabweisbar, dass gerade darum die sozialdemokratische Fraktion dem gestern schließlich gefundenen Kompromiss hätte zustimmen müssen, um Größeres, Wichtigeres zu bewahren... Die Sozialdemokratie hat mit der Sprengung der Koalition gestern das Spiel ihrer Gegner gespielt“.[526] Den Staatsgründungsparteien von 1918/1919 war der sozialdemokratische Partner abhanden gekommen. Obwohl diese historischen Tatsachen seit über 80 Jahren bekannt sein müssten, wird immer noch von Gutmenschen und linken sozialistischen Ideologen gefaselt, dass die Arbeitslosigkeit usw. für das Scheitern der Weimarer Republik verantwortlich gewesen sei.

Der Sozialdemokrat Rudolf Hilferding kritisierte damals, dass es nicht gut sei, aus „Furcht vor dem Tode Selbstmord“ zu begehen.[527] Interessant ist in diesem Zusammenhang aber auch die Tatsache, dass z.B. der in sozialdemokratischen Kreisen nicht ganz unbedeutende Historiker Helmut Hirsch in seiner „Geschichte der Weimarer Republik“ entgegen der historischen Wirklichkeit schreibt, dass Hindenburg für die Ausschaltung der SPD von der

[526] Zitiert bei Hagen Schulz, S. 317.

[527] Siehe Rede von Heinrich August Winkler beim Empfang der SPD-Fraktion zu Ehren von Otto Wels am 25.3.2013.

Leitung der Geschicke des Reiches verantwortlich gewesen wäre.[528] Das ist eindeutig falsch! Warum wird die Bevölkerung entgegen der Wahlergebnisse und des Abstimmungsverhaltens der Sozialisten falsch informiert? In dem vom Klettverlag herausgegebenen Schulbuch „Geschichte der Neuesten Zeit" heißt es lapidar: "Einige Parteien fürchteten einen bedeutenden Stimmenverlust, wenn sie sich an der Regierung beteiligten... Deshalb ernannte Hindenburg den Zentrumsabgeordneten Brüning zum Reichskanzler...". So falsch kann man Geschichte darstellen! Absichtlich?

Heinrich August Winkler schreibt in seiner Arbeit „Der lange Weg nach Westen": „Die SPD hat im entscheidenden Augenblick nicht alles getan, was in ihren Kräften stand, um die parlamentarische Demokratie zu bewahren... sie nahm die Abkehr von der parlamentarischen Demokratie billigend in Kauf und konnte sich daher von einer Mitverantwortung für den Übergang zum Präsidialsystem nicht freisprechen."[529] Warum lehnen bis heute die Sozialisten diese Einsicht des ihnen wohlgesonnenen Historikers ab?

Was sich in den kommenden Monaten abspielte, ist nur vereinzelt in Darstellungen über die Zeit nachzulesen. Schulgeschichtsbücher übergingen diese Ereignisse Jahre lang. Zusammen mit der KPD und der NSDAP lehnte die SPD die Regierungserklärung Brünings ab. Auch in Zukunft verweigerte die sozialdemokratische Reichstagsfraktion oft die Unterstützung oder wenigstens die Tolerierung des Demokraten Brüning und stimmte so am 3. April, am 19. April mit den Rechts- und Linksradikalen. Am 18. Juli 1930 brachten die Sozialdemokraten sogar gemeinsam mit den nationalen und kommunistischen Sozialisten einen Misstrauensantrag gegen die Regierung Brüning ein. Immer wieder versuchte der sozialdemokratische Ministerpräsident von Preußen, Otto Braun, seine Reichstagsgenossen zur Besinnung zu rufen und nicht zuzulassen, dass die SPD keinen Einfluss mehr auf die Lenkung des Staates hatte. Doch vergebens. Nachdem immer wieder die negative Mehrheit

[528] Helmut Hirsch, Geschichte der Weimarer Republik, 1972.

[529] Winkler, S. 488.

aus SPD, KPD, NSDAP und DNVP gegen die Politik Brünings stimmte, sah sich der Reichskanzler genötigt, den Reichspräsidenten um Auflösung des Reichstages zu bitten, in der Hoffnung, dass die Neuwahl eine bessere parlamentarische Unterstützung böte. Doch machten die Wahlen am 14.9.1930 offenbar, dass in Zukunft keine Mehrheit für eine parlamentarische Demokratie mehr vorhanden war.

Während das Zentrum gegenüber der Wahl von 1928 ihren Stimmenanteil von 3.712000 auf 4.128000, die Bayerische Volkspartei von 946000 auf 1 059000 erhöhen konnte, erhielt die SPD nur noch 8,6 Millionen gegenüber 9,1 Millionen Stimmen des Jahres 1928. Analysen ergaben, dass die SPD sowohl an die KPD als auch an die NSDAP verloren hat. Ernst Rudolf Huber schreibt: „Die Septemberwahl machte nicht nur eine Staatskrise, sondern auch eine Parteienkrise, insbesondere eine Krise der SPD offenbar“.[530] Man sollte von heute aus gesehen hinzufügen: die bis heute anhält! Ein Hinweis muss noch gemacht werden, da diese Tatsache sehr wenig Beachtung findet. Der Widerstand des katholischen Milieus gegen die Einflüsterungen von rechts und links. Dazu schreibt Huber: „…Anziehungskraft, die von dem im politischen Katholizismus verkörperten Ideengut auf die intellektuelle katholische Jugend ausging. In ihr bildete die katholische Jugendbewegung einen politischen Kern, der für Einwirkungen des Rechts- wie Linksradikalismus in hohem Grad unauffällig war“.[531] Besonders die katholische Bevölkerung hat in erster Line unter dem System des nationalen Sozialismus und dem von ihm ausgelösten Zweiten Weltkrieg gelitten. Die katholischen Männer sind weitgehend gezwungener Maßen mit innerem Magengrimmen zur preußisch- sozialistischen Reichswehr, während Protestanten wie zu Beginn des Ersten Weltkriegs frohen Mutes ins Feld gezogen sind. Nachdem die SPD in ihrer Zusammenarbeit mit den Rechts- und Linksextremen die bisher marginale NSDAP und die KPD hoffä-

[530] Huber, S. 779ff.

[531] Huber, S.782.

hig gemacht hatte, stieg der Anteil der NSDAP-Abgeordneten von 12 auf 107, der der KPD Abgeordneten von 54 auf 77. Die Weimarer Koalition (Zentrum 68, SPD 143 und DDP 20) erhielt nur 231 der 577 zu vergebenden Mandate. Die Deutsche Volkspartei erhielt 30, die Deutschnationale Volkspartei 41 Abgeordnete. Ohne die Mandate der SPD konnte wiederum keine Regierung, die über mindestens 289 Mandate im Parlament hätte verfügen müssen, gebildet werden. Auch wenn in den nächsten Monaten die Sozialdemokratie, sich ihrer verhängnisvollen Entscheidung vom Frühjahr 1930 immer mehr bewusst werdend, einige Gesetze der Regierung Brüning tolerierte, gab es keinen Weg mehr zurück zur parlamentarischen Demokratie. Die Hoffnung der sozialistischen Fundamentalisten[532], sich in der Opposition zu regenerieren, hatte nicht nur getrogen, sondern auch deutlich gemacht, dass der altbewährte Funktionärsstamm und die altbewährte Solidarität der Arbeiterwähler erschüttert war und die Anziehungskraft auf die Arbeiterjugend und eine bestimmte Schicht der Intellektuellen geschwunden war. Das Ergebnis der letzten Reichstagswahl der Weimarer Republik im März 1933 machte noch einmal das ganze Ausmaß der sozialdemokratischen Tragödie sichtbar: Während die SPD nur noch 120 Mandate erhielt, stieg der Anteil der Mandate der Zentrumspartei auf 73, die NSDAP zählte 288 Abgeordnete.

Die Weimarer Republik ist in erster Linie durch die Verantwortungslosigkeit gewisser fundamentalistischer Parteiführer der Sozialisten im März 1930 zugrunde gerichtet worden. Sie wurde erst danach Opfer der Arbeitslosigkeit und rechts- und linksextremer Parteien. Einer der großen Sozialdemokraten der damaligen Zeit, der später von den nationalen Sozialisten hingerichtete Julius Leber schrieb rückblickend auf das Jahr 1930: "Der 27. März 1930 rächte sich furchtbar. Aus Furcht vor der Verantwortung hatte damals die Sozialdemokratie Einfluss und Macht von sich gewor-

[532] Der Vorgang erinnert an die Abwahl des sozialdemokratischen Bundeskanzlers Schröder durch die eigene Partei im Mai 2005.

fen...".[533] Hätte die SPD entsprechend ihrer Mehrheit im Parlament Regierungsverantwortung übernommen, wäre Deutschland, Europa und der Welt Schreckliches erspart geblieben. Nicht der Anstieg der NSDAP und nicht die Arbeitslosigkeit haben Hitler an die Macht gebracht, sondern die Verweigerungshaltung und Verantwortungslosigkeit der mehrheitlich protestantisch orientierten deutschen Sozialdemokratie im Jahr 1930. Die nächst Reichstagswahl wäre erst im Jahre 1932 gewesen! Dass der protestantische Antisemitismus den sozialdemokratischen Arbeitern half, erst recht Hitler zu wählen, beschreibt Goldhagen: „Auch die Arbeiter stimmten was die Juden betraf im allgemeinen mit dem Regime überein".[534] Selbstverständlich wurde nicht dagegen protestiert, als 1933 die SPD ihren Vorstandsmitgliedern jüdischen Glaubens das Parteibuch entzogen hatte. Wie aus den Übersichten der SOPADE hervorgeht, erreichte „das NS-Regime bei der Arbeiterklasse eine Identifizierung mit dem Judenhass und sogar eine Bestätigung der antisemitischen Politik. Im Grund gibt man doch Hitler zum großen Teil recht, dass er die Juden aus den wichtigsten Positionen heraus drängt. Die Arbeiter sagen, in der Weimarer Republik und auch in der sozialdemokratischen Partei sind die Juden zu groß geworden."[535] Wo steht das in unseren Schulbüchern? Selbstverständlich darf eine solche historische Tatsache, wie so viele andere, den Schülern nicht vermittelt werden. Wie die 'Kirche'noberen ihren „Schäfchen" auch Wahrheiten über Luther vorenthält!
In dieser Zeit der Weigerung der SPD, Regierungsverantwortung zu übernehmen, wechselte auch die mehrheitlich protestantisch gebundene Wählerschaft der liberalen Parteien (DVP, DDP, DNVP) zu den nationalen Sozialisten - NSDAP. Es waren ihre

---

[533] Julius Leber, Ein Mann geht seinen Weg. Schriften, Reden u. Briefe von Julius Leber. Frankfurt 1952, S. 238.

[534] Goldhagen, S. 136.

[535] Goldhagen, S. 586. Siehe Deutschland-Berichte der SOPADE. 7 Bände, Hg. Klaus Behnken, „Archiv der sozialen Demokratie" der Friedrich-Ebert-Stiftung, 1980. Siehe auch David Bankier, Die öffentliche Meinung im Hitlerstaat, Berlin 1995.

Wähler, die die Machtergreifung laut und begeistert begrüßt hatten, weil sie die Errichtung eines betont protestantisch nationalen Staates wollten. Martin Niemöller schrieb." Was wir uns vorstellten von einem künftigen Deutschland, das war nicht die Weimarer Republik, sondern das war das, ja, als was sich der Nationalsozialismus gab".[536]

Warum wird der 27. März 1930 nicht ebenso in den Vordergrund der Bewertung des Dritten Reiches gestellt wie die schrecklichen Ereignisse der Hitlerzeit? Ist die Vorgeschichte nicht wesentlich wichtiger zu beachten, als die Monate und Jahre, in denen „das Kind im Brunnen" lag? Warum wird dieses Datum mehr oder weniger verschwiegen? Wer hatte und hat ein Interesse daran, dies zu übergehen? Drei Jahre später ereignete sich im Reichstag dann eine ebenso traurige Geschichte, als am 17. Mai 1933 die Fraktion der Sozialdemokratischen Partei dem menschenverachtenden außenpolitischen Programm - siehe Hitlers Programmschrift „Mein Kampf", das später vom Staatsekretär im Außenministerium Ernst von Weizsäcker mit umgesetzt wurde, er unterzeichnete auch das Papier der „Endlösung der Judenfrage mit Freudentränen in den Augen und in innigster Umarmung ihrer Kollegen der NSDAP zustimmten.[537]

Solchen den Tatsachen entsprechenden Schilderungen stehen seit Jahrzehnten viele Tabus entgegen. Die mehrheitlich protestantisch besetzten Medien verbreiten dies seit 1945. Heute werden die Katholiken immer noch der Nähe des Dritten Reiches bezichtigt. Ohne den antisemitischen Protestantismus hätte Hitler seinen Aufstieg nicht geschafft. Gutmenschen sind dafür bekannt, dass sie als Ideologen sich von Tatsachen nicht beeinflussen lassen. Ihre Ideologie ist so stark, dass sie nie zur Kenntnis nehmen können, dass der Protestantismus maßgeblich für die schlimmsten Verbrechen in der deutschen Geschichte mit verantwortlich war. Luther hatte sich bei

---

[536] Hannes Karnick/Wolfgang Richter, Was würde Jesus dazu sagen?, Frankfurt 1986 S. 24.

[537] Siehe Wilhelm Hoegner, Die verratene Republik, München 1958, S. 361f.

seinem Judenhass auch auf die jüdische Rasse bezogen, auch wenn der Begriff zu seiner Zeit nicht gebräuchlich gewesen ist. Sprach er nicht von „wesserigem Blut“[538] der Juden? Der evangelische Theologe Theodor Knolle führte 1933 aus: "Martin Luther ist sich seiner Blut- und Bodenverbundenheit voll bewusst gewesen ... In seinem Kampf gegen die Juden spielt es auch eine Rolle, dass ihr Stamm entartet ist, dass ihr Blut ‚vermischt, unrein, wässrig und wilde‘ geworden sei. So wenig er wie seine Zeit von einer Rassenfrage im heutigen Sinne wusste, er sah in rassischer Entartung das Gericht Gottes. Einen deutsch-welschen Mischling konnte er als inkarnierten Teufel bezeichnen. Reines Blut ist ihm Schöpfergabe, die ihre Bedeutung im Reich der Gnade nicht verliert“.[539] Knolle konnte so argumentieren, da seit der Verfassung des Kaiserreiches[540] Blut das entscheidende Kriterium der nationalen Zugehörigkeit des Menschen zum deutschen Staat gewesen war. Der dt. Blutsnation konnte nur angehören, so nach Fichte, Arndt, Jahn, wer deutschen Blutes war. Juden und Zigeunern waren aber orientalischer Herkunft. Fremdblütige waren demnach Ausländer.

Mit der Betonung des theologischen Judaismus meinte die protestantische ‘Kirche’ fein raus zu sein. Ihr halblaues Stuttgarter Schuldbekenntnis, Oktober 1945[541], wurde selbst in den eigenen Reihen kaum zur Kenntnis genommen. Judenverfolgung und Völkermord waren noch nicht einmal erwähnt worden. Selbst so engagierte Antisemiten wie Bischof Otto Dibelius und Martin Nie-

---

538 Schilling, S. 568.

539 Vierteljahresschrift der Luthergesellschaft, 1933, S. 119.

540 Artikel 9 der Verfassung vom Die Staatsangehörigkeit in einem Bundesstaate wird fortan nur begründet: durch Abstammung; durch Legitimation; durch Verheiratung; für einen Norddeutschen durch Aufnahme; für einen Ausländer durch Naturalisation.

541 Der Kirchenhistoriker Carsten Nicolaisen schreibt dazu ca. 50 Jahre später: „... ein peinliches, der Wirklichkeit nicht standhaltendes Dokument ... Die Bekennende Kirche hat sich in ihrer Mehrheit geradezu leidenschaftlich dagegen gewehrt, sich in die politische Opposition zum nationalsozialistischen Staat drängen zu lassen" zit. nach: Er liebte seine ‘Kirche’, Haberer, S. 57.

möller, der seit 1924 immer die NSDAP gewählt hatte,[542] konnten zum Ratsvorsitzenden der E'K'D bzw. zum Präsidenten der Hessisch-Nassauischen 'Kirche' gewählt werden. Was bedeutet, dass der Antisemitismus auch nach 1945 in der 'Kirche' Luthers latent vorhanden war. Verständlich ist es, dass auch der Antisemit Martin Niemöller nach 1945 innerhalb der protestantischen 'Kirche' eine recht steile Karriere machen konnte. Nicht unverständlich ist aber die Tatsache, dass er als Protagonist für die Sozialisten und Kommunisten in der freiheitlichen und Demokratischen Bundesrepublik steht. Gerade erst war die so schändliche Diktatur zu Ende, distanzierte er sich von der neu zu errichtenden Demokratie: „The Germans like to be governed".[543] Von den Alliierten wurde er nach 1945 für einen unverbesserlichen Nazi gehalten.

Luthers Ansichten gegenüber den Juden waren Leitfaden für die Haltung der meisten Repräsentanten der protestantischen 'Kirche' auch nach dem Ende der Diktatur. Warum sollten sie denn jetzt den Zusammenhang zwischen dem Morden und der offiziellen von Luther gepredigten Judenvernichtung sehen?[544] „Wenn die Juden den Weg der Erkenntnis nicht gehen wollten oder könnten, wenn sie immer wieder auf die Verkehrtheit ihres Wegs darauf hingewiesen und dennoch bei ihrer Haltung blieben, so hätten sie nichts anderes verdient".[545] So die Haltung Luthers damals, so die Haltung der Protestanten nach 1945. Warum Hermle nicht die Frage stellt, ob es überhaupt möglich gewesen ist, nach 1945 das Thema der Judenverfolgung ernsthaft zu diskutieren, da mit Otto Dibelius und Martin Niemöller nach 1945 zwei entschiedene Antisemiten

---

[542] Matthias Schreiber, Martin Niemöller, Hamburg 1997, S. 48.

[543] Zitiert nach Ernst Klee, Persilscheine und falsche Pässe. Wie die Kirchen den Nazis halfen, Frankfurt 1992, S. 11.

[544] Siegfried Hermle, Die Auseinandersetzung mit der ns. Judenverfolgung in der Evangelischen 'Kirche' nach 19456, in: Ursula Büttner (Hg,) Die Deutschen und die Judenverfolgung im Dritten Reich, Frankfurt, 2003, S. 345.

[545] Siehe Hermle, S. 354.

an führender Stelle des deutschen Protestantismus gestanden haben, ist unfassbar. Er kurvt seitenweise um das Thema zitiert dann noch den Antisemiten Bischof Wurm,[546] der es ablehnte, zur Judenfrage etwas zu sagen, sonst müsste man auch erwähnen, was „das jüdische Literatentum am deutschen Volk gesündigt habe – durch Verspotten von Jesu, z. B. durch Heinrich Heine - und was in manchen Gegenden das Bauerntum durch jüdischen Wucher zu erleiden hatte".[547] Dies ist unfassbar! Goldhagen urteilt geradezu vernichtend: „Diese Männer, die einen großen Teil des deutschen Protestantismus repräsentierten, billigten offiziell und aus eigener Initiative den Massenmord an Juden".[548] Die antisemitische Propaganda seit der Gründung des Zweiten Deutschen Reiches 1871 bis hin zu den Verbrechen der Nazis berief sich auf Luther.[549] Wurde sein Name missbraucht oder wurde er nur richtig zitiert? Doch darüber schwieg nach 1945 die protestantischen 'Kirche'n, ein Tabu entstand. Das geht gar nicht! Ob unsere Kanzlerin, Tochter eines protestantischen Pfarrers, dies auch so sieht? Die Protestanten, Evangelischen, Lutheraner sollten zum unnötigen „Jubiläumsjahr" ihre antisemitische Haltung und ihr Versagen während des Holocaust geklärt haben. Wie stehen sie zu ihrer Verantwortung, d.h. die Verbindung ihrer 'Kirche' zum Nationalsozialismus? Es ist zwar nur eine Kleinigkeit, könnte aber ein sichtbares Zeichen sein: Für die E'K'D könnte dies u.a. heißen, zwingend und dringend zu überlegen, ob nicht Martin-Luther-Straßen und -Plätze umbenannt werden sollten. Bielefeld, Bochum und Mülheim an der Ruhr haben 1987, 2007 bzw. 2012 ihre Stoecker-Straßen umbenannt. Und Stoecker ist doch gegenüber Luther un-

[546] Von 1945–1949 Ratsvorsitzender der Evangelischen 'Kirche' Deutschlands.

[547] Zitiert nach Hermle, S. 348.

[548] Goldhagen, S. 143. So urteilte Franz Josef Strauß einmal über Niemöller: „In allen vernünftigen Kreisen Deutschlands setzt sich die Ansicht durch, dass es keinen Sinn hat, sich mit Herrn Niemöller auseinander zu setzen, weil er nicht mehr ernst genommen werden kann." Badische Neueste Nachrichten, 31. 12. 1964.

[549] Dieterich, S. 187.

bedeutend. Dies könnte ein segensreicher Beitrag zum Jubiläum sein. Was ist mit den vielen Luther-Denkmalen? Gehörten die nicht ins Museum? Warum gab es 1933 Plaketten, die Hitler und Luther gemeinsam zeigen? Ohne den Zerfall der protestantischen, liberalen Parteien und der Verweigerung der SPD wäre es nie zu der für Deutschland, Europa und die Welt größten Katastrophe der Menschheitsgeschichte gekommen. Bei einem mehrheitlich katholischen Deutschland wäre es nie zu den Kriegen 1864, 1866, 1970/71, 1914-1918 und 1939-1945 gekommen. Katholische Väter und Söhne mussten für Preußen und nationale Sozialisten ihr Leben lassen… Und dann hat die E'K'D den selbstherrlichen Mut, Ökumene zu betreiben, anstelle sich sehr bescheiden im Hintergrund zu halten und die Katholiken um Entschuldigung zu bitten.

Verantwortung

Dies sind die Fakten, doch werden diese nicht akzeptiert. Ohne Luthers Antisemitismus hätte es die Zustimmung der Protestanten zu Adolf Hitler nicht gegeben. „Die 'Kirche' war zu einem willfährigen Helfer der NS-Judenpolitik geworden".[550] Wenn es nun stimmt, dass die Shoah einzigartig gewesen sei, dann ist es unfassbar, dass die ‚Kirch'enoberen nur mitteilten, dass Luthers Judenschriften „verhängnisvoll" gewesen wären und 2000 [551] lapidar meinten, dass ihre Kirche in die Verbrechen des Staates des nationalen Sozialismus verflochten gewesen war. Sollte nicht auch die Frage nach der Verbindung des Protestantismus mit dem grauenhaften Verbrechen der nationalen Sozialisten gestellt werden, um die Einzigartigkeit des Einflusses von Martin Luther auf diese Verbrechen zu dokumentieren? Die Haltung der Protestanten, Evangelischen, Lutheraner usw. ist nicht plötzlich 1933 vom Himmel gefallen, sondern über Jahrhunderte und Jahrzehnte von den ‚Kirch'enoberen eingepflanzt worden.

Seit 1945 leben wir in Deutschland mit einem der größten Tabus unserer Geschichte. Es wird Zeit, dass die Schulbücher und so manche SPD-Publikation entsprechend den historischen Tatsachen geschrieben werden.

Deshalb heißt es heute trotz des Erleidens persönlicher Nachteile durch die Gutmenschen: In der Geschichte hat es dem Christentum selten geschadet, gegen den Trend zu sein. Jesus Christus widersprach dem mainstream seiner Zeit. Warum nicht die Gutmenschen heute?

Die Hauptschuld für die Vernichtung der Juden tragen Hitler und die nationalen Sozialisten. Luther dagegen war ein fürchterlicher, voll verantwortlicher Schreibtischtäter, indem er mitgeholfen hat, antisemitische Theorien zu generieren, zu begünstigen und zu verbreiten. Er ist ein geistiger Wegbereiter des Holocaust und der

---

[550] Julius H. Schoeps, Leiden an Deutschland, 1996, München S. 61.

[551] Kaufmann, S. 169, 170. (Juden)

Shoah! Er ist mitverantwortlich für den Antisemitismus in der protestantischen, lutherischen und evangelischen 'Kirche'. Kaufmann meint, dass es nicht angemessen wäre, „Luthers Judenfeindschaft als… religiöse motiviert zu bezeichnen".[552] Es ist unverständlich, dass ein solcher Mann nach den Verbrechen des von seinen Jüngern - Protestanten, Evangelischen, Lutheraner usw. - herbeigesehnten Dritten Reiches und des nationalen Sozialismus heute noch als Leitfigur und moralische Instanz angesehen wird. Die Tat, die Vernichtung der Juden steht in Verantwortung der nationalen Sozialisten und all derer, die aktiv den Antisemitismus unterstützt haben, also auch der evangelischen Theologen, Bischöfen und Pfarrern, die das „Partei"programm Luthers gebilligt und seine Umsetzung in die Wirklichkeit zugelassen, wenn nicht gar initiiert haben. Sie waren Helfer im Judenvernichtungs- und Euthanasieprogramm des nationalen Sozialismus. Luthers Rechtsextremismus ist in den letzten 30 Jahren von der Wissenschaft eindeutig entlarvt worden. Die protestantische 'Kirche' muss aufpassen, dass es ihr nicht wie der so angefeindeten katholischen Kirche ergeht, die sich jahrhundertelang im Fall Galileo Galilei gegen die Erkenntnis der Wissenschaft gesträubt hatte. Das Reformationsjubiläum 2017 muss Anlass sein, Luther als physisch und psychisch kranken Menschen zu sehen und keineswegs nur als neuen Interpreten einer christlichen Überlieferung. Ganzheitlichkeit ist gefragt. Dies ist deshalb notwendig, weil nach Kaufmann „man sich auf Luthers Theologie ebenso wenig blindlings vertrauen kann, wie man sich als zurechnungsfähiger Mensch des 21. Jahrhunderts freiwillig den Heilkünsten eines Baders des 16. Jahrhunderts überlassen würde".[553] Sollte man nicht einmal grundsätzlich an Luthers Schriften gehen, sie neu ansehen, und nicht nur immer wieder die von den Pietisten angerührten und erfundenen Meinungen über ihn, die oft falsch waren und noch sind, überprüfen? Kaufmann hat gute Hinweise gegeben, die aber die E'K'D nicht berührt haben: „Die von

---

552 Kaufmann, S. 172. (Juden)
553 Kaufmann, S. 17. (Juden)

Pietisten und Aufklärern betriebene Modernisierung Luthers ... hatte ihren Preis. Sie basierte auf der bewussten Ausblendung oder dem schleichenden Vergessen wesentlicher Aussagen und theologischen Motive; sie hielt historischen Rückfragen nicht stand und gründen die ‚Zeitgemäßheit' Luthers auf die eigenen Worte und Interessen … man ignorierte den ‚ganzen' Luther".[554] Hat Graetz nicht recht, wenn er meint, dass „Luther sich in den Evangelien und Grundschriften des Christentums nicht zurecht fand"?[555]
Warum erinnert sich die E'K'D nicht an Bonhoeffers Ermahnung: „Lasst den toten Luther endlich seine Ruhe und hört das Evangelium, lest seine Bibel, hört hier das Wort Gottes selbst".[556] Und er zitiert den dänischen Philosophen Kierkegaard, der meinte, dass Luther heute das Gegenteil von dem sagen würde, was er damals gesagt hat.[557] Luther selbst hat seinen Worten nur aktuelle Bedeutung beigemessen. Warum belässt man es nicht endlich dabei. „Luther ist für den heutigen Menschen unerträglich – in der Judenfrage",[558] aber auch in allen anderen, zum Beispiel was Frauen, Ehe, Erziehung Behinderte betrifft! Schließlich ist Luthers Judenfeindschaft weder primär noch ausschließlich ‚religiös' motiviert.[559] Sie ist ein Konstitutivum, ein Essential seiner „Religion", sie steht im Mittelpunkt seines Menschenbildes und so muss man sagen, auch seiner Christenfeindschaft. Nur er bestimmt, wer Christ sein darf. Es ist unbegreiflich, dass Protestanten, Evangelische und Lutheraner seit 500 Jahren den Äußerungen eines psychisch kranken Menschen gefolgt sind. Warum werden die Evangelischen, Protestanten und Lutheraner nicht irre an der Tatsache, dass das Logo des Reformationsjubiläum Luther abbildet?
Wird damit für Luthers Judenhass geworben?
Wird mit Luther für ein Produkt geworben, wie man Behinderte

---

[554] Kaufmann, 153. (Juden)
[555] Graetz, S. 208.
[556] Bonhoeffer Werke, Bd. 12, S. 426.
[557] Dieterich, S. 203.
[558] Kaufmann, S. 171. (Juden)
[559] Kaufmann, S. 172. (Juden)

ertränkt?
Wird mit Luther geworben, dass man die Frauen erniedrigt und als Gebrauchgsgegenstand nimmt?
Die protestantische 'Kirche' darf die Gelegenheit nicht verstreichen lassen, sich beim Reformationsjubiläum bei Generationen von Gläubigen zu entschuldigen, weil sie nach Luthers Vorgaben fast 500 Jahre lang ein großes Konstrukt einer Lüge am Leben erhalten hat. Wohl niemand käme heute auf die Idee, eine neue Sekte nach einem solch brutalen Frauen- und Judenverächter zu benennen. René Martens schreibt in „evangelisch.de“: „Ein Denkmal bekommt Risse“.[560] Was tun?
So bleibt nur der Abriss übrig. Die Risse mit der besonderen evangelischen Bemühung der Ökumene kitten zu wollen, ist Betrug am Kirchenvolk.
Martin Luther und seine ihm gehorchende 'Kirche' müssen endlich an den Auswirkungen seines Menschenhasses gemessen werden und die waren fatal. Deshalb: **Hinweg mit ihm – endlich!**

[560] 22.11.2013

Lexikonebene

Erhellend ist es, in ausgewähltem Lexika nach der Erwähnung „Luther-Juden" zu suchen. Luthers Verhältnis zu Juden wird fast immer verschwiegen. Es ist ein Tabu.
Erfasst nach Erscheinungsjahr.

Meyers Großes Konversations-Lexikon (1906) erwähnt Juden nicht.
Brockhaus Handbuch des Wissens in vier Bänden, (1926) gibt keinen Hinweis auf Juden.
Der neue Herder (1951) vermeidet die Verbindung zwischen Luther und Juden
Der Kleine Brockhaus (1950) ignoriert Luther und die Juden.
Geschichte in Gestalten (1963) kein Hinweis auf Juden.
Der Grosse Brockhaus (1955) weist auf Luthers Schrift „Über die Juden und ihre Lügen" 1543 hin.
Der Grosse Herder (1955) blendet sein Verhältnis zu den Juden aus.
Biographisches Wörterbuch zur deutschen Geschichte (1973) schreibt abenteuerlich geschraubt:
„In der Innigkeit seines Glaubens, der Sprachkunst seiner Bibelübersetzung, der Wortgewalt seiner Flugschriften, in denen er im Zorn, dem Grobianismus der Zeit entsprechend, oft jedes Maß verlor, wurde dieser in der bürgerl. Welt seiner Zeit stehende und ihr verhaftete Prof. doch zu dem die Menschen über seine Zeit hinaus prägenden Lehrer. Noch im MA. verwurzelt, etwa auch in seinem wirtschaftlichen Denken (Stellungnahme gegen die Fuggerei, wie, v. a. im Alter, gegen die Juden) wie seiner Gesellschaftslehre (…) und mit einem tiefen Misstrauen gegen die menschliche Vernunft (…) erfüllt, steht er doch am Beginn der NZ (= Neuzeit), in der das Verhältnis von Bindung und Freiheit im Gewissen des Christen immer erneut Antwort heischt."
Meyers Enzyklopädisches Lexikon (1975) ist eher ein Ausdruck

des Zeitgeistes zu verstehen, denn eine Erläuterung Luthers:
„L. hat mehrfach zu wirtschaftl. Fragen Stellung genommen. Dabei hat er sich nachdrückl. gegen die Finanzmonopole seiner Zeit und den Machtmissbrauch in Wirtschaft und Handel gewandt (Kleiner und Großer ‚Sermon von dem Wucher', 1519/20; ‚Von Kaufhandlung und Wucher', 1524; ‚An die Pfarrherrn, wider den Wucher zu predigen', 1540). L. hat sich auch wiederholt zu aktuellen gesellschaftlichen Fragen (z. B. zur Judenfrage) und polit. Problemen (z. B. ‚Von weltlicher Obrigkeit, wieweit man ihr Gehorsam schuldig sei', 1523) öffentl. geäußert. Aber etwa seine Schriften über die Juden (zunächst 1523 für, dann ab 1538 mehrfach gegen sie) sind fehlinterpretiert, wenn man sie in die Geschichte des säkularen Philo- oder Antisemitismus einreiht, mag der moderne Antisemitismus sich auch vielfach (bis hin zu J. Streicher im Nürnberger Prozess) auf ihn berufen. L. schrieb in erster Linie als Schriftausleger (nicht der Bluts- oder ‚Rassen'gegensatz ist für ihn entscheidend, sondern der des Glaubens); der an Christus glaubende Jude ist ihm der ‚liebe Bruder'."

Knaurs Lexikon A-Z (1975) Kein Hinweis auf Juden.

A-Z Lexikon farbig Buch und Zeit Verlagsgesellschaft, (1976) Kein Eintrag zu Juden,

Das Bertelsmann-Lexikon (1996) keine Hinweis auf Juden.

Lexikon der deutschen Geschichte bis 1945 (1998) kein Wort zu Juden.

Das neue Duden Lexikon (1989) ohne Eintrag zu Luther und den Juden.

Biographischen Lexikon zur deutschen Geschichte (2002) vermeidet Hinweise auf Luther und Juden.

Die Zeit. Das Lexikon in 20 Bänden Hamburg (2005) banal.

Die Brockhaus Enzyklopädie Leipzig (2006) schreibt zu Luther und den Juden:

„L. selbst äußerte sich in seinen letzten Lebensjahren zunehmend polemisch und meinte, den ‚Feinden Christi' mit schärfstem Zorn begegnen zu müssen, so etwa in den Schriften ‚Über die Juden und ihre Lügen'(1543) und ‚Wider das Papsttum zu Rom, vom Teufel

gestiftet'(1545)."
Wer war das? Menschen der Geschichte, (2007). Jugendsachbuch.
„In den nächsten Jahren veröffentlichte er immer neue Anklagen gegen die ‚Feinde Christi', zu denen er nun offen das ‚Papsttum zu Rom, vom Teufel gestiftet', aber auch die ‚Juden und ihre Lügen'zählte. Er rief sogar dazu auf, den Juden das Bleiberecht in Deutschland zu versagen –weil sie Christus nicht anerkannten." Bzw.: „Die Hasstiraden gegen die Juden sind das düstere Kapitel in Luthers Schriften. Die evangelische Kirche distanzierte sich später davon."

Hat die Evangelische Kirche Deutschlands sich nicht gewundert, dass der „ganze" Luther in den Lexika selten dargestellt wird? Würde es sie unberührt lassen, wenn bei biographischen Notizen über Adolf Hitler die Judenverfolgung und Judenvernichtung nicht genannt würden?
Ging das Tabu sogar so weit, dass Lutheraner, Evangelische und Protestanten diese Vertuschung und Fälschung gerne sahen? Was hatten sie gegen eine richtige Beschreibung des Lebens und des Werks ihres Vorbildes? Hatte das deutsche Bildungsbürgertum diese Rücksichtname auf die protestantische, evangelische und lutherische Hälfte der Bevölkerung absichtlich angenommen? Wo blieb der Wille der Katholischen Bischofskonferenz, diese „Schwachstelle" bei ihrer angeblichen Konkurrenz aufzudecken? Hätte Don Camillo auch so schlafmützig gehandelt und sich die „Butter vom Brot nehmen" lassen? Warum hat die Deutsche Bischofskonferenz nicht schon längst eine recht preiswerte Ausgabe des Büchleins „Über die Juden und ihre Lügen" veröffentlicht. Ging ihr nach 1945 Ökumene über Glaubenswahrheit?

Lutherische Notengebung

Wie auch heute versucht wird, Martin Luther zu beschönigen, was zu Lasten einer Studentin ging, zeigt der Artikel des renommierten Erziehungswissenschaftlers und Publizisten Professor Micha Brumlik in der „Tageszeitung“ vom 3.12.2013.

„Dass es bei der Bewertung akademischer Leistungen extrem ungerecht zugehen kann, ist seit dem Fall Schavan u.a. sattsam bekannt. Dass Ungerechtigkeit auch durch überzogene Ansprüche entstehen kann, ist jedoch verdrängt worden. Von einem solchen Fall ist hier zu berichten.

An der Humboldt-Universität zu Berlin existiert seit einiger Zeit ein nichttheologischer Masterstudiengang ‚Religion und Kultur‘. Dort reichte die Studentin Luise Mohnhaupt vor mehr als einem Jahr ihre mit etwa hundert Seiten deutlich zu lang geratene Arbeit ‚Antijudaismus als Herausforderung an die evangelische Theologie‘ ein, in der antike Judenfeindschaft, mittelalterlicher Antijudaismus sowie Luthers Judenhass und dessen Übernahme bis zum Holocaust erörtert werden.

Der Erstgutachter, der ideengeschichtlich forschende Historiker Julius Schoeps, war von der umfassenden Rezeption, dem packenden Zugriff und der intellektuellen Autonomie, mit der Frau Mohnhaupt die Forschungsliteratur verarbeitet hatte, überzeugt und bewertete die Arbeit mit der besten Note. Die Zweitgutachterin, die der theologischen Fakultät angehörende Kirchenhistorikerin Dorothea Wendebourg, eine engagierte Lutheranerin, benotete die Arbeit jedoch, wenn auch zögerlich, nur mit ‚ausreichend‘, hätte sie doch ihrer Überzeugung nach erst gar nicht angenommen werden dürfen. Gleichwohl ließ sie die Arbeit gnädig passieren. Es ginge zu weit, alle Argumente aufzuführen, mit denen Wendebourg das Urteil ihres Kollegen Schoeps entwertete und ihn damit desavouierte. Sie hielt der Studentin vor, widersprüchlich zwar für eine radikale Revision des, aber eben auch für eine ‚Aufarbeitung ohne

Selbstaufgabe‘ des ehemals antijudaistischen Christentums zu plädieren.

Wie in Fällen eines Auseinanderklaffens von Bewertungen - hier "sehr gut", dort ‚noch ausreichend‘ - vorgeschrieben, wurde die Arbeit einem Drittgutachter zugeleitet, dem evangelischen Alttestamentler Markus Witte, der dem ehedem von Peter von der Osten-Sacken geleiteten, seinerzeit bedeutenden „Institut Kirche und Judentum“ an der Theologischen Fakultät der Humboldt-Universität vorsteht. Witte löste das Loyalitätsproblem, indem er die Arbeit salomonisch mit „noch befriedigend“ bewertete. Er begründete seine Note mit Einwänden, die bei einer Masterarbeit übertrieben sind: Die Studentin habe nicht definiert, was sie unter ‚Religion‘ bzw. ‚Theologie‘ verstehe, und ihre Arbeit beruhe nicht auf eigenständigem Studium historischer Quellen. Schließlich, immerhin, erhielt Frau Mohnhaupt ein Abschlusszeugnis mit der Gesamtnote ‚gut‘.

Die Studentin, von der überdurchschnittlichen Qualität ihrer Arbeit überzeugt, verklagte darauf die Universität, ein weiteres Gutachten durch eine neutrale Person, die nicht im Fach Theologie tätig ist, erstellen zu lassen. Sie hatte recht: Tatsächlich war es unglücklich, nicht einen außenstehenden Kulturwissenschaftler statt eines Drittgutachters aus der Theologischen Fakultät zu bestellen.

Die Reaktion der Universität auf diese Klage aber macht das akademische Nähkästchen zu einer hochpolitischen Angelegenheit! Bemühte doch die Universität nicht weniger als das schwere Geschütz des deutschen Staatskirchenrechts: werde doch mit der Forderung nach einem unabhängigen Gutachter unterstellt, dass die „gebotene wissenschaftliche Neutralität bei einem Professor einer evangelisch-theologischen Fakultät nicht gegeben“ sei, ‚vielmehr Befangenheit vorliege‘. Schließlich gelte, dass ‚die wissenschaftliche Neutralität‘ eines Professors einer Evangelisch-Theologischen Fakultät - so der Schriftsatz wörtlich – ‚in keiner Weise in Frage gestellt werden kann‘.[561] Wirklich nicht? Sind nicht Zweifel ange-

[561] Sprechen hier lutherische Selbstgewissheit, sein Unfehlkbarkeitswahn?

bracht, wenn man zur Kenntnis nimmt, dass Kirchenhistorikerin Wendebourg derzeit bemüht ist, die Folgen von Luthers judenfeindlichen Schriften - also deren begeisterte Rezeption durch Antisemiten - mit Verweis auf die Lutherlektüre deutscher Juden im 19. Jahrhundert zu entschärfen. Ort der Publikation ihrer apologetischen Thesen: das ‚Jahrbuch des Instituts für Kirche und Judentum, 2012'. Mitherausgeber: Drittgutachter Witte. Vom Verdacht der Befangenheit aber sind Theologieprofessoren ja grundsätzlich ausgenommen ...[562]

[562] Der Hinweis auf diesen Artikel erschien mir notwendig, da ich in meinen Ausführungen manchen zitierten Gutachter genannt habe. Solche subjektiv gegebene Noten habe ich selbst während meiner Berufstätigkeit erleben müssen.

„Honni soi qui mal y pense“.[563]

Als 1999 in Augsburg der Heilige Stuhl und der lutherische Weltbund eine gemeinsame Erklärung zur Rechtfertigungslehre verabschiedeten, war das ein sehr großer Schritt der Kirche, auf die ‚Kirche' zuzugehen. Doch dann verabschiedete 2014 die E'K'D einen „Grundlagentext“ zum Reformationsjubiläum (GR), der erstaunt. War 1999 nur ein Trick? Oder sind E'K'D Äußerungen von der Qualität und Intellektualität ihres Vorsitzenden abhängig?
Im GR werden die Katholiken ins Abseits gestellt. Es heißt auch, jeder Christ könne selbstständig über die rechte Lehre urteilen.[564] Im Augsburger Bekenntnis wird aber festgehalten, dass nach göttlichem Recht das bischöfliche Amt Lehre beurteilen und Irrlehre verwerfen muss. Doch nur so viel beim schnellen Vergleich der beiden Veröffentlichungen. Ich möchte nun noch einige spontane Anmerkungen machen dürfen, die mir bei der Ausarbeitung dieses Büchleins aufgefallen sind.
Die E'K'D hat gemeint, sie müsse sich vor der Bevölkerung, den „Schäfchen“ und anderen Glaubensrichtungen gegenüber rechtfertigen und eine Schrift zum Reformationsjubiläum 2017 herausgegeben: „Rechtfertigung und Freiheit. 500 Jahre Reformation 2017. Ein Grundlagentext des Rates der Evangelischen Kirche in Deutschland (EKD)“. Eine leider nicht geschlechtsparitätisch besetzte „ad-hoc-Kommission“ hat diesen Text ausgearbeitet. Versteht die lutherische Brezelfrau am Mainzer Hauptbahnhof, was eine ad-hoc-Kommission ist? Liest man das Geleitwort zur ersten Auflage (2014), unterschrieben von Nikolaus Schneider, Vorsitzender des Rates der Evangelischen Kirche in Deutschland, fragt man sich, für welche Sekte, religiöse Einheit ist denn das geschrieben? Gleich auf Seite 1 steht, dass in der Schrift „der Anlass für ein Fest im Vorfeld des Jubiläums allgemeinverständlich er-

[563] Der Satz ist die Devise des englischen Hosenbandordens (1416): „Ein Schelm, wer Böses dabei denkt“… betont die Doppeldeutigkeit einer Aussage. Luther beherrschte grandios Doppeldeutigkeit und Dialektik.
[564] GR, S, 91.

klärt“ werde. Nach der Lektüre stellt sich die Frage, in welcher abgehoben Sphäre leben die E’K’D und die Verfasser dieser Schrift? Ist das Luthers Sprache, dem Volk aus Maul geschaut? Die verwissenschaftlichten Sätze eignen sich vielleicht als Diskussionsgrundlage für einen wissenschaftlichen Kongress zum Thema „Wie können wir erneut formulieren, was seit vielen Jahren als falsch erkannt ist, wir aber dies nicht zugeben können.“ Er protzt vor Imponiergehabe mit vollmundiger, sicher nicht lutherischer verständlicher Sprache. Versteht die lutherische Erzieherin in einer Kita auch nur einen Satz davon? Oder ist sie gerade eben nicht die Adressatin der E’K’D? Das würde dann die Befürchtung bestätigen, dass sich die Evangelischen, Protestanten und Lutherischen nur noch in ihren abgeschlossenen Zirkeln verständigen können, die Verbindung zum Kirchenvolk seit vielen Jahren abgebrochen haben und sich nur noch ihre Pfründen gut gehen lassen, sich um die „Welt“ kümmern und Gott einen lieben Mann sein lassen. Dies betrifft besonders die Pfarrerinnen und Pfarrer, von denen sich viele um die Menschheit, nicht aber um den Menschen kümmern, besonders gern, wenn es nichts mit Kirche, Religion, Menschen oder sogar Christus zu tun hat. Warum sonst sind viele dieser Personen ständig bei kommunistischen bzw. sozialistischen Demonstrationen der Antifa, VERDI und oft freiheitsfeindlichen Gruppen wie „Netzwerke gegen Rechts“ zu finden? Der Protestant Wolfgang Schäuble hat recht mit seinen neuen kritischen Bemerkungen über die einseitige Politisierung der Protestanten. Er mahnt, dass oft der Eindruck entsteht, der protestantischen Kirche ginge es primär um Politik, als seien politische Überzeugungen ein festeres Band als der gemeinsame Glaube. Er bedauerte, dass bis zum Ende des Zweiten Weltkrieges von engagiertem Protest sehr wenig zu sehen war, dafür umso mehr von einer Bereitschaft zur prinzipiellem Unterordnung unter ein bestehendes Regime: „Auch diese Haltung hat ihren Ursprung in der lutherischen Reformation“.[565]

[565] Wolfgang Schäuble, Reformationsjubiläum 2017 und die Politik in Deutschland in Europa, in: Pastoraltheologie, 1, 2016, S. 44-53.

Den protestantischen Gruppierungen mangele es an Toleranz! Dies sei Ursache für Verfolgung und Ausgrenzung. Typisch auch die maßlosen Angriffe Lutherischer – auch heute - gegenüber Andersdenkenden.
Sicher genügt es nach dem Verständnis der politisierenden Pfarrerinnen und Pfarrer, wenn einmal in der Woche im „Bibelkreis“ Normalgläubige Texte aus dem Alten oder Neuen Testament lesen und möglichst – unverstanden - darüber diskutieren. Am Ende des „Grundlagentextes“ erinnert man sich an den Kirchenspalter: „Martin Luther war sich bewusst, dass er ein Problem ansprach, das nicht allein das akademische Fachpublikum betraf. Bald fühlte sich die ganze Welt zur Diskussion herausgefordert“.[566] Warum folgen die Lutherischen selten Luther? Oder wollen die Verantwortlichen nur akademisches Fachpublikum ansprechen?
Luther wird in den Vorworten nur einmal erwähnt. Er sei derjenige, der den Thesenanschlag vollzogen hat. Sonst nichts! Wenige Zeilen später heißt es: „Die Leuenberger Konkordie 1973 brachte die Überwindung innerprotestantischer Kirchentrennungen und achtet die verschiedenen reformatorischen Bekenntnistraditionen.“ Wäre es nicht angebracht gewesen, wenigstens in einer Anmerkung zu erklären, was die Leuenberger Konkordie ist? Was heißt denn das „Überwindung und trotzdem verschiedene reformatorischen Bekenntnistraditionen“? Ist das wieder die typisch lutherische Dialektik, die versucht, „Feuer“ und „Wasser“ zusammenzubringen? Wer sind die für die Entwicklung der Trennung der verschiedensten lutherischen Richtungen Verantwortlichen? Hätte man nicht von Anfang an Luther vor Lutheranern in Schutz nehmen müssen? Das Geleitwort zur vierten Auflage (2015) ist vom Vorsitzenden des Rates der Evangelischen Kirche in Deutschland Landesbischof Dr. Heinrich Bedford-Strohm unterschrieben. Er weiß sicher, warum er sich scheut, sich darin zu Luther zu bekennen. Man fragt sich, warum schon wieder eine solche Schrift? Sind diese und all die anderen Konkordien nicht ein Zeichen des unru-

---

[566] GR, S. 106.

higen Gewissens, weiterhin mit Luther auch noch nach 500 Jahren auf das „falsche Pferd“ gesetzt zu haben und zu setzen? Würden sie sich nicht befreit fühlen, nicht immer trotzig beim Antisemiten und Sexisten Luther zu bleiben, sondern wieder christlich zu werden? Ein Ruck würde allen Lutherischen eine riesengroße Last von den Schultern nehmen und wäre sicher im Sinne Luthers, der nie die Kirche spalten wollte. Das haben nach seinem Tod seine selbst ernannten „Bischöfe“ und weltlichen „Päpste“ aus egoistischen, machtpolitischen und materiellen Interessen erwogen und durchgeführt. Seitdem werden Texte en masse geschrieben, um die eigene Haltung, von der sie wissen, dass sie falsch ist, zu verteidigen. Doch wo nichts zu verteidigen ist, warum dann das Verschwenden von Kraft, Zeit und Energie in eine verlorene Sache, die die Lutheraner „Religion“ nennen?

In der genannten Schrift wird auf 115 Seiten Luther 8-mal erwähnt, in den Anmerkungen als Belegstelle für Zitate 22-mal. Wenn die Lutheraner in dieser Schrift von sola scriptura ausgehen, warum spielen dann nicht Luthers Schriften, vielmehr die seitdem entstandene Tradition eine vornehmliche Rolle? Luther, als „Reformkatholik, habe lediglich eine Praxis seiner Kirche anprangern“ wollen.[567] Ja nun. Ist diese Praxis noch virulent? Nein! Es gibt keinen Grund mehr für die Lutheraner, störrisch wie Esel, nicht ihre selbstgezüchtete Irrlehren-Wildnis zu verlassen.

Was soll diese Formulierung: „Ebenso wichtig ist die Erinnerung, dass im Kernland der Reformation das Judentum weitgehend vernichtet wurde und nur wenige Christenmenschen aus christlichen Motiven aktiv Widerstand dagegen leisteten“.[568] Ist dies nicht ein Skandal, dass in dieser Schrift zum Jubiläum sonst nichts über das Verhältnis der Lutheraner zu den Juden steht? Kein Wort zum lutherischen Antisemitismus! Kein Wort zu den tausenden von lutherischen Amtsträgern, die freiwillig und mit großer Bereitschaft das System des nationalen Sozialismus herbei gewünscht und dann

[567] GR, S. 16.
[568] GR, S. 22.

unterstützt haben! Kein Wort darüber, dass im Kernland der Reformation Millionen von Juden und Katholiken und Andersgläubige von den nationalen Sozialisten mit Billigung der Protestanten, Evangelischen und Lutheranern ermordet wurden. So macht es sich die E'K'D sehr einfach. Die auch von den Lutheranern mit zu verantwortenden Verbrechen der deutschen Reichsregierung im Zeichen des nationalen Sozialismus werden ausgeblendet. Hat man keine Angst bei der E'K'D, im Jubiläumsjahr dazu befragt zu werden bzw. Antworten zurechtlegen zu müssen, warum das Verhältnis der lutherischen „Religion" zu den Juden nicht erwähnt wurde? Der folgende Satz ist wohl dem Zeitgeist geschuldet: „Auch die frühneuzeitlichen Äußerungen über den Islam, müssen kritisch betrachtet werden, ... ohne dass das besondere Verhältnis zwischen Judentum und Christentum dadurch tangiert wird...."[569] Warum versteckt die E'K'D sich hinter der Formulierung „frühneuzeitlich"? Hat sie Angst, dass der Hass Luthers auf die Türken bekannt wird? Sind nicht gerade deshalb lutherisch geprägte Gegenden in den neuen Bundesländern Stätten der Islamfeindschaft? Wäre Luther heute bei PEGIDA?

Und wieder geht es im Bewusstsein der Zersplitterung der eigenen „Kirche" nur um eine Frage, die künstlich offen gehalten wird: „... Das bedeutet, dass die gegenwärtigen Bemühungen um eine Reform der Organisationsgestalt der evangelischen Kirchen in Deutschland im Idealfall durch die Erinnerung an die Reformation des 16. Jahrhunderts an theologischen Tiefgang gewinnen, aber auch an institutioneller Kühnheit zunehmen".[570] Schwulst? Reform der Organisationsstruktur könnte doch ganz einfach durch Auflösung geschehen. Auf S.34 wird es semantisch abenteuerlich. Ist nicht bekannt, dass im 16. Jahrhundert „Reformation" das bedeutet hat, was seit etwa dem 18. Jahrhundert unter „Revolution" verstanden wurde? Dennoch wird geschrieben: „Reformation ist kein abgeschlossenes Geschehen, sondern ein Prozess der Erneue-

[569] GR, S. 22f.
[570] GR, S. 23.

rung, der sich fortsetzt".[571] Nach heutigem Verständnis lässt Reformation die Kernaussage - Form - unberührt, Revolution dagegen stürzt um. Was wollen die Lutheraner heute? Sollten sie sich nicht einmal klar werden, ob sie heute die Reformation = Revolution des 16. Jahrhunderts weiterführen? Wollen sie erneut eine kirchliche, theologische Revolution anzetteln? Warum sonst die seit vielen Jahren krampfhaften Bemühungen, entgegen Christus Auftrag wahrheitswidrig Ökumene zu treiben?
Dann wird auf S. 37 ein fulminantes Eigentor geschossen: „Die Reformation hat deshalb dazu beigetragen, die neuzeitliche Tendenz, die Rechte des Individuums zu stärken, auch in der Kirche zu beheimaten".[572] Wird nicht seit Jahrhunderten (falsch!) verkündet, dass erst durch Luther das Individuum sich selbst erkannt und seine Freiheit gewonnen hätte? Es ist gut, dass die E'K'D nun feststellt, dass diese Idee der Rechte des Individuums in die Kirche gekommen ist, und nicht von der Kirche in die Gesellschaft geschickt wurde, wie dies uns Lutheraner (Pietisten) seit dem 18. Jahrhundert einzureden versuchen. Wenn heute selbst die E'K'D diese Fehlinformation korrigiert, so ist das sehr zu begrüßen – ein Schritt hin zur endlichen, endgültigen und finalen Auflösung „ihrer" „Kirche". Es reicht, 500 Jahre Luther falsch interpretiert bekommen zu haben.
Wenn nun Luther zitiert wird: „Was aus der Taufe gekrochen ist, kann sich rühmen, dass es Priester, Bischof, Papst ist",[573] heißt das doch, dass es göttlicher Wille sein kann, dass das Baby auch einmal Papst werden könnte. Warum stören sich die Lutheraner dann immer noch an „Papst"? Wenn es Bischof und Papst geben kann, dann muss Aufgabe, Amtsverständnis von Bischof und Papst definiert werden.
Spät kommt diese Erkenntnis: „Reformatorische Kirche und Theologie müssen erst lernen, den Dialog der Religionen als genuine

[571] GR, S. 34.
[572] GR, S. 37.
[573] GR, S. 41; LD, 2, S. 160.

Aufgabe reformatorischer Theologie zu entdecken".[574] Haben sie nicht 500 Jahre lang Zeit gehabt, dies zu lernen? Rücken hier die Lutheraner von ihrer zum Teil unerträglichen Selbstgewissheit, Selbstsicherheit und Arroganz ab? Warum müssen sie das „erst" lernen??? Ein wunderschöner Satz, der vielen lutherischen Pfarrerinnen und Pfarrer eigentlich Anlass sein müsste, aus ihrer Organisation auszutreten, denn sie benutzen diese seit vielen Jahren, besonders in der Zeit des nationalen Sozialismus (1933-1945), und spätestens wieder nach 1968 (dagegen entstand die Bewegung: „Kirche muss Kirche bleiben"), um als Schwungmasse oder als Einzelkämpfer durchaus weltliche Parteien auf dem linken Flügel des parlamentarischen Spektrums – Kommunisten, Sozialdemokraten, „Humanisten", Grüne und sonstige Freiheitsfeindliche und sich dem menschenverachtenden Sozialismus verpflichtende Organisationen unter Missbrauch von Gottes Wort zu unterstützen. Sehr wahr wird deshalb festgestellt, dass „Interreligiöser Dialog nicht funktioniert, wenn eine Seite ihre Eigentümlichkeit verbirgt und sich gar nicht als das zu erkennen gibt, was sie ist".[575] Endlich erkennt die „E'K'D, dass sie ehrlich mit anderen umgehen muss und nicht z.B. in der Hoffnung, mit Ökumene die katholische Kirche zu vereinnahmen und über den Tisch zu ziehen, um schließlich doch noch zu „siegen". Ist dieser Satz ehrlich gemeint oder wieder dialektisch, so wie Luther strukturiert ist, der meist, sehr modern, zwei sich widersprechende Meinungen verkündet hat. Die E'K'D muss endlich sich „als das zu erkennen geben, was sie ist".

Wenn in „Sakramenten die Sinnlichkeit des Sinnenwesens Mensch zum Ausdruck"[576] kommt, warum haben die Lutherischen einige Sakramente abgeschafft?

Dann wird es in dem „Grundlagentext" seltsam. Die Confessio Augustana wird zitiert: „Kirche sei notwendig als „die Versammlung aller Gläubigen, bei welchen rein gepredigt wird und die hei-

---

[574] GR, S. 42.

[575] GR, S. 58.

[576] GR, S.71.

ligen Sakramente dem Evangelium gemäß gereicht werden.“ Ist doch eigentlich seit der Existenz der christlichen Kirche schon immer selbstverständlich. Warum muss die E’K’D das eigens festlegen? Weil sie weiß, dass es sich „draußen“ oft anders abspielt? Die Seiten 78-83 sind eine einzige Anklage gegen die Praktiken der lutherischen ‚Kirche’. “Sola scriptura. Alle kirchlichen Lehren, die mit biblischen Texten nicht vereinbar sind, … werden … abgelehnt.“ … „Beliebigen Eigeninterpretationen ist Tür und Tor geöffnet, wenn Menschen meinten, eine direkte Eingebung vom Heiligen Geist zu haben“.[577] Wie nun? Wird die Freiheit eines Christenmenschen, jeder Mensch könne Priester sein, doch nicht akzeptiert? „Biblische Texte werden gelesen und in Predigten ausgelegt“.[578] Kann das jeder Mensch, der nach Luther selbst „Priester“ ist? Warum dann eine jahrelange Ausbildung?[579] Ist die Meinung der Brezelfrau vom Hauptbahnhof gleichberechtigt der Meinung des E’K’D Vorsitzenden, des Pfarrers, des Bischofs? Was soll dieser Vorwurf: „Anstatt autonom ein Urteil über den rechten Glauben und das rechte Leben zu fällen, lesen Menschen in einem alten kanonischen Text nach“.[580] Warum spricht die E’K’D nicht Klartext? Welcher „altkanonische Text“ wird gemeint? Ist es etwa der, wovon der jüdische Gelehrte Graetz spricht, dass Luther mit „Zähigkeit an seinen Irrtümern festgehalten hatte“?[581] Ist das „allgemeinverständlich“[582] ausgedrückt? So die Meinung des E’K’D-Vorsitzenden Landesbischof Dr. Bedford-Strohm! Vielleicht ist der E’K’D nicht klar, was sie auf S. 88 formuliert hat: „Deshalb haben sich die Reformatoren gegen die Vorstellungen gewandt, der Glaube sei eine freie Entscheidung des Menschen.“ Endlich wird hier die „Katze aus dem Sack“ gelassen. Nichts ist mit der angeblichen lutherischen „Freiheit eines Christenmenschen“! Nichts ist, mit

---

[577] GR, S. 78, 83.
[578] GR, S. 85
[579] GR, S. 91
[580] GR, 86.
[581] Graetz, S. 171.
[582] GR, S. 9

dem freien Willen. Wurden deshalb von den Lutherischen die „Hexen von Salem“ verbrannt? War es deshalb „lutherische Freiheit“, Juden zu töten, sie zu verjagen und ihre Existenzgrundlage gemäß Luthers Empfehlungen (1543) zu vernichten? Denn sie wollten ja nicht freiwillig zum lutherischen Glauben übertreten. Deshalb heute auch der Druck auf das Brautpaar, das verschieden “glaubt“, und sehr eindringlich lutherisch gezwungen wird, mögliche Kinder lutherisch taufen zu lassen und zu erziehen. Da ist nichts von der Freiheit eines Christenmenschen bzw. eines Brautpaares zu finden. Dann wird, Gott sei gedankt, geschrieben: „Der Mensch muss sich nicht einen bestimmten Glauben abzwingen“.[583] Ja, dann entlasst doch endlich das Kirchenvolk vom Zwang, lutherisch sein zu müssen! Gott würde es danken! Nach Luther leben „alle im gleichen geistlichen Stand“, so steht es auf S. 90, aus seiner Schrift „An den christlichen Adel deutscher Nation von des christlichen Standes Besserung“ zitierend. Warum dann noch die lutherische Hierarchie? Der Pfründe und des sehr guten Einkommens wegen? Warum dann die PriesterInnen, die Hilfsarbeiterinnen, die TagelöhneInnen, die BischöfInnen, die SuperintendantInnen, die DekanInnen, die KonsitorialrätInnen, die KirchenrätInnen, die OberkirchenrätInnen usw. usw. und nicht nur Gleichberechtigte, einfach nur Lutherische? Dann wird es wieder lutherisch zweideutig. Merkwürdig, dass die E’K’D den Widerspruch nicht gemerkt hat oder hält sie ihr ‚Kirch’envolk für „tumb“. S.92/93: „Alle Bemühungen um eine rege Beteiligungsgemeinschaft dürfen nicht dazu verleiten, nur diejenigen, die intensiv mitarbeiten, als richtige Christen anzusehen… Glaube kann nie untätig bleiben… der Glaubende handelt…die Kirche soll Lebensgestaltungskraft des Glaubens sichtbar und erlebbar machen… Evangelisches Christsein ist geprägt von der Rechtfertigung allein durch den Glauben, ohne Werke.“ Zum Schluss gibt es Sätze, die auffordern, genau zu beobachten, ob sie die E’K’D auch erfüllt: „Die kategoriale historische wie existentielle Differenz“ (versteht das der Kas-

[583] GR, S. 89.

sierer an der Kasse eines Supermarktes?) „zwischen Menschen des sechzehnten und des einundzwanzigsten Jahrhunderts kann nicht einfach überspielt werden“ (wer will das?). “Und doch muss man zu solchen Anlässen auch den Mut haben, Vergangenes in vollkommen neue Kontexte einzuzeichnen.“ Wie geht das „in neue Kontexte einzeichnen“ bei dem Verhalten der Lutherischen ‚Kirch’enoberen im Dritten Reich? Wie geht das mit der von lutherischen ‚Kirch’enoberen im Dritten Reich bestätigten Empfehlung Luthers, Behinderte umzubringen? „Nur so kann das Erzählte existentielle Bedeutung für jeden und jede Einzelne gewinnen.“ Warum? „… dann wird jene erwähnte kategoriale Differenz nicht ignoriert oder überspielt, sondern hermeneutisch klug überbrückt“.[584] Was bedeutet dies? Versteht das der lutherische Tankwart, die lutherische Lehrerin? So wird also die welthistorisch übergroße Verantwortung der Lutherischen an dem Aufkommen und Wirken der neben Stalins kommunistischem Sozialismus verbrecherischsten Diktatur des nationalen Sozialismus unter Hitler weggespühlt. Spannend wird es sicher, „… wenn Erinnerung zu Erzählung verdichtet ist, wird ihre existenzielle Relevanz“ (warum nicht: Bedeutung? Imponiergehabe durch Fremdwortgebrauch?) „besonders deutlich“.[585] Wir dürfen sehr gespannt sein auf solche auf uns kommende „Erzählungen“ über die Taten und das Denken von lutherischen ‚Kirch’enoberen im nationalen Sozialismus, aber auch im real existierenden kommunistischen Sozialismus der D’D‘R. Wenn es stimmt, was in dem „Grundlagentext“ geschrieben steht, dann ist sein letzter Satz einfach falsch: „… sie tun es in dem fröhlichen Bewusstsein, dass die reformatorische Freiheitsbotschaft zur Entstehung eben dieses Rechtstaates beigetragen hat“.[586]

[584] GR, S. 97.
[585] GR, S. 100.
[586] GR, S. 109.

Wer versteht diesen Satz auf S. 91: „Pfarrerinnen und Pfarrer … bringen ihre berufliche Zeit in die Kirche ein.“ Wo sonst?

Literaturverzeichnis

Quellen

Aland, K. (Hg.): *Luther deutsch*, 10 Bände, Stuttgart 1969. (LD)

Martin Luthers Werke, 120 Bände Weimar, 1883–2009. Tischreden, 6 Bände (WA TR), Deutsche Bibel, 15 Bände (WA DB), Briefwechsel, 18 Bände (WA BR), Schriften/Werke, 80 Bände (WA)

Martin Luther, *Von christlicher Freiheit*. Schriften zur Reformation. Mit einer einführendem Essay von Eberhard Stammler, Zürich 1990

Monographien

Aland, K.: *Martin Luther*, in: *Die Großen. Leben und Leistung der sechshundert bedeutendsten Persönlichkeiten unserer Welt*, Zürich 1977, S. 837ff.

Arendt, H.: *Elemente und Ursprünge totaler Herrschaft*, München 1986

Arndt, I.: *Die Judenfrage im Lichte der evangelischen Sonntagsblätter von 1918-1933*, Tübingen 1960

Bankier, D.: *Die öffentliche Meinung im Hitler-Staat. Die „Endlösung" und die Deutschen,* Berlin, 1995

Barth, K.: *Briefe 1961-1968. Gesamtausgabe*, Bd.V, Hg. von Jürgen Fangmeier/Heinrich Stoevandt, Zürich 1975

Bauer, E.: *Trau keinem Fuchs auf grüner Heid und keinem Jud' bei seinem Eid!*, Nürnberg 1936

Fritz-Bauer-Institut (Hg.): *„Beseitigung des jüdischen Einflusses ...“ . „Antisemitische Forschung, Eliten und Karrieren im Nationalsozialismus,* in: Jahrbuch 1998/99 zur Geschichte und Wirkung des Holocaust, Darmstadt 1999

Behnken, Kl. (Hg.): *Deutschland-Berichte der SOPADE.* 7 Bände, Düsseldorf 1980.

Benzenhöfer, U.: *Euthanasie und Sterbehilfe in Geschichte und Gegenwart,* München, 1999

Besier, G./Sauter, G.: *Wie Christen ihre Schuld bekennen. Die Stuttgarter Erklärung 1945*, Göttingen 1985

Beuys, B.: *Und wenn die Welt voll Teufel wär*, Reinbek 1982

Bismarck,O.v.: *Werke in Auswahl*, hg. von Gustav Adolf Rein u.a., Stuttgart 1975

Boyens, A.: *Das Stuttgarter Schuldbekenntnis vom 19. Oktober 1945. Entstehung und Bedeutung,* in: Vierteljahreshefte für Zeitgeschichte, Jg. 19, 1971, S. 375-397

Bienert, W.: *Martin Luther und die Juden,* Frankfurt 1982

Borggrefe, F.: *Im Gleichschritt marsch. Evangelisch in Ludwigshafen.* Veröffentlichungen des Stadtarchivs Ludwigshafen, Band 41, Ludwigshafen 2014.

Brandt, A.v.: *Werkzeug des Historikers,* Stuttgart 1966

Celovsky, B.: *Das Münchener Abkommen 1938,* Stuttgart 1958

Conze, E./Frei, N./Hayes, P./Zimmermann, M.: *Das Amt und die Vergangenheit. Deutsche Diplomaten im Dritten Reich und in der Bundesrepublik*, München 2010

Curtius, E.R.: *Europäische Literatur und lateinisches Mittelalter,* 1961

Decot, R.: *Christen und Juden im Reformationszeitalter*, Mainz 2006

Dibelius, O./Niemöller, M.: *Wir rufen Deutschland zu Gott*, Berlin 1954

Dieterich, V.-J.: *Martin Luther*, München 2002

Dostojewski, F.M.: *Der Idiot,* Frankfurt 1999

Durant, W. *Kulturgeschichte der Menschheit. Band 9 Das Zeitalter der Reformation,* Frankfurt 1982

Engels, Fr.: *Der deutsche Bauernkrieg*, Berlin 1949

Erb, R./ Bergmann, W.: *Die Nachtseite der Judenemanzipation. Der Widerstand gegen die Integration der Juden in Deutschland 1780-1860,* Berlin 1989

Erikson, E.H.: *Der junge Martin Luther. Eine psychoanalytische und historische Studie*, München 1958

Falter, J: *Hitlers Wähler*, München 1991
ders.: *Wähler der NSDAP 1928-1933*, in: Michalka,W. (Hg.), *Die nationalsozialistische Machtergreifung*, Paderborn 1984

Fandel, Th.: *Konfession und Nationalsozialismus. Evangelische und katholische Pfarrer in der Pfalz. 1930-1945*, Paderborn 1997

Feldmann, Chr.: *Martin Luther*, Hamburg 2009

Fenske, H.: *Nachbarn – Erbfeinde – Freunde. Zu den Schwierigkeiten der deutsch-französischen Beziehungen seit dem 17. Jahrhundert,* in: Jahrbuch für westdeutsche Landesgeschichte, 17, Koblenz 1991

Fest, J.: *Hitler. Eine Biographie*, Frankfurt 1973

Fitz, D.: *Ansbach unterm Hakenkreuz*, Ansbach 1994

Freimüller, T./ Mitscherlich, A.: *Gesellschaftsdiagnosen und Psychoanalyse nach Hitler*, Göttingen 2007

Friedenthal, R.: *Martin Luther*, 1967

Friedlander, A.: *Aus der Sicht eines Juden*, in: Schultz,H. J. (Hg.), *Luther kontrovers*, Stuttgart 1983

Füßer, W.: *Geschichte des Deutschen Volkes für die deutsche Schuljugend,* Gießen o.J.

Gärtner,M.: *Lügenpresse. Wie uns die Massenmedien durch Fälschen, Verdrehen und Verbiegen manipulieren,* Rottenburg 2015

Geschichtsbuch für die Oberstufe der Gymnasien, Schroedel, Hannover 1956

Görtemaker, M.: *Geschichte der Bundesrepublik Deutschland*, München 1999

Graetz, H.: *Geschichte der Juden von den älteren Zeiten bis in die Gegenwart,* Darmstadt Nachdruck 1990

Grebing, H.: *Der deutsche „Sonderweg" in Europa 1806-1945. Eine Kritik,* Stuttgart 1986

Greschat, M.: *Protestantischer Antisemitismus in wilhelminischer Zeit. Das Beispiel des Hofpredigers Adolf Stoecker*, in: Brakelmann, G./ Rosowski, M. (Hg.): *Antisemitismus. Von religiöser Judenfeindschaft zur Rassenideologie,* Göttingen 1989
ders.: *Evangelische Kirche und Judenverfolgung*, in: Büttner, U.: *Die Deutschen und die Judenverfolgung im Dritten Reich*, Frankfurt 2003

Grimm,R.: *Luther et L'expérience sexuelle, Sexe, célibat, mariage chez le Réformateur*, Genf 1999

Grundriss der Geschichte für die Oberstufe der Höheren Schulen Ausgabe B. Vom späten Mittelalter bis zur Mitte des 19. Jahrhunderts, Stuttgart 1967

Guareschi, G.: *Don Camillo*, Stuttgart 1972

Haberer, J.(Hg.): *Er liebte seine Kirche, Bischof Hans Meiser und die bayerische Landeskirche im Nationalsozialismus*, München 1996

Hameda, A.B.: *Verfeindete Brüder*, Norderstedt 2007

Haustein,J.: *Martin Luthers Stellung zum Zauber- und Hexenwesen*, Stuttgart 1990

Heer, Fr.: *Gottes erste Liebe*, Berlin 1981

Hill, L.E.: *Die Weizsäcker-Papiere 1933-1950*, Frankfurt 1974

Hillerbrand, H.J.: *Brennpunkte der Reformation*, Göttingen 1967

Höcker, B.: *Böse Gutmenschen. Wer uns heute mit schönen Worten in den Abgrund führt,* Rottenburg 2015

Huber, E.R.: *Deutsche Verfassungsgeschichte*, Band 7, München 1984

Jähnichen, T./Friedrich, N. (Hg.): *Protestantismus und soziale Frage: Profile in der Zeit der Weimarer Republik,* Münster 2000

Jaspers, K.: *Der philosophische Glaube angesichts der Offenbarung*, München 1962

Jochmann, W.: *Antijüdische Traditionen im deutschen Protestantismus und nationalsozialistische Judenverfolgung, in: ders. Gesellschaftkrise und Judenfeindschaft in Deutschland.1870-1945*, Hamburg 1988, S. 265-281

Kaminsky, U.: *Zwangssterilisation und „Euthansie" im Rheinland.* Schriftenreihe des Vereins für Rheinische Kirchengeschichte, Band 116, Köln 1995

Kansteiner, W.: in: Zeitschrift für Geschichtswissenschaft 7, 2003

Kaufmann, Th.: *Martin Luther*, München 2006 (Luther)
drs..: *Luthers Juden,* Stuttgart 2014 (Juden)

Kimminich, O.: *Was sind Grundwerte?*, Düsseldorf 1977

Kittel, M.: *Provinz zwischen Reich und Republik*, München 2000

Klee, E.: *„Euthanasie" im Dritten Reich*, Frankfurt1983
ders.: *Dokumente zur „Euthanasie"*, 1985
ders.: *Die SA Jesu Christi*, Frankfurt 1990
ders./Petrich, G.: *Alles Kranke ist Last.*

Klemperer, V.: *LTI – Lingua Tertii Imperii. Notizbuch eines Philologen,* Leipzig 1996

Kluge, Fr.: *Etymologisches Wörterbuch der deutschen Sprache*, Berlin 1989

Kritschil, D.: *„Ich als aktiver Politiker"*, in: Werner Filmer/ Heribert Schwan, *Richard von Weizsäcker. Profil eines Mannes*, Düsseldorf 1984

Künneth, W.: *Die Nation vor Gott*, Berlin 1934

Kupisch, K.: *Quellen zur Geschichte des deutschen Protestantismus (1871-1945)*, Göttingen 1960

Laharpe, N.: in: Decot, R/Arnold, M.: *Christen und Juden im Reformationszeitalter*, Mainz 2006

Lauerer, H.: *Das Menschenleben in der Wertung Gottes*, 1939

Lotz, M.: *Evangelische Kirche. 1945-1952*, Stuttgart 1992

Lower,W.: *Hitlers Furien*, 2013

Luther's Early Development in the Light of Psychoanalysis, in: American Journal of Psychology XXIV, 1913

Mann, E.: *Zehn Millionen Kinder: die Erziehung der Jugend im Dritten Reich,* Reinbek 1997

Mann, Th.: *Die Lösung der Judenfrage*, in: *Thomas Mann: Gesammelte Werke in dreizehn Bänden.* Bd. 13, Frankfurt 1974

*Thomas Mann und das Judentum. Thomas-Mann-Studie*n. Frankfurt 2004.

Mensing, B.: *Pfarrer im Nationalsozialismus*, Göttingen 1998

Mattner, D.: *Behinderte Menschen in der Gesellschaft,* Stuttgart 2000

Meyer, H.: *Geistigbehindertenpädagogik in: Geschichte der Sonderpädagogik*, Stuttgart 1983

Milatz, A.: *Wähler und Wahlen in der Weimarer Republik*, Bonn 1968

Mynarek, H.: *Die neue Inquisition*, Marktheidenfeld 1999

Neumann, H. *Luthers Leiden: Die Krankheitsgeschichte des Reformators,* Berlin 1995.

Niemöller, G.: *Die erste Bekenntnissynode der Deutschen Evangelischen Kirche zu Barmen*, Göttingen 1959

Obermann, H.A.: *Zwei Reformationen. Luther und Calvin - Alte und Neue Welt*, Berlin 2003
ders.: *Luther. Mensch zwischen Gott und Teufel,* Berlin 1982

Osten-Sacken, P.v.d.: *Martin Luther und die Juden*, Stuttgart 2002.
ders.: *Martin Luther und die Juden. Neu untersucht anhand von Anton Margarithas „Der gantz Jüdisch Glaub" 1530/31*, Stuttgart 2002

Pfleiderer, G.: *Gewissen und Öffentlichkeit – Ein Deutungsvorschlag zur Walser-Bubis-Kontroverse,* in: Zeitschrift für evangelische Ethik, Heft 4, 1999

Hans Prolingheuer, H.: *Wir sind in die Irre gegangen. Die Schuld der Kirche unterm Hakenkreuz,* Köln 1987
ders.: *Der Lutherisch- Deutsch-Christliche Weg. Am Beispiel des Eisenacher Entjudungsinstituts,* in: Christian Staffa (Hg.): *Vom protestantischen Antijudaismus und seinen Lügen,* in: Tagungstexte der Evangelischen Akademie Sachsen-Anhalt, Band 1, Wittenberg, 1997
ders.: *Hitlers fromme Bilderstürmer. 'Kirche' und Kunst unterm Hakenkreuz,* Köln 2001 (Kunst)

Protokolle des Prozesses des Internationalen Militärgerichtshofs gegen die Hauptkriegsverbrecher vom November 1945-Oktober 1946, Band 12, Nürnberg 1947

Pyka, M. *Zur Rezeption der Reformation in der Jüdischen Geschichtsschreibung*, in: Decot, R./Arnold, M.: *Christen und Juden im Reformationszeitalter*, Mainz 2006

Reiter, P.: *Martin Luthers Umwelt, Charakter und Psychose, sowie die Bedeutung dieser Faktoren für seine Entwicklung und Lehre,* Band 2 Munksgaard *1941*

Röhm, E./Thierfelder, J.: *Juden-Christen-Deutsche,* Band 1, Stuttgart 1990

Rönnefarth, H.: *Vertrags-Ploetz*, Teil II, Neuere Zeit, Würzburg 1958

Sasse, M.: *Martin Luther über die Juden - Weg mit ihnen!*, Freiburg 1938

Schilling, H.: *Martin Luther. Rebell in einer Zeit des Umbruchs,* München 2012

Shirer, W.L.: *Aufstieg und Fall des Dritten Reiches,* 2 Bände, München 1963. *The Rise and Fall of the Third Reich,* New York 1960

Schlißke, O.: *Handbuch der Lutherlieder,* Göttingen 1948

Schmidt, Ph.: *Gottestum und Volkstum in der deutschen Zeitenwende. Die Sendung der „Deutschen Christen". Ein Bekenntnis in der deutschen Volk- u. Kirchwerdung zum deutschen Menschen und zum ewigen Christ, Speyer 1935*

Schmitz-Berning, C.: *Vokabular des Nationalsozialismus,* Berlin 1998

Scholem, G.: *Deutsche und Juden,* Frankfurt 1967

Scholz, G.: *Die Bundespräsidenten*, Heidelberg 1992

Schorlemmer, F.: *Hier steh ich. Martin Luther*, Berlin 2003

Schreiber, M.: *Martin Niemöller*, Reinbeck 1997

Schröm, O./Röpke, A.: *Stille Hilfe für braune Kameraden*, 2002

Schulze, U.: *Juden in der deutschen Literatur des Mittelalters*, Tübingen 2002

Schwan, A.: *Grundwerte der Demokratie. Orientierungsversuche im Pluralismus,* München 1978

Schwarzmüller, Th.: *Hauenstein gegen Hitler, Die Geschichte einer konfessionellen Lebenswelt,* Kaiserslautern 2007

Siemon-Netto, U.: *Luther als Wegbereiter Hitlers? Zur Geschichte eines Vorurteils,* Gütersloh 1993

Sloterdijk, P.: *Der Zuchtgedanke Platons und „pränatale Selektion" in: Regeln für den Menschenpark,* Frankfurt 1999.

Sommer, W.: *Wilhelm Freiherr von Pechmann. Ein konservativer Lutheraner in der Weimarer Republik und im nationalsozialistischen Deutschland*, Göttingen 2011

Stern, G: *Thomas Mann und die jüdische Welt*, in: *Thomas Mann Handbuch*, Frankfurt 2005

Sternberger, D./Storz, G./Süskind, W.E.: *Aus dem Wörterbuch des Unmenschen,* Frankfurt am Main 1989

Treitschke, H.v.: *Unsere Aussichten,* Preußische Jahrbücher, Band 44, 1879
ders.: *Herr Graetz und sein Judenthum*, in: Preußische Jahrbücher. Bd. 44, 1879

Ulfkotte, U.: *Mekka Deutschland. Die stille Islamisierung,* Rottenburg 2015

Vogt, F.: *Geheimakte Luther*, Moers, 2014

Volk und Reich der Deutschen. Geschichtsbuch für Oberschulen und Gymnasien. Klasse 3. Das Erste Deutsche Reich (Von 919-1648), Frankfurt 1940

Vollnhals, Cl.: *Evangelische Kirche und Entnazifizierung 1945-1949,* München 1989

Weber, M.: *Die protestantische Ethik und der Geist des Kapitalismus*, 1920.

Wehler, H.-U.: *Deutsche Gesellschaftsgeschichte, 3. Band*, München 1995

Wehr, G.: *Gutes tun und nicht müde werden*, München 1989

Wein, M.: *Die Weizsäckers. Geschichte einer deutschen Familie,* Stuttgart 1988
ders.: *Carl-Friedrich und Richard von Weizsäcker*, in: Deutsche Brüder. Zwölf Doppelporträts, Berlin 1994

Weizsäcker, J.F.L. (Hg.): *Deutsche Reichstagsakten, Bd. 1. Deutsche Reichstagsakten unter König Wenzel, 1. Abteilung 1376-1387*, München 1867

Weizsäcker, E.U.v.: *Erdpolitik. Ökologische Realpolitik als Antwort auf die Globalisierung*, Darmstadt 1997

Weizsäcker, C.F.v.: *Bewusstseinswandel*, 1988

Weizsäcker, R.v.: *CDU-Grundsatzdiskussion*, Bonn 1977
ders. Selbstverantwortung und Mitverantwortung, Bonn 1978

Wippermann, W.: *Agenten des Bösen. Verschwörungstheorien von Luther bis heute,* Berlin 2007

Wolffsohn, M.: *Die Deutschland Akte. Tatsachen und Legenden*, München 1995

Wünschel, H.-J.: *Der Separatismus in der Pfalz nach dem Ende des 2. Weltkriegs. 1945-1947,* masch. Diss, Heidelberg 1974
ders.: *Quellen zum Neubeginn der Verwaltung im rheinisch-pfälzischen Raum unter der Kontrolle der amerikanischen Militärregierung. April bis Juli 1945*, Mainz 1985
ders.: *Ein vergessenes Kapitel. Deidesheim nach dem Ende der Diktatur.1945-1952,* Landau 1995
ders.: *„Eine verpasste Chance“*, in: Inge Pohl (Hg.), *Texte über Texte – Interdisziplinäre Zugänge,* Landau 1998, S.337-361 u. 617-620

Zechner, J.: *Heinrich von Treitschkes Antisemitismus und die deutsche Geschichtswissenschaft*, in: Heinrich-Böll-Stiftung (Hg.):*Gedächtnispolitik – Eine kritische Zwischenbilanz*. Berlin 2003

Zeeden, E.W.: *Martin Luther*, in: Heimpel, H./Heuss, Th./ Reifenberg, B.: *Die Großen Deutschen*, Band 1, Berlin 1956

Peter Zinke, P.: *An allem ist Alljuda schuld. Antisemitismus während der Weimarer Republik in Franken*, Nürnberg 2009

Zitelmann, A.: *Widerrufen kann ich nicht. Die Lebensgeschichte des Martin Luther,* Frankfurt 1983

Zeitungen, Zeitschriften, Amtsblätter, Internet-Adressen

Allgemeine Evangelisch-Lutherische Kirchenzeitung
Amtsblatt für die Evang.-Luth. Kirche in Bayern,
Amtsblatt der Evang.-Luth. Landeskirche in Bayern
Braunschweiger Tageszeitung
Das Evangelische Deutschland
Das Hannoversche Sonntagsblatt
Der Reichsbote
Der Spiegel
Der Tagesspiegel
Die Innere Mission
Die Rheinpfalz, Ludwigshafen
Die Zeit
Evangelisches Deutschland, Kirchliche Rundschau für das Gesamtgebiet der Deutschen Evangelischen Kirche
Evangelischer Kirchenbote. Sonntagsblatt für die Pfalz
Evangelisch-Protestantisches Gemeindeblatt für Neustadt (Pfalz)
Evangelisches Sonntagsblatt
Gesetzblatt der Deutschen Evangelischen Kirche
Focus
Jüdische Allgemeine
Junge Kirche
Junge Freiheit
Kirchliches Amtsblatt für Mecklenburg
Nachrichten der Evangelisch-Lutherischen Kirche in Bayern
NSZ-Rheinfront
Neue Züricher Zeitung
Schleswig-Holstein Zeitung
Stuttgarter Evangelisches Sonntagsblatt
Süddeutsche Zeitung, Stuttgart
Thüringische Allgemeine
Thüringer Kirchenblatt
Luthertum 1934

Vierteljahresschrift der Luthergesellschaft, München 1933
Meinungsmagazin des Westdeutschen Rundfunks am 12.1.2012
idea-spektrum
www.eikon-film.de.
www.uwelehnert.de.
www. walthari. com.
www.EKD.de/vortraege/kock

Ansteckplakette, Abbildung mit freundlicher Genehmigung des Stadtgeschichtliches Museum Leipzig